みんなの
日本学生
都在用的分类词汇书

主编：云心

参编：陈瑶 邓慧 周昱 孙晓燕 李慧可
　　　韩芬 周婕 王可 邢苏苏 晏芷汀

本书包含 16 个分类，上百个场景，囊括了衣食住行中的方方面面，分类详细，场景丰富全面。

每个场景罗列了与之相关的常用核心词，每个核心词都标注了发音、声调、词性、词义，并给出了相应的例句，还关联了同义词、反义词、同音词等各类相关知识，使之更全面、更实用、更易查。可谓是将图像记忆、分类记忆及联想记忆这三大记忆法则融会贯通，目的是让单词记忆变得更加高效、灵活。

图书在版编目（CIP）数据

日本学生都在用的分类词汇书 / 云心主编. —北京：机械工业出版社，2018.12
（语言梦工厂 / 无）
ISBN 978-7-111-61713-6

Ⅰ. ①日⋯ Ⅱ. ①云⋯ Ⅲ. ①日语—词汇—自学参考资料 Ⅳ. ① H363

中国版本图书馆 CIP 数据核字（2019）第 000866 号

机械工业出版社（北京市百万庄大街 22 号　邮政编码 100037）
策划编辑：孙铁军　责任印制：张　博
三河市国英印务有限公司印刷
2019 年 8 月第 1 版第 1 次印刷
184mm×260mm・22.5 印张・554 千字
0 001—4 000 册
标准书号：ISBN 978-7-111-61713-6
定价：54.80 元

电话服务　　　　　　　　　网络服务
客服电话：010-88361066　　机 工 官 网：www.cmpbook.com
　　　　　010-88379833　　机 工 官 博：weibo.com/cmp1952
　　　　　010-68326294　　金　书　网：www.golden-book.com
封底无防伪标均为盗版　机工教育服务网：www.cmpedu.com

前言

　　说到学习外语,都一致认为最难啃的是语法,于是大部分人都把主要精力放在攻克语法上。最后语法背得滚瓜烂熟,可要和日本人交流时还是表达不出来。究其根源还是单词不过关。词汇量的多少在很大程度上影响着交流的广度和深度。

　　可看到"记单词"三个字就头疼,对吧?翻开各类单词书,看着长长的单词列表,嘴里反复念叨着,手里不停写写画画,稍微一走神,啊!刚才背的啥单词来着?重新再来吧……

　　不要单词列表!不要死记硬背!我要轻松记单词!!

　　怎么样记单词最轻松?看图片比看文字轻松,所以本书每个单词都配上了相关图片,刺激大脑进行图像记忆。

　　怎么样记单词最轻松?分类、联想记忆最轻松,说到"西瓜"能联想到其他水果,甚至是红色、清爽等相关单词,这样才是真的简单,真的好记!

　　本书包含16个分类,上百个场景,囊括了衣食住行中的方方面面,比如日常用语、各色人物、数字相关、时间节日、闲谈话题、美食诱惑、狂欢购物、休闲旅游、运动娱乐、国际社会、内心世界、动物植物、生活家居、交通出行、公共服务和工作学习。分类详细,场景全面,方便查阅。

　　每个场景都罗列了与之相关的常用核心词,每个核心词都标注了发音、声调、词性、词义,并给出了相应的例句,还关联了同义词、反义词、同音词等各类相关知识,使之更全面、更实用、更易查。可谓是将图像记忆、分类记忆及联想记忆这三大记忆法则融会贯通,目的是让单词记忆变得更加高效、灵活。

　　本书采取的实用词汇分类记忆法便于学习者把多个有内在联系的单词系统地存储在大脑中,提高词汇的输入和输出效率,是非常有趣、高效的学习方法。

　　相信这本日本学生都在使用的分类词汇书能成为你提升词汇量的好帮手!

前言

chapter 1 日常用语
1. 你我他她 // 2
2. 家人亲戚 // 6
3. 初次见面 // 11
4. 表达谢意 // 15
5. 表示歉意 // 20

Chapter 2 各色人物
1. 职业 // 26
2. 肢体动作 // 30
3. 身份类别 // 36
4. 外貌长相 // 39
5. 身体部位 // 43

Chapter 3 数字相关
1. 基本数字 // 50
2. 基本量词 // 57
3. 度量衡 // 63

Chapter 4 时间节日
1. 一年四季 // 68
2. 多彩节日 // 75
3. 星期 // 81
4. 月份 // 83

Chapter 5 闲谈话题
1. 兴趣爱好 // 88
2. 天气状况 // 93
3. 娱乐八卦 // 97
4. 报纸杂志 // 102

5. 血型星座 // 106

Chapter 6 美食诱惑
1. 主食 // 112
2. 肉类 // 116
3. 菜类 // 119
4. 水果甜点 // 124
5. 调味料 // 127
6. 酸甜苦辣 // 130

Chapter 7 狂欢购物
1. 衣服鞋帽 // 136
2. 相关单品 // 144
3. 尺寸大小 // 149

Chapter 8 休闲旅游
1. 旅游指南 // 156
2. 游山 // 161
3. 玩水 // 165
4. 摄影 // 168
5. 游乐园 // 173

Chapter 9 运动娱乐
1. 球类运动 // 178
2. 竞技运动 // 180
3. 健身运动 // 184
4. 唱歌 // 188
5. 跳舞 // 192
6. 聚会 // 196

Chapter 10 国际社会
1. 国家 // 200
2. 城市 // 206

目录

    3 语言   //210
    4 货币单位   //214

Chapter 11　内心世界

    1 感情表达   //218
    2 性格特征   //224
    3 感受体会   //229

Chapter 12　动物植物

    1 十二生肖   //236
    2 鱼类   //240
    3 鸟类   //246
    4 昆虫类   //251
    5 哺乳动物   //255
    6 海底生物   //259
    7 树木   //262
    8 花草   //266

Chapter 13　生活家居

    1 家电电器   //272
    2 家具家装   //276
    3 厨房   //281
    4 客厅   //284

Chapter 14　交通出行

    1 交通工具   //288
    2 交通信号   //292
    3 搭乘飞机   //299
    4 火车地铁   //303
    5 公交出租   //306

Chapter 15　公共服务

    1 在邮局   //310
    2 在银行   //315
    3 在医院   //319
    4 在图书馆   //324

Chapter 16　工作学习

    1 学习科目   //328
    2 文具用品   //331
    3 办公室   //334
    4 会议室   //337
    5 部门   //340
    6 贸易   //342
    7 营销   //346
    8 管理   //350

Chapter 1
日常用语

日本学生都在用的分类词汇书

N5 私（わたし）⓪【名】第一人称代词，我
私は大学生だ。
我是大学生。

同义词 私（わたくし）我（自谦语）　　僕（ぼく）我（男性用语）
俺（おれ）我（男性用语）　　あたし 我（女性用语）
おいら 我，我们（男性用语）うち 我（女性用语，关西地区相对常用）

★ 按礼貌、尊敬程度由高到低排列为：
女性：私（わたくし）→ 私（わたし）→ あたし → うち　男性：私（わたくし）→ 私（わたし）→ 僕（ぼく）→ 俺（おれ）→ おいら

N5 あなた②【名】第二人称代词，你，妻子称呼丈夫时的叫法
あなた、何してるの。
你在干吗？

同义词 君（きみ）你　　おまえ 你（男性用语，语气特别随意）
てめえ 你（男性用语，语气特别随意）

★ あなた的用法：
日语中指代第二人称时，基本上不用「あなた」，而是直接在对方的名字后面加上「さん」，这样显得比较有礼貌。「あなた」常常用于夫妻间的相互称呼。

N5 大人（おとな）⓪【名】大人
大人でも分からない。
大人也不知道。

同义词 成人（せいじん）成人　　アダルト(adult) 成年人

★ 与大人相关：
大人げ（おとなげ）→大人样　大人っぽい（おとなっぽい）→像大人　大人向け（おとなむけ）→针对、面向大人　大人の事情（おとなのじじょう）→大人的事　大人の都合（おとなのつごう）→大人的情况　大人の考え（おとなのかんがえ）→大人的想法

N5 子供（こども）⓪【名】小孩
子供がかわいい。
小孩很可爱。

同义词 児童（じどう）儿童　　チャイルド(child) 小孩

★ 与子供相关：
子供の遊び（こどものあそび）→小孩的游戏　赤ちゃん（あか）→婴儿　少年（しょうねん）→少年　少女（しょうじょ）→少女　未成年（みせいねん）→未成年

N5 自分（じぶん）⓪【名】自己
自分のことは自分でせよ。
自己的事情自己做。

同义词 自己（じこ）自己　　自身（じしん）自身

★ 与自分相关：
自分自身（じぶんじしん）→自己本人　自分の頭のはえを追え（じぶんのあたまのはえをおえ）→自扫门前雪，少管闲事

你我他她

Chapter 1 日常用语

N4 かれ
彼 ①【名】第三人称代词，他

彼は僕の友達だ。
他是我的朋友。

同义词 かのじょ
彼女 她　　あいつ 那家伙（男性用语，语气特别随意）
こいつ 这家伙（男性用语，语气特别随意）

★ **与彼相关：**
「彼」除了表示第三人称的"他"之外，最近还渐渐演变出"男朋友"的意思。在句子中可以根据上下语境来判断。

N4 だんせい
男性 ⓪【名】男性

好きな男性の仕草を教えてください。
请告诉我你喜欢男性的哪种举止。

同义词 おとこ　　だんし　　おとこ こ
男　男　　男子 男生　　男の子 男孩

★ **按年龄由高到低排列为：**
だんせい　おとこ　だんし　おとこ こ
男性 → 男 → 男子 → 男の子

N4 じょせい
女性 ⓪【名】女性

どういうタイプの女性が好きですか。
你喜欢哪种类型的女性？

同义词 おんな　　おんな こ　　じょし
女　女　　女の子 女孩　　女子 女生

★ **按年龄由高到低排列为：**
じょせい　おんな　じょし　おんな こ
女性 → 女 → 女子 → 女の子

N4 とし よ
年寄り ⓪【名】老人

どうやってお年寄りと接すればいいのですか。
怎样和老人相处好呢？

同义词 ろうじん　　こうれいしゃ　　ねんぱい かた
老人 老人　　高齢者 高龄者　　年配の方 年纪大的人

★ **与年寄り相关：**
「年寄り」除了有"老人"的意思之外，还有另外两个不是特别常用的意思。一是"年寄"，是指在武家中掌管政务的重臣；一是指在相扑界隐退后可以培养力士的人。

N3 ろうねん
老年 ⓪【名】老年

彼は老年心理学に興味がある。
他对老年心理学感兴趣。

同义词 こうねん　　ばんねん
高年 老年　　晩年 老年

★ **按年龄由高到低排列为：**
ろうねん　ちゅうねん　せいねん　しょうねん
老年 → 中年 → 青年 → 少年

你我他她

日本学生都在用的分类词汇书

N2 ちゅうねん 中年 ⓪【名】中年

中年を過ぎた男。
已过中年的男人。

同义词 そうねん 壮年 壮年

★ 与中年相关：

「中年」主要指40岁到60岁的人。

N2 せいねん 青年 ⓪【名】青年

血気盛んな青年。
血气方刚的青年。

同义词 わかもの 若者 年轻人　　ヤング（young） 年轻人

★ 与青年相关：

「青年」主要指15岁到30岁的男女。

N2 しょうねん 少年 ⓪【名】少年

少年のころからの友人。
少年时代的朋友。

同义词 せいしょうねん 青少年 青少年

★ 与少年相关：

「少年」主要指十岁到十五六岁的男女。

N2 あかぼう 赤ん坊 ⓪【名】婴儿，幼稚的人

男の赤ん坊が生まれた。
生了个男孩子。

同义词 あか 赤ちゃん 婴儿

★ 与赤ん坊相关：

「赤ん坊」主要指1岁左右的小孩子。另外也可用于指人不成熟、不懂事。

N2 ちじん 知人 ⓪【名】熟人，朋友

知人を頼って渡米する。
去美国投奔熟人。

同义词 ともだち 友達 朋友　　しんゆう 親友 好朋友　　ゆうじん 友人 朋友

なかま 仲間 同伴，朋友

★ 与知人相关：

「知人」主要用于书面语，口语中指朋友时常用「ともだち 友達」。

你我他她

Chapter 1 日常用语

N2 他人⓪【名】别人，其他人，陌生人，局外人

他人のことばかり気にする。
光把别人的事放在心上。

同义词　別人 别人　　他 别的，他人

★ 与他人相关：
他人行儀→当外人看待；客气多礼　他人の飯を食う→离家在外；历经艰苦　他人のせんきを頭痛に病む→为别人的事情瞎担心

N2 相手⓪【名】对象，对手，对方

誰も相手にしてくれない。
没人理我。

同义词　対象 对象

★ 与相手相关：
相手にする→理睬；共事　遊び相手→玩伴　話し相手→协商者；聊天对象　けんかの相手→吵架的对手

N2 ミス（Miss）①【名】小姐

まだミスでいる。
还没结婚。

同义词　お嬢さん 小姐，令爱，您的女儿

★ 与ミス相关：
「ミス」作为"小姐"的意思的用法较少，更常见的是表示"错误，失误"的意思。

N2 クラスメート④（classmate）【名】同学

彼は昔のクラスメートだ。
他是我的老同学。

同义词　同級生 同学　　級友 同学

★ 与クラスメート相关：
「クラスメート」指同班同学，要注意与「スクールメート」区分，「スクールメート」是指校友。

N1 主人①【名】主人，店主，老板

この店の主人とは顔なじみだ。
我跟这个铺子的老板很熟。

同义词　主 主人　　所有者 所有者

★ 与主人相关：
「主人」除了指"主人"外，还有"一家之长，丈夫"之意，而称呼别人的丈夫的时候可以说「ご主人」。

N1 ゲスト（guest）①【名】客人，嘉宾

特別ゲスト。
特邀嘉宾。

同义词　お客様 客人　　お客さん 客人

★ 与ゲスト相关：
「ゲスト」除了指"客人"外，还有"临时演员，嘉宾"之意。

你我他她

N5 母 ① 【名】母亲，妈妈

あの兄弟は母がちがう。
他们是同父异母的兄弟。

同义词　母親 母亲，妈妈　　お母さん 母亲，妈妈

★ 与母相关：
母の日→母亲节　生みの母→生母　失敗は成功の母→失败乃成功之母

N5 父 ① 【名】父亲，爸爸

さすがは父の子だ。
不愧是他父亲的儿子。

同义词　父親 父亲，爸爸　　親父 父亲，爸爸，老爷子
　　　　お父さん 父亲，爸爸

★ 与父相关：
父のいましめ→父训　父の事業→父业　父になる→当父亲　父の代→父辈

N5 お祖父さん ② 【名】爷爷，祖父

お祖父さんのまねをしている。
模仿爷爷。

同义词　祖父 爷爷，祖父

★ 与お祖父さん相关：
「お祖父さん」除了指"爷爷"或"祖父"外，也可用于称呼不相识的老爷爷。

N5 お祖母さん ② 【名】奶奶，祖母

お祖母さんはおたっしゃですか。
您的祖母身体好吗？

同义词　祖母 奶奶，祖母

★ 与お祖母さん相关：
「お祖母さん」除了指"奶奶"或"祖母"外，也可用于称呼不相识的老奶奶。

N5 叔母さん ⓪ 【名】姨，姑，阿姨

叔母さんが作った料理はとてもおいしい。
阿姨做的饭很好吃。

同义词　叔母 姨，姑，婶，舅母

★ 与おばさん相关：
隣のおばさん→邻家阿姨　よそのおばさん→不相识的阿姨

家人亲戚

Chapter 1 日常用语

N5 叔父さん ⓪ 【名】伯，舅，姑父，姨父

叔父さんはタバコを吸っている。
姨夫在抽烟。

同义词　叔父　伯，舅，姑父，姨父

★ 与叔父さん相关：
おじさんぶる→装大爷；装长辈　解放軍のおじさん→解放军叔叔

N5 姉 ⓪ 【名】姐姐

上の姉はもう結婚している。
大姐已经结婚了。

同义词　お姉さん　姐姐（可用于称呼对方的姐姐）

★ 与姉相关：
姉婿→姐夫　2番目の姉→二姐

N5 兄 ① 【名】哥哥

兄はいま出かけたばかりだ。
哥哥刚才出去了。

同义词　お兄さん　哥哥（可用于称呼对方的哥哥）

★ 与兄相关：
実の兄→亲哥哥　いちばん上の兄→大哥，长兄　2番目の兄→二哥

N5 兄弟 ① 【名】兄弟姐妹

兄弟のように親しい。
亲如手足。

同义词　同胞　兄弟，同胞

★ 与兄弟相关：
異父兄弟→异父兄弟　腹ちがいの兄弟→异母兄弟

N5 姉妹 ① 【名】姐妹

京都と西安は姉妹都市である。
京都和西安是姐妹城市。

同义词　女の兄弟　姐妹

★ 与姉妹相关：
兄弟姉妹→兄弟姐妹　実の姉妹→亲姐妹

2 家人亲戚

日本学生都在用的分类词汇书

N5 弟 ⓪【名】弟弟
おとうと

私には弟が3人いる。
我有三个弟弟。

同义词 弟御 令弟　弟さん 弟弟（用于称呼对方的弟弟）
おとうとご　　　　　おとうと

★ 与弟相关：
末の弟→最小的弟弟　弟の嫁→弟媳
すえ おとうと　　　 おとうと よめ

N5 妹 ⓪【名】妹妹
いもうと

妹は卒業した。
妹妹毕业了。

同义词 妹御 令妹　妹さん 妹妹（用于称呼对方的妹妹）
いもうとご　　　　　いもうと

★ 与妹相关：
妹婿→妹夫　妹分→义妹
いもうとむこ　 いもうとぶん

② 家人亲戚

N5 家族 ①【名】家族
かぞく

家族づれの旅行。
带家属的旅行。

同义词 家庭 家庭
かてい

★ 与家族相关：
核家族→小家庭　大家族→大家族
かくかぞく　　　 だいかぞく

N4 息子 ⓪【名】儿子
むすこ

息子は今年二十歳になる。
我儿子今年就20岁了。

同义词 子息 令郎　息子さん 您儿子　倅 犬子
しそく　　　　　　むすこ　　　　　　せがれ

★ 与息子相关：
一人息子→独生子　跡取り息子→嗣子
ひとり むすこ　　　 あとと むすこ

N4 娘 ⓪【名】女儿，姑娘，少女
むすめ

あれが私の娘だ。
那孩子是我闺女。

同义词 お嬢さん 令爱，您的女儿，小姐
じょう

★ 与娘相关：
娘っ子→小姑娘　いなか娘→农村姑娘
むすめ　　　　　　　　むすめ

Chapter 1 日常用语

N4 妻(つま) ① 【名】妻子，太太

彼女を妻に迎える。
娶她为妻。

同义词 夫人(ふじん) 夫人　　家内(かない) 爱人，内人
　　　　奥(おく)さん 太太（用于称呼对方的妻子）

★ 与妻相关：
「妻」另有配菜之意，例如：「刺し身の妻」，译为"生鱼片的配菜"。

N3 義兄(ぎけい) ⓪ 【名】姐夫，大舅子

こちらは私の義兄です。
这是我姐夫。

同义词 義理(ぎり)の兄(あに) 姐夫，大舅子

★ 与義兄相关：
「義兄」除了用于亲戚之间，也可用于结拜的结盟兄弟，即干兄，干哥哥。

N2 親(おや) ⓪ 【名】父母，双亲

親が親なら子も子だ。
有什么样的父母就有什么样的子女。

同义词 両親(りょうしん) 父母，双亲

★ 与親相关：
親会社(おやがいしゃ)→母公司　親の心子知らず(おやのこころこしらず)→儿女不知父母心　親のすねをかじる(おや)→靠父母养

N2 孫(まご) ⓪ 【名】孙子

孫ができた。
有孙子了。

同义词 内孫(うちまご)/内孫(ないそん) 亲嫡孙　　外孫(そとまご)/外孫(がいそん) 外孙子

★ 与孫相关：
初孫(はつまご)→长孙　曾孫(ひまご)→曾孙；从孙

N2 甥(おい) ⓪ 【名】外甥，侄子

甥はとてもかわいい。
外甥很可爱。

同义词 姪(めい) 侄女，外甥女

★ 与甥相关：
甥の子(おいこ)→侄孙　甥の娘(おいむすめ)→侄孙女

2 家人亲戚

N2 親戚(しんせき) ⓪【名】亲戚

彼は私の遠い親戚にあたる。
他是我的远亲。

同义词 身内(みうち) 家属　　肉親(にくしん) 亲人

★ 与親戚相关：
遠い親戚(とおしんせき)→远亲　親戚(しんせき)になる→变成亲戚

N2 子孫(しそん) ①【名】子孙

子孫に伝える。
传给子孙。

同义词 孫子(まごこ) 子孙

★ 与子孫相关：
子子孫孫(ししそんそん)→子子孙孙　子孫後裔(しそんこうえい)→子孙后代

N2 夫婦(ふうふ) ①【名】夫妻

夫婦になる。
结为夫妻。

同义词 夫妻(ふさい) 夫妻

★ 与夫婦相关：
新婚夫婦(しんこんふうふ)→新婚夫妇　若夫婦(わかふうふ)→小两口

N1 婿(むこ) ①【名】女婿

娘に婿をもらう。
给女儿招女婿。

同义词 女婿(じょせい) 女婿

★ 与婿相关：
婿選び(むこえらび)→选女婿　婿養子(むこようし)→入赘女婿

2 家人亲戚

Chapter 1 日常用语

N5 お早う ⓪ 【寒暄语】 您好

先生、お早うございます。
老师您早！

同义词 今日は 您好　　今晩は 您好　　お早う御座います 您好

★ 与お早う相关：

「お早う」用于早上及上午（现也用于一天中第一次见面的招呼用语）。「今日は」用于中午及下午。「今晩は」用于傍晚以后。「お早う御座います」为「お早う」的敬语形式。

N5 初めて ② 【副】 初次

初めてお目にかかります。
初次见面。

同义词 初回 初次　　第1回 第一次

★ 与初めて相关：

当「初めて」用于句型「～て初めて」中时，表示"……后，才……"。例如：数日たって初めて事実を知った。可译为：几天之后，才了解到事实真相。

N5 初対面 ② 【名】 初次见面

あの人とはその時が初対面だった。
我和他那时是初次见面。

同义词 初めまして 初次见面

★ 与初対面相关：

初対面からうちとける→一见如故　　初対面の客→生客

N5 こちらこそ ④ 【寒暄语】 不敢当，哪里哪里

こちらこそお詫び申し上げねばなりません。
倒是我应该道歉。

同义词 恐れ入る 不敢当，惶恐

★ 与こちらこそ相关：

「こちらこそ」为「こちら」与「こそ」组合而成的固定搭配，其中「こちら」表示"我这一方"，「こそ」表示强调，「こちらこそ」既可以单独使用，也可以后接句子，当其单独作为答句使用时比较灵活，其具体意思应根据前句理解。例如：前句为「ありがとうございます」时，「こちらこそ」表示"您别客气，是我要谢谢您才是"；前句为「すみません」时，「こちらこそ」表示"倒是我更要向您道歉"；前句为「お世話になります」时，「こちらこそ」表示"哪里哪里"等。

N5 どうぞ ① 【副】 请

奥さんにどうぞよろしく。
请替我向您夫人问好。

同义词 なにとぞ 请

★ 与どうぞ相关：

「どうぞ」除了用于拜托别人时，也可用于同意他人的请求，译为"可以，请便吧。"例如：「窓を開けてもいいですか。——ええ、どうぞ。」可译为"可以打开窗户吗？——可以，请便吧。"

日本学生都在用的分类词汇书

3 初次见面

N5 如何 ② 【副】如何，怎么样
ご気分は如何ですか。
您觉得怎么样?

同义词 どう 如何，怎么样

★ 与いかが相关:
「いかが」为比较尊敬的表现形式，可用于敬语中。若是普通朋友之间的对话，可与「どう」互换使用。

N5 元気 ① 【名】身体健康，精力，精神
お元気ですか。
您好吗?

同义词 健康 健康

★ 与元気相关:
元気を出す→打起精神　元気がない→没精神

N5 宜しく ⓪ 【名】请关照；适当地
今後とも宜しくお願いします。
今后请多关照。

同义词 よろぴく 多多关照（网络用语，略显轻浮）

★ 与宜しく相关:
「宜しく」除了表示"请关照"和"适当地"之外，也有"应该，应当"之意，例如:「宜しく勉学に励むべし」表示"应该努力学习"。

N5 いいえ ⓪ 【感叹词】不是，没有
いいえ、それにはおよびません。
不，不必了。

同义词 いえ 不　　いや 不

★ 与いいえ相关:
「いいえ」可用于正式场合，而「いえ」「いや」只用于口语。

N5 訪問する ⓪ 【动】拜访，访问
彼を訪問する。
去拜访他。

同义词 訪ねる 拜访，访问　　伺う 拜访，访问

★ 于訪問する相关:
訪問着→会客和服　訪問客→来客　訪問を受ける→接受来访

Chapter 1 日常用语

N4 挨拶 【名】寒暄，致词，打招呼
先生に会ったら必ず挨拶する。
见到老师必须打招呼。

同义词 会釈 点头，打招呼

☆ 于挨拶相关：
挨拶切る→绝交　初対面の挨拶→初次见面的问候

N4 失礼する ③ 【动】失礼，失敬，不能奉陪，告辞
それでは失礼させていただきます。
那么，我失陪了。

同义词 無礼 失礼，不恭敬

☆ 与失礼する相关：
一般拜访他人家或办公室都要用，进的时候说「失礼します」，离开时出门之前说「失礼しました」。

N4 頂く ⓪ 【动】领受，拜领；吃，喝
けっこうなものを頂きました。
收了不错的礼品。

同义词 頂戴する 得到，领受　貰う 得到，取得

☆ 与頂く相关：
尊敬程度从高到低依次为：頂戴する→頂く→貰う。

N4 大事 ⓪ 【形动】保重，慎重；重要的
これは私にとって大事なものだ。
这对我来说是很重要的东西。

同义词 大切 保重，爱护，珍惜

☆ 与大事相关：
探病结束后，离开之前，一般会对对方说「お大事に」，意为"请保重身体"。

N2 願う ② 【动】请求，恳请，希望
順調に行くことを願う。
祈求顺利进行。

同义词 頼む 拜托，请求，委托

☆ 与願う相关：
願ったりかなったり→如愿以偿　願ってもないこと→求之不得的好事

③ 初次见面

日本学生都在用的分类词汇书

3 初次见面

N2 会う ①【动】遇见，见面
あとでお会いしましょう。
回头见。

同义词 お目にかかる 见面

★ 与会う相关：
ひどい目に会う→吃苦头　会うは別れのはじめ→有聚必有散

N1 持て成し ⓪【名】接待，招待，款待
手厚い持て成しを受ける。
受到热忱地接待。

同义词 接待 接待，招待

★ 与持て成し相关：
粗末な持て成し→招待不周　至れりつくせりのお持て成し→无微不至的照顾

N1 面会 ⓪【名】接见，会面
面会を求める。
求见。

同义词 接見 会见，见面

★ 与面会相关：
面会謝絶→谢绝会面　面会人→会见者；来访者

N1 遠慮 ⓪【名】客气，远虑
どうぞご遠慮なく召しあがってください。
请不要客气，吃一点儿吧。

同义词 気がね 客气，顾虑

★ 与遠慮相关：
遠慮深い→非常客气；拘谨　遠慮がち→好客气；好谦虚　御遠慮なく→不用客气

Chapter 1 日常用语

N5 ありがとう ② 【寒暄语】谢谢
まことにありがとうございます。
十分感谢。

同义词 ありがとうございます 谢谢　　　どうも 谢谢

★ 与ありがとう相关：
正式程度从高到低依次为：ありがとうございます→ありがとう→どうも。

N4 御礼（おれい） ⓪ 【名】谢意；回礼，还礼
おみやげの御礼になにをあげればいいだろうか。
对他的礼品，我回敬点什么好呢？

同义词 返礼（へんれい） 回礼，还礼

★ 与御礼相关：
お礼（れい）を述べる→道谢，致谢　お礼参（れいまい）り→为还愿去拜庙　お礼奉公（れいほうこう）→义务效劳

N2 有難い（ありがた） ④ 【形】值得感谢的，难得的
それは有難いことだ。
那太感谢了。

近义词 得難い（えがた） 难得的

★ 与有難い相关：
「有難い」的动词活用为「ありがたがる」，表示"感激"。例如：あの人はちょっとしたことでもありがたがる可译为：他对于一点点儿的小事也表示感激。
「有難い」的名词活用为「ありがたみ」，表示"恩惠，价值"。例如：わたしは友人のありがたみを知っている可译为：我懂得朋友的可贵。

N2 恩返し（おんがえ） ③ 【名】报恩
彼は恩返しの知る人です。
他是个懂得知恩图报的人。

同义词 礼返し（れいがえ） 还礼，报恩　　　報恩（ほうおん） 报恩

★ 与恩返し相关：
在日本有很多关于动物报恩的故事，例如：日本的民间故事「鶴の恩返し」（白鹤报恩），以及落语「猫の恩返し」（猫的报恩）等。

N2 感謝（かんしゃ） ① 【名】感谢
感謝で胸がいっぱいだ。
胸中充满了感谢之情。

同音词 官舎（かんしゃ） 机关宿舍　　　甘蔗（かんしゃ） 甘蔗

★ 与感谢相关：
感謝（かんしゃ）の涙（なみだ）→感谢之泪　心（こころ）から感謝（かんしゃ）する→衷心感谢

表示谢意

· 15 ·

日本学生都在用的分类词汇书

N2 感激(かんげき) ⓪【名】感激，感动

彼女は感激して彼にお礼を言った。
她很感激地谢了他。

同音词 間隙(かんげき) 间隙，空隙，隔阂

★ 与感激相关：
感激屋(かんげきや)→热心肠的人；感情易激动的人　感激の涙(かんげきのなみだ)→感激之泪

N2 恐れ多い(おそれおおい) ④【名】非常感谢，诚惶诚恐

こんなにご心配をいただくとは恐れ多いことです。
蒙您这样关怀，不胜感激。

同义词 かたじけない　非常感谢，诚惶诚恐

★ 与恐れ多い相关：
「恐れ多い」也可用在失礼时表示"非常抱歉"，或在受到他人过奖时自觉惶恐，用于自谦。

N1 深謝(しんしゃ) ①【名】衷心感谢

御援助を深謝します。
对您的支援表示衷心感谢。

同音词 新車(しんしゃ) 新车

★ 与深謝相关：
「深謝」是书面语，不可用于一般对话中。一般用于表达非常深的谢意，也可用于道歉。

N1 拝謝(はいしゃ) ①【名】谨谢，拜谢，敬谢

平素何かとご高配いただき、拝謝いたします。
平时承蒙关照，深表感谢。

同音词 廃車(はいしゃ) 废车　敗者(はいしゃ) 战败者

★ 与拝謝相关：
「拝謝」是「感謝」的谦让语，不用于一般对话中。

N1 万謝(ばんしゃ) ①【名】万分感谢

千恩万謝。
滴水之恩涌泉相报。

同义词 感謝(かんしゃ) 感谢　拝謝(はいしゃ) 拜谢，敬谢　深謝(しんしゃ) 衷心感谢

★ 与万謝相关：
「万謝」与「拝謝」、「深謝」均为书面语，不能用于一般对话，其中「万謝」与「深謝」也可用于致歉。「感謝」的使用方法最为广泛，可用于一般对话中。

Chapter 1 日常用语

N1 謝恩 ⓪【名】谢恩，报恩，酬谢

読者に謝恩サービスをする。
对读者进行酬谢服务。

同义词 感恩 (かんおん) 谢恩，报恩，感恩

★ 与謝恩相关：
謝恩(しゃおん)セール→感恩大甩卖　謝恩会(しゃおんかい)→谢恩会

N1 謝礼 ⓪【名】酬谢，感谢话，谢礼

お医者さんに謝礼をする。
酬谢医生。

同义词 謝儀 (しゃぎ) 谢礼，礼物，表示感谢的礼仪

★ 与謝礼相关：
謝礼金(しゃれいきん)→酬金　謝礼を言う(しゃれいをいう)→致谢，道谢

N1 謝儀 ①【名】谢礼，礼物，表示感谢的礼仪

謝儀にハンカチを買いました。
买了手帕做谢礼。

同义词 謝礼 (しゃれい) 酬谢，感谢话，谢礼

★ 与謝儀相关：
日本人送礼是出于感恩。办事在先，谢礼在后，情意重于礼品，不介意礼品的贵贱，但是包装一定要精致。

N1 礼金 ⓪【名】礼金，谢酬金

礼金を包む。
包礼金。

同义词 謝金 (しゃきん) 谢酬金

★ 与礼金相关：
在日本租房子时，除了押金和租金之外，入住时还会给房主礼金作为答谢，这个礼金在退房时并不返还。

N1 礼状 ⓪【名】感谢信，谢函

おみやげの礼状を出す。
寄收到礼物的感谢信。

同义词 謝状 (しゃじょう) 感谢信，谢函　感謝状 (かんしゃじょう) 感谢信，谢函

★ 与礼状相同读音的词：
令状(れいじょう)→逮捕证；搜查令；命令文件　礼讓(れいじょう)→礼让；谦让　令嬢(れいじょう)→您女儿；令爱

表示谢意

表示谢意

N1 薄謝（はくしゃ）⓪ 【名】薄谢，薄礼
薄謝を呈す。
敬呈薄礼。

同义词 謝礼（しゃれい）谢礼　薄儀（はくぎ）薄礼

★ 与薄謝相关：
「薄謝」与「薄儀」均为「謝礼」的自谦语，有"小小礼物不成敬意"之意。

N1 謝辞（しゃじ）① 【名】谢词，感谢的话，道歉的话
卒業生総代が謝辞を述べる。
毕业生代表致感谢词。

同音词 写字（しゃじ）誊写，抄写　斜字（しゃじ）斜体字

★ 与謝辞相关：
「謝辞」既可表示"感谢的话"，又可表示"道歉的话"，所以当出现「謝辞を述べる」时，要根据上下文判断是用于道谢还是道歉。

N1 誠（まこと）⓪ 【名】诚意，真情，真实
誠をこめて言う。
诚恳地说。

同义词 真心（まごころ）真心，诚意

★ 与誠相关：
誠の話（まこと はなし）→实话　誠を尽くす（まこと つ）→尽诚心

N1 好意（こうい）① 【名】好意，善意，美意
せっかくの好意が悪くとられた。
一番好意被当作恶意了。

同义词 善意（ぜんい）好意，善意

★ 与好意相关：
ご好意にあまえて（こうい）→承您的好意　好意をよせる（こうい）→表示好意　好意を無にする（こうい む）→辜负一番好意

N1 多謝（たしゃ）① 【动】多谢，抱歉
多年の御厚誼に多謝する。
感谢您多年来的厚谊。

同音词 他社（たしゃ）其他公司　他者（たしゃ）其他人，别人

★ 与多謝相关：
「多謝」也可用于表示"歉意"，例如：「妄言多謝」表示"胡说一通，真对不起"。

Chapter 1 日常用语

N1 謝する ②【动】 感谢，致谢，谢绝，告辞，谢罪

社長に厚意を謝するため、謝礼を買いに行きました。

为了答谢社长的厚意，去买谢礼了。

同义词 感謝する 感谢

★ 与謝する相关：

「謝する」因词义灵活，所以可以用于多种场合，翻译时应根据文意灵活处理，例如：「厚意を謝する」表示"感谢"等。

N1 謝絶 ⓪【动】 谢绝

申し入れを謝絶する。

谢绝建议。

同义词 拒絶 拒绝　　断る 拒绝，谢绝

★ 与謝絶相关：

面会謝絶→谢绝会客　連絡謝絶→谢绝联系

表示谢意

日本学生都在用的分类词汇书

N5 ごめんなさい。⑤【寒暄语】对不起

ごめんなさい、許してください。
对不起，请原谅我。

同义词 ごめん 对不起　すみません 对不起
　　　　　申し訳ございません 对不起

★ **与御免なさい相关：**
按照尊敬程度由高到低排列：申し訳ございません→すみません→ごめんなさい→ごめん。

5 表示歉意

N4 謝る③【动】谢罪，道歉，认错

君に謝らなければならない。
我应该向你道歉。

同音词 誤る 弄错

★ **与謝る相关：**
手をついて謝る→跪下低头认错　ひら謝りに謝る→低头道歉；一个劲儿地道歉

N3 詫びる ② ⓪【动】道歉，谢罪

子どものいたずらを詫びる。
为孩子淘气向人道歉。

同音词 侘びる 感觉悲伤，感到寂寞

★ **与詫びる相关：**
心から詫びる→由衷地表示歉意　あやまちを詫びる→谢罪

N2 謝り ⓪ ③【名】谢罪，道歉

謝りの手紙を書いた。
写了谢罪信。

同音词 誤り 错误

★ **与謝り相关：**
謝りの手紙→谢罪信　謝り証文→谢罪书

N2 恐縮 ⓪【名】对不起，惶恐，过意不去，惭愧

いつもご面倒をおかけして恐縮です。
老麻烦您，真过意不去。

同义词 恐れ入る 真对不起，非常感激　　恐れ多い 诚惶诚恐，非常感谢

★ **与恐縮相关：**
「恐縮」常用于表示"歉意"，而其同义词「恐れ入る」和「恐れ多い」均可用于表示"致谢的场合"。

Chapter 1 日常用语

N2 すまない ③ 【形】 对不起

本当にすまない。
真对不起。

同义词 申し訳（もうわけ）ない。 对不起　　すみません 对不起
　　　　申し訳（もうわけ）ございません 对不起

★ 与すまない相关：

「すまない」是由动词「すむ」演变而成，「済む」本意为"过得去，解决"，「すまない」为其否定形式，口语中道歉多用「ごめん」或「すみません」，「申し訳ございません」为更尊敬的表达方式。

N1 慰謝料（いしゃりょう） ② 【名】 赔偿费，赡养费

高い慰謝料を要求する。
要求高额赔偿费。

同义词 賠償（ばいしょう） 赔偿　　扶養費（ふようひ） 赡养费

★ 与慰謝料相关：

日本2014年播出了一部叫做『慰謝料弁護士』的电视剧，讲述的就是专门为赢取更高的赔偿费而展开辩护的律师们的故事。

N1 詫び（わ） ⓪ 【动】 道歉

お詫びのしようもない。
不知怎样道歉才好。

同音词 侘び（わ） 闲寂，恬静

★ 与詫び相关：

詫び言（わごと）→谢罪的话　　詫び入る（わはい）→深表歉意

N1 詫び状（わじょう） ⓪ 【名】 谢罪信，道歉的信

詫び状をしたためる。
写道歉的信。

同义词 謝罪文（しゃざいぶん） 谢罪信

★ 与詫び状相关：

「詫び状」和「謝罪文」都是在商业上对客户致歉时用的文书，均属于「社外文書」。而与之相对，检讨时写的是「始末書」或「顛末書」等为「社内文書」。

5 表示歉意

5 表示歉意

N1 陳謝 ちんしゃ ①【名】道歉

心より**陳謝**申し上げます。
由衷地表示歉意。

同义词 謝罪 しゃざい 道歉，谢罪

★ 与**陳謝**相关：
陳謝の手紙→致歉意的信　**陳謝**する→道歉，表示歉意

N1 謝罪 しゃざい ⓪【名】谢罪

被害者に**謝罪**する。
向受害者赔礼道歉。

同音词 瀉剤 しゃざい 腹泻药

★ 与**謝罪**相关：
謝罪を要求する→要求道歉　**謝罪**広告→谢罪广告

N1 謝する しゃ ②【动】谢罪，道歉，感谢，致谢，谢绝，告辞

平素の疎遠を**謝する**。
对一直以来的疏远表示歉意。

同义词 謝る あやま 道歉

★ 与**謝する**相关：
「**謝する**」因词义灵活，所以可以用于多种场合，翻译时应根据文意灵活处理，例如：「失礼を**謝する**」表示"致歉"，「面会を**謝する**」表示"谢绝"等。

N1 謝辞 しゃじ ①【名】谢词，感谢的话，道歉的话

今回の損失のため、**謝辞**を述べる。
为这次造成的损失而致歉。

同音词 写字 しゃじ 誊写，抄写　　斜字 しゃじ 斜体字

★ 与**謝辞**相关：
「**謝辞**」既可表示"感谢的话"，又可表示"道歉的话"，所以当出现「**謝辞**を述べる」时，要根据上下文判断是用于道谢还是道歉。

N1 言い訳 いわけ ⓪【名】道歉，赔不是

言い訳の手紙を出す。
发出道歉信。

同义词 謝り あやま 道歉，赔不是

★ 与**言い訳**相关：
「**言い訳**」也有"分辩，辩解，找借口"之意，例如：「筋の通らない**言い訳**をする」，译为"作不合道理的辩解"。

Chapter 1 日常用语

N1 気の毒 ⓪【名・形动】过意不去，真抱歉，对不起

いろいろお手数をかけてほんとうにお気の毒でした。
给您添许多麻烦，实在过意不去。

同义词 お気の毒に 过意不去，太遗憾了　　お気の毒様 过意不去，真抱歉

★ 与気の毒相关：

「気の毒」另有"可怜，可悲"以及"惋惜，可惜"之意。例如：「彼らは気の毒なくらい収入が少ない」可译为"他们收入少得可怜"；「そんなに勉強して不合格とは気の毒だ」可译为"那么用功还没考上，太遗憾了"。

N1 失敬 ③【名】失礼，对不起

きのうはせっかく訪ねてくれたのに、留守をして失敬しました。
好不容易您昨天特意来访，我却没在家，真对不起。

同义词 詫びる 对不起，赔不是

★ 与失敬相关：

「失敬」另外有"没有礼貌，告别"等意，通常用语上对下。例如：「失敬なことをするな」可译为"休得无礼"，「ひと足先に失敬する」可译为"我先走一步"。

5 表示歉意

Chapter 2
各色人物

日本学生都在用的分类词汇书

N5 医者 ⓪ 【名】医生

医者にかかる。
看病。

同义词　ドクター（doctor）医生　医師 医生

★ 与医者相关：
歯医者→牙科医生　やぶ医者→庸医　漢方の医者→中医

N5 学生 ⓪ 【名】学生

その大学には学生が3千人いる。
那所大学里有三千名学生。

同义词　生徒 学生

★ 与学生相关：
学生手帳→学生手册　学生証→学生证

N4 警察 ⓪ 【名】警察

警察に呼び出される。
被警察叫去。

同义词　警官 警察

★ 与警察相关：
警察署→公安局　警察庁→警察厅；公安部

N4 看護婦 ③ 【名】护士

看護婦さんたちはみんな優しい。
护士都很和蔼。

同义词　ナース（Nurse）护士　看護師 护士

★ 与看護婦相关：
見習い看護婦→见习护士　看護婦長→护士长

N4 科学者 ②③ 【名】科学家

科学者たちのおかげで、科学が進んで、生活は便利になった。
多亏了科学家们，科学进步了，生活变得方便了。

相关词　科学院 科学院，研究所　アカデミー（academy）科学院，研究所

★ 与科学者相关：
社会科学→社会科学　科学する心→科学精神　科学技術→科技

1 职业

Chapter 2 各色人物

N2 車掌 ⓪ 【名】 乘务员，列车员，售票员

車掌が検札にきた。
乘务员来查票。

同义词 乘務員 乘务员，列车员，售票员

☆ 与車掌相关：
車掌室→乘务员室　電車の車掌→电车的车上售票员

N2 学者 ⓪ 【名】 学者

昨日は有名な学者に出会った。
昨天遇见了有名的学者。

同义词 学舎 校舍

☆ 与学者相关：
なかなかの学者→了不起的学者　一流の学者→一流的学者

N2 教師 ① 【名】 老师

中学校の教師をしている。
当中学老师。

同义词 先生 老师

☆ 与教師相关：
教師稼業→教学工作　教師陣→教师阵容

N2 サラリーマン（salaried man） ③ 【名】 工薪人员

彼は新卒サラリーマンだ。
他是今年刚毕业参加工作的公司职员。

同义词 俸給生活者 工薪人员　給料生活者 工薪人员

☆ 与サラリーマン相关：
安サラリーマン→低工资职员　サラリーマン階級→薪水阶级

N2 記者 ① 【名】 记者

記者会見に参加した。
参加了记者招待会。

同义词 ジャーナリスト（journalist） 记者

☆ 与記者相关：
新聞記者→新闻记者　記者会見→记者招待会

职业

日本学生都在用的分类词汇书

N2 作家(さっか) ⓪ ① 【名】 作者，作家

作家の霊感は生活からだ。
作家的灵感来源于生活。

同义词 著者(ちょしゃ) 作者　作者(さくしゃ) 作者

★ 与作家相关：
女流作家(じょりゅうさっか)→女作家　放送作家(ほうそうさっか)→广播剧作家

N2 農民(のうみん) ⓪ 【名】 农民

農民は温室で栽培した野菜を高い価格で売っている。
农民将在温室里栽培的蔬菜高价出售。

同义词 農家(のうか) 农户，农民，农家

★ 与农民相关：
農民運動(のうみんうんどう)→农民运动　農民離村(のうみんりそん)→农民离开农村向城市集中

N2 役者(やくしゃ) ⓪ 【名】 演员，人才

役者冥利に尽きる。
演员的幸福感。

同音词 訳者(やくしゃ) 译者，翻译人员

★ 与役者相关：
役者子ども(やくしゃこ)→演员只懂演技不谙世故　千両役者(せんりょうやくしゃ)→名演员，名角

N2 会計(かいけい) ⓪ 【名】 会计

会計をつとめる。
当会计。

同义词 会計士(かいけいし) 会计师

★ 与会计相关：
一般会計(いっぱんかいけい)→普通会计　特別会計(とくべつかいけい)→特别会计　会計課(かいけいか)→会计科　会計学(かいけいがく)→会计学

N2 通訳(つうやく) ① 【名】 口译，译员

通訳を通して話す。
通过译员进行对话。

同义词 訳者(やくしゃ) 翻译员，译者

★ 与通訳相关：
逐次通訳(ちくじつうやく)→交替传译　同時通訳(どうじつうやく)→同声传译

Chapter 2 各色人物

N2 教授 ⓪ ① 【名】 教授

大学の教授になる。
当大学教授。

同音词　享受　享受

☆ 与教授相关：
助教授→副教授　教授陣→教授阵容

N2 編集者 ③ 【名】 编辑，编者

この本は5人の編集者で共同編集したのだ。
这本书是由5名编者合编的。

同义词　編集人　编辑，编者

☆ 与编集者相关：
編集部→编辑部　責任編集→责任编辑

N1 探偵 ⓪ 【名】 侦探

彼らは探偵につけられる
他们被侦探盯上了。

同义词　スパイ（spy）　密探，侦探，特务

☆ 与探偵相关：
探偵小説→侦探小说　しろうと探偵→业余侦探

N1 弁護士 ③ 【名】 律师

弁護士を開業する。
开办律师业务。

同义词　弁護人　辩护人，辩护律师

☆ 与弁護士相关：
弁護士会→律师公会　原告側弁護士→原告方面的辩护律师

N1 軍人 ⓪ 【名】 军人

軍人を志望する。
立志当军人。

同音词　軍陣　阵营，兵营

☆ 与軍人相关：
軍人あがり→军人出身　軍人将棋→军棋

1 职业

N5 歩く ② 【动】步行，走

駅までは歩いて10分もかからない。

走到车站用不到十分钟。

同义词 散歩 散步　　歩む 步行，走

★ 与歩く相关：

大またに歩く→大步走　すたすた歩く→急走，匆匆忙忙地走　ふらふら歩く→蹒跚踟躇地走

N5 飛ぶ ⓪ 【动】飞

飛ぶように走る。

飞跑。

同音词 跳ぶ 跳

★ 与飛ぶ相关：

野次が飛ぶ→喝倒彩　デマが飛ぶ→谣言传开

N5 跳ぶ ⓪ 【动】跳

階段を跳んでおりる。

跳着下楼梯。

同义词 跳ねる 跳

★ 与跳ぶ相关：

ぴょんぴょんと跳ぶ→轻快地跳　跳んで歩く→跳着走

N5 立つ ① 【动】站

2本足で立つ。

用两条腿站立。

同义词 起立 起立，站起来，站　　直立 直立

★ 与立つ相关：

居ても立ってもいられない→坐立不安　煙が立つ→冒烟

N5 座る ⓪ 【动】坐

机に向かって座る。

坐在桌前。

同义词 腰掛ける 坐下

★ 与座る相关：

楽に座る→随便坐　きちんと座る→端坐　どっかと座る→用力坐下

Chapter 2 各色人物

N5 持つ ① 【动】 拿，持

箱をひとりで持とうとしたが、重くて持てなかった。
想一个人把箱子拿起来，但很重没能拿起来。

[同义词] 取る 拿，取

★ 与持つ相关：
持ちつ持たれつ→互相帮助　持ちも提げもならぬ→无法处理

N5 開ける ⓪ 【动】 打开

窓を開けて換気しよう。
把窗户打开，通一下风吧。

[同义词] 開く 开

★ 与開ける相关：
目を開ける→睁开眼睛　ドアを開ける→开门

N5 閉める ② 【动】 关闭

窓をきちんと閉める。
关严窗户。

[同义词] 閉じる 关，关闭

★ 与閉める相关：
戸を閉める→关上门　店を閉める→关上店门；下班打烊

N5 押す ⓪ 【动】 压，按，推，挤

そんなに押すな。
别那么挤啊！

[同义词] 押さえる 压，按

★ 与押す相关：
戸を押す→推门　ぐいぐい押す→硬挤，使劲推

N5 引く ⓪ 【动】 拉，拖，拽

蜘蛛が糸を引く。
蜘蛛织网。

[同义词] 引っ張る 拉，拖，拽

★ 与引く相关：
弓を引く→拉弓；反抗　袖を引く→偷偷提醒；引诱

2 肢体动作

N5 寝る ⓪ 【动】 睡觉

寝る間も惜しんで勉強する。
废寝忘食地用功学习。

【同义词】 眠る 睡觉　　横になる 睡觉

★ 与寝る相关：
寝た子を起こす→无事生非　寝る子は育つ→能睡的孩子长得壮

N5 入れる ⓪ 【动】 放入，装进，添加，包含

箱に物を入れる。
把东西放入盒子里。

【同音词】 炒れる 炒好　　淹れる 沏，泡

★ 与入れる相关：
力を入れる→工作卖力；使劲　気を入れる→聚精会神；倾注

N5 出る ① 【动】 出去，出来

何時に家を出ますか。
什么时候出门？

【同义词】 出かける 出门

★ 与出る相关：
やる気が出る→起劲　舞台に出る→出台，登台

N5 入る ① 【动】 进入，闯进

その家にはまだ人が入っていない。
这所房子还没有人住进去。

【同音词】 配流 流放，放逐

★ 与入る相关：
力が入る→使得上劲　水に入る→下水　ひびが入る→裂了一道纹

N5 上げる ⓪ 【动】 举，抬，提高

荷物を棚に上げる。
把东西举起放到架上。

【同音词】 挙げる 举例，列举　　揚げる 放，悬，炸

★ 与上げる相关：
顔を上げる→抬头　手を上げる→举手

② 肢体动作

Chapter 2 各色人物

N5 話(はな)す ② 【动】 说话
万事はあとでお話ししましょう。
一切都等以后再谈吧。

同义词 言(い)う 说　　語(かた)る 说话

▶ 与話す相关：
あれやこれやと話す→说这说那，说来说去　話(はな)せば長(なが)くなる→说来话长

N5 聞(き)く ⓪ 【动】 听，听从，打听，询问
始めから終わりまで聞く。
从头听到尾。

同音词 利く 有效

▶ 与聞く相关：
意見(いけん)を聞(き)く→征询意见　根掘(ねほ)り葉掘(はほ)り聞(き)く→刨根儿问底儿

N5 見(み)る ① 【动】 看
見るもの聞くものすべて珍しかった。
所见所闻都很稀罕。

同义词 ご覧(らん)になる 看

▶ 与見る相关：
見(み)てる間(ま)に→眨眼间　見(み)る影(かげ)もない→（变得）不成样子

N5 呼(よ)ぶ ⓪ 【动】 喊叫，招呼，呼唤
先生は学生の名前をひとりひとり呼んで出欠をとる。
老师一个一个点学生的名字，记下出席情况。

同义词 叫(さけ)ぶ 喊叫，呼喊

▶ 与呼ぶ相关：
助(たす)けを呼(よ)ぶ→呼救　医者(いしゃ)を呼(よ)ぶ→请医生

N4 作(つく)る ② 【动】 做，弄，制造
木で机を作る。
用木材做桌子。

同音词 造(つく)る 制造　　創(つく)る 创作

▶ 与作る相关：
敵(てき)を作(つく)る→树敌　友(とも)を作(つく)る→交朋友　罪(つみ)を作(つく)る→造孽

肢体动作

2 肢体动作

N4 笑う ⓪ 【动】 笑

彼女はいま泣いたかと思うとすぐ笑う。
她哭笑无常。

同义词 微笑 微笑

★ 与笑う相关：
にこにこ笑う→嘻嘻地笑　くすくす笑う→捂着嘴窃笑；咴咴地笑　げらげら笑う→哈哈大笑

N4 泣く ⓪ 【动】 哭

声を出して泣く。
放声大哭。

同音词 鳴く 鸣叫，啼

★ 与泣く相关：
泣いても笑っても→不管想什么办法，不管怎样　泣く子も黙る→令人生畏

N4 投げる ② 【动】 投，掷，扔

鋭い視線を投げる。
投以锐利的目光。

同义词 捨てる 扔　　抛る 抛

★ 与投げる相关：
やりを投げる→投标枪　試験を投げる→放弃考试

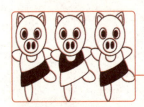

N4 踊る ⓪ 【动】 跳舞

音楽に合わせて踊る。
随着音乐跳舞。

同音词 躍る 跳跃，蹦

★ 与踊る相关：
バレエを踊る→跳芭蕾舞　歌を歌いながら踊る→载歌载舞

N3 触れる ⓪ 【动】 触碰，接触，涉及，感触

目に触れる物が何でも新鮮だ。
映入眼帘的事物都觉得很新鲜。

同义词 触る 触碰

★ 与触れる相关：
法律に触れる→违法，触犯法律　耳に触れる→听到　怒りに触れる→触怒

Chapter 2 各色人物

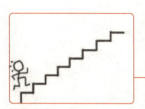

N3 登る ⓪ 【动】 登，上，攀登

おじいさんは山に登るのが好きだ。
爷爷喜欢爬山。

同音词　昇る　上升

★ 与登る相关：
階段を登る→上楼梯　山に登る→登山，爬山　木に登る→上树

N2 しゃがむ ⓪ 【动】 蹲下

落としたものをしゃがんで取る。
蹲下捡起掉的东西。

同义词　蹲る　蹲坐

★ 与しゃがむ相关：
道端にしゃがむ→蹲在道边　物陰にしゃがむ→蹲在背阴处

N2 振る ⓪ 【动】 挥动

バットを大きく振る。
使劲抡球棒。

同音词　降る　下降

★ 与振る相关：
首を振る→摇头　手を振る→招手，挥手

N2 食う ① 【动】 吃

ゆうべ蚊に食われた。
昨晚被蚊子叮了。

同义词　食べる　吃

★ 与食う相关：
食って掛かる→激烈反抗　玄関払いを食う→吃闭门羹

N1 抱く ② 【动】 抱，搂

自然のふところに抱かれる。
置身于自然怀抱中。

同义词　抱く　抱

★ 与抱く相关：
大志を抱く→心怀大志　不安の念を抱く→心怀不安

2 肢体动作

日本学生都在用的分类词汇书

3 身份类别

N4 男 ③ 【名】 男人
おとこ

男らしい男が好き。
我喜欢有男子汉气质的男人。

同义词 男子 男生　　男性 男性
　　　　　だんし　　　　　だんせい

★ 与男相关：
男をさげる→丢脸　男がすたる→丢脸
おとこ　　　　　　　おとこ

N4 女 ③ 【名】 女人
おんな

性格の悪い女。
坏性格的女人。

同义词 女子 女生　　女性 女性
　　　　　じょし　　　　　じょせい

★ 与女相关：
女のくさったよう→不争气的男人　女 三人寄ればかしましい→三个女人一台戏
おんな　　　　　　　　　　　　　おんなさんにんよ

N2 素人 ①② 【名】 外行
しろうと

こういうことは僕はずぶの素人だ。
对于这类事，我完全外行。

反义词 玄人 行家
　　　　　くろうと

★ 与素人相关：
素人離れ→非一般人可比　素人臭い→外行气十足
しろうとばな　　　　　　しろうとくさ

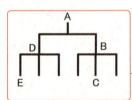

N1 階層 ⓪ 【名】 阶层
かいそう

いくつかの階層に分けられる。
分成几个阶层。

同音词 回想 回忆
　　　　　かいそう

★ 与階層相关：
富裕な階層→富裕阶层　貧乏な階層→贫困阶层
ふゆう かいそう　　　　びんぼう かいそう

N1 官 ① 【名】 官员，国家，政府
かん

官の命令に従わなければならない。
必须遵从政府的指令。

同音词 感 感觉
　　　　　かん

★ 与官相关：
官につく→当官　官を辞する→辞官
かん　　　　　　かん じ

Chapter 2 各色人物

N1 かんぶ
幹部 ① 【名】 干部

労働組合の幹部になった。
当上了工会干部。

同音词 患部 患部

★ 与幹部相关：
幹部級の人物→领导干部级的人物　退職の幹部→退休老干部

N1 きこん
既婚 ⓪ 【名】 已婚

既婚婦人なのに、いつも遅くまでバーで遊んでいる。
她都已经结婚了，却还经常在酒吧玩到很晚。

同音词 気根 毅力

★ 与既婚相关：
既婚者→已婚的人　既婚婦人→已婚妇女

N1 みこん
未婚 ⓪ 【名】 未婚

彼女はまだ未婚です。
她还未结婚。

反义词 既婚 已婚

★ 与未婚相关：
未婚の女性→未婚的女人　未婚者→未婚的人

N1 くろうと
玄人 ① ② 【名】 行家

玄人の目はごまかせない。
蒙混不了行家的眼睛。

反义词 素人 外行

★ 与玄人相关：
玄人筋→老行家　玄人跣→超越行家的水平

N1 みんしゅう
民衆 ⓪ 【名】 群众，民众

彼の考えは一般の民衆には受け入れられなかった。
他的想法没有被一般群众接受。

同音词 民習 民间习俗

★ 与民衆相关：
民衆芸術→民间艺术　民衆の声をきく→听取群众的意见

3 身份类别

N1 庶民 ①【名】 百姓
われわれ庶民には縁のない話だ。
和我们平民百姓没关系的事。

同义词 平民 平民，百姓　　人民 人民

★ 与庶民相关：
庶民銀行→当铺　庶民的→平民性的，大众性的

N1 人民 ③【名】 人民
人民の、人民による、人民のための政治を主張する。
主张民有、民治、民享的政治。

同义词 平民 平民，百姓　　庶民 平民，百姓

★ 与人民相关：
人民解放軍→人民解放军　人民投票→人民投票

N1 人材 ⓪【名】 人才
彼の門下には人材が多い。
他的门下人才济济。

同义词 人才 人才

★ 与人材相关：
人材を集める→广纳人才　有為の人材→有为的人才

N1 天才 ⓪【名】 天才
彼女は語学の天才だ。
她是个语言学的天才。

同音词 天災 天灾，自然灾害

★ 与天才相关：
天才教育→天才教育　天才児→天才儿童

Chapter 2 各色人物

N5 綺麗① 【形动】 美丽的，漂亮的
綺麗な着物を着ている。
穿着漂亮的衣服。

同义词 美しい 美丽，漂亮

★ 与綺麗相关：
綺麗さっぱり→完全，彻底　綺麗好き→爱干净，有洁癖

N5 高い② 【形】 高的
彼はたいへん背が高い。
他个子很高。

反义词 低い 矮，低

★ 与高い相关：
お高く止まる→妄自尊大　名声が高い→名声好

N5 低い② 【形】 矮的，低的
彼は鼻が低い。
他鼻梁低。

反义词 高い 高

★ 与低い相关：
背が低い→个子矮小　文化が低い→文化程度低

N5 長い② 【形】 长的
髪の毛が長い。
头发很长。

反义词 短い 短

★ 与長い相关：
気が長い→慢性子　先が長い→来日方长

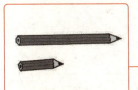

N5 短い③ 【形】 短的
髪を短く切りすぎた。
头发剪得太短了。

反义词 長い 长的

★ 与短い相关：
短い距離→短距离　短い演説→简短的演说

外貌长相

· 39 ·

外貌长相

N5 若<ruby>い<rt>わか</rt></ruby> ② 【形】 年轻的

あの人はいつ見ても若い。
他总是显得年轻。

反义词 老<ruby>い<rt>お</rt></ruby> 年老的

★ 与若い相关：
<ruby>考<rt>かんが</rt></ruby>えが<ruby>若<rt>わか</rt></ruby>い→想法幼稚　<ruby>若者<rt>わかもの</rt></ruby>→年轻人

N5 <ruby>可愛<rt>かわい</rt></ruby>い ③ 【形】 可爱的，讨人喜欢的

親にとって自分の子が一番可愛い。
对父母而言，自己的小孩是最可爱的。

同义词 <ruby>可愛<rt>かわい</rt></ruby>らしい 可爱的，讨人喜欢的

★ 与可愛い相关：
<ruby>可愛<rt>かわい</rt></ruby>い<ruby>子<rt>こ</rt></ruby>には<ruby>旅<rt>たび</rt></ruby>をさせよ→人不磨不成器　<ruby>可愛<rt>かわい</rt></ruby>い<ruby>赤<rt>あか</rt></ruby>ちゃん→可爱的婴儿

N5 <ruby>白<rt>しろ</rt></ruby>い ② 【形】 白的

肌が雪のように白い。
皮肤白如雪。

反义词 <ruby>黒<rt>くろ</rt></ruby>い 黑的

★ 与白い相关：
<ruby>白<rt>しろ</rt></ruby>い<ruby>紙<rt>かみ</rt></ruby>→空白纸　<ruby>白目<rt>しろめ</rt></ruby>→白眼

N5 <ruby>黒<rt>くろ</rt></ruby>い ② 【形】 黑的

日焼けで肌が黒くなった。
皮肤被晒黑了。

反义词 <ruby>白<rt>しろ</rt></ruby>い 白的

★ 与黒い相关：
<ruby>腹<rt>はら</rt></ruby>が<ruby>黒<rt>くろ</rt></ruby>い→心狠　<ruby>黒<rt>くろ</rt></ruby>い<ruby>顔<rt>かお</rt></ruby>→黝黑的脸

N5 <ruby>太<rt>ふと</rt></ruby>い ② 【形】 粗的，胖的

足が太くなって困っている。
腿很粗让我很发愁。

反义词 <ruby>細<rt>ほそ</rt></ruby>い 细的

★ 与太い相关：
<ruby>太<rt>ふと</rt></ruby>い<ruby>声<rt>こえ</rt></ruby>→声音很粗　<ruby>神経<rt>しんけい</rt></ruby>が<ruby>太<rt>ふと</rt></ruby>い→不在意细枝末节

Chapter 2 各色人物

N4 太る ② 【动】 胖，发福，增加

去年より5キロ太った。
比去年胖了五公斤。

反义词 痩せる 瘦

★ 与太る相关：
財産が太る→财产增加；发财　丸々太った人→胖乎乎的人

N4 痩せる ⓪ 【动】 瘦

病気をしてから、だいぶ痩せた。
生病之后瘦了好多。

反义词 太る 胖

★ 与痩せる相关：
やせても枯れても→不论怎么落魄　痩せっぽち→瘦干儿；瘦小的人

N4 美しい ④ 【形】 美丽的，漂亮的

あの人はいつも美しく着かざる。
那个人总是打扮得很漂亮。

同义词 綺麗 美丽的，漂亮的

★ 与美しい相关：
声が美しい→嗓子好　心が美しい→心灵美

N3 姿 ① 【名】 姿态，身影，形象，姿势

声はすれども姿は見えず。
闻其声而不见其人。

同义词 体つき 姿态，体形

★ 与姿相关：
姿を現す→露面　姿を消す→消失踪迹

N2 スマート（smart） ② 【形】 苗条的，漂亮的，俊俏的

スマートな体つきは女性たちの夢だ。
苗条的身材是女性们的梦想。

同义词 すらりと 苗条的

★ 与スマート相关：
スマートな体つき→苗条的身材　スマートなスタイル→秀丽的文体

外貌长相

N2 ハンサム（handsome） ① 【形】 帅的，有风度的

彼はハンサムで親切なので、超もてる。

他长得很帅，而且对人亲切，所以人缘儿很好。

同义词 かっこいい 帅

★ 与ハンサム相关：

ハンサム・ボーイ→美少年　美男子(びだんし)→美少年　なかなかハンサムだ→很有风度

N1 見苦(みぐる)しい ④ 【形】 难看的，丑的，不体面的，没面子的

そんな身なりでは見苦しい。

那种打扮太寒碜。

同义词 不細工(ぶさいく) 难看，丑　　みっともない 难看，不体面，丑

★ 与見苦しい相关：

見苦(みぐる)しい負(ま)け方(かた)をする→输得很惨　見苦(みぐる)しいまねをする→做丢脸的事

N1 丸顔(まるがお) ⓪ 【名】 圆脸

あの子は丸顔をしてかわいい。

那个孩子是圆脸，很可爱。

反义词 四角(しかく)い顔(かお) 方脸

★ 其他关于脸型的说法：

面長(おもなが)→瓜子脸　角張(かくば)った顔(かお)→轮廓鲜明的脸

N1 顔付(かおつき) ⓪ 【名】 相貌

顔つきがお母さんにそっくりだ。

长得和妈妈一模一样。

同义词 顔立(かおだ)ち 相貌

★ 与顔付相关：

どうもうな顔(かお)つき→狰狞的面孔　うれしそうな顔(かお)つき→喜形于色的样子

N1 ちび ① 【名】 矮个子，小鬼

ちびはちびでも力は強い。

虽然个子很小，可是力量很大。

同义词 ずんぐり 矮个子，矮胖

★ 与ちび相关：

ちびっちょ→小孩子；矮个子　ちびっこ→小孩子；矮个子

Chapter 2 各色人物

N5 顔 ⓪【名】脸，面孔
さっぱり顔を見せない。
根本不露面。

同义词 顔だち 脸，面貌

☆ 与颜相关：
ぽちゃぽちゃした顔→胖乎乎的脸 みにくい顔→难看的面孔

N5 鼻 ⓪【名】鼻子
鼻がよくきく。
鼻子灵。

同音词 花 花

☆ 与鼻相关：
わし鼻→鹰钩鼻子 しし鼻→狮子鼻；扁鼻子

N5 口 ⓪【名】嘴
たばこを口にくわえる。
把烟卷儿叼在嘴里。

同义词 嘴 鸟类的嘴，喙

☆ 与口相关：
口がうまい→会说奉承话，嘴甜 口がおごる→讲究吃喝 口が重い→话少

N5 歯 ①【名】牙，齿
歯が1本抜けている。
掉了一颗牙。

同音词 派 流派　　羽 羽毛

☆ 与歯相关：
歯が浮く→倒牙　歯を埋める→补牙　歯を入れる→镶牙

N5 耳 ②【名】耳，耳朵
父の声が耳に残る。
父亲的话还留在耳边。

近义词 外耳 外耳　　内耳 内耳　　中耳 中耳

☆ 与耳相关：
耳が痛い→刺耳　耳が遠い→耳背　耳が早い→消息灵通

5 身体部位

日本学生都在用的分类词汇书

5 身体部位

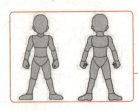

N5 体 ⓪ 【名】 身体，体格，体力

そんなに無理しては、病みあがりの体にさわりになるよ。

这样乱来，病后的身体可受不了。

同义词 体つき 体格

★ 与体相关：
体を惜しむ→惜力；不肯努力　体を張る→豁出命干

N5 目 ① 【名】 眼，眼睛

目に見えるように描写する。

描述得活灵活现。

同音词 芽 芽

★ 与目相关：
目が肥える→有鉴赏力，眼力高　目がいい→视力好　目が利く→眼尖，有眼力

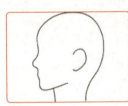

N5 頭 ⓪ 【名】 头，脑袋

頭をかかえて逃げ出す。

抱头鼠窜。

同义词 首 头，脖子

★ 与头相关：
頭が下がる→钦佩　頭が低い→谦虚　頭を悩ます→焦虑

N5 背 ① 【名】 背，后背，脊背

背を壁にもたせかける。

背靠在墙上。

同义词 背中 背，后背，脊背

★ 与背相关：
背を見せる→败走　背を向ける→转过身去，不加理睬，背叛

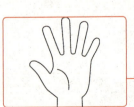

N5 手 ① 【名】 手

会社の運命は社長の手に握られている。

公司的命运掌握在老板手中。

反义词 足 足，脚，腿

★ 与手相关：
手が空く→闲着　手が上がる→本领提高　手が掛かる→费事，麻烦

Chapter 2 各色人物

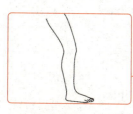

N5 足 ② 【名】 足，脚，腿

足が大きくて靴がはいらない。
脚大，穿不进鞋去。

反义词 手 手

☆ 与足相关：
足がすくむ→腿发软　足が向く→不知不觉地走去　足を洗う→改邪归正

N4 首 ⓪ 【名】 头，脖子

窓から首を出す。
从窗子伸出脑袋。

同音词 頸 脖子，颈

☆ 与首相关：
首が回らない→债台高筑　首にする→撤职，开除　首になる→被撤职，被解雇

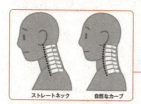

N4 頸 ⓪ 【名】 脖子，颈

きりんは頸が長い。
长颈鹿脖子长。

同音词 首 头

☆ 与頸相关：
頸をくくる→上吊　頸を長くする→翘首企盼　頸をひねる→揣摩

N4 爪 ⓪ 【名】 指甲

爪を赤く染めた。
把指甲染成了红色。

同音词 詰め 包装，尽头

☆ 与爪相关：
爪が長い→指甲长；贪婪　爪のあかほど→少得可怜

N4 髪 ② 【名】 头发

髪にパーマをかける。
烫发。

同义词 髪の毛 头发

☆ 与髪相关：
髪を切る→剪发，理发　髪をのばす→留长发

⑤ 身体部位

5 身体部位

N3 指② 【名】 指，手指，脚趾
靴の指の所がきゅうくつだ。
鞋的脚趾处挤脚。

相关词 親指 拇指　人差指 食指　中指 中指
薬指 无名指　小指 小拇指

★与指相关：
指を折る→首屈一指　指をくわえる→羡慕

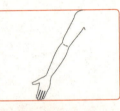

N3 腕② 【名】 胳膊，手臂；本事，本领，技能
腕がだんだん上がる。
技术逐步提高。

近义词 腕前 本领，手艺，能力，才干

★与腕相关：
腕を振る→摆动手臂；大显身手　腕を貸す→给予帮助，助一臂之力

N3 腰⓪ 【名】 腰部，腰身；黏度
このもちは腰が強い。
这年糕黏得很。

同音词 古詩 古诗

★与腰相关：
腰が高い→骄傲　腰が低い→谦逊　腰を下ろす→坐下

N3 腹② 【名】 肚子，度量，内心，情绪
あの人は腹が太いから失敗してもおちついている。
他度量大，失败了也很沉着。

同义词 お腹 肚子

★与腹相关：
腹を抱える→捧腹大笑　腹を据える→下定决心　腹を割る→推心置腹

N2 膝⓪ 【名】 膝，膝盖
雑草が膝まで生えていた。
杂草长得到了膝盖。

同义词 膝頭 膝盖

★与膝相关：
膝とも談合→集思广益　膝を折る→屈服　膝をくずす→盘腿坐；随便坐

· 46 ·

Chapter 2 各色人物

N2 尻 ⓪ 【名】 屁股，臀部

子どもの尻をたたく。
打小孩儿屁股。

同音词　私利 私利

★与尻相关：
尻が来る→受到牵连　尻から抜ける→听过就忘　尻が割れる→坏事败露

N2 額 ⓪ 【名】 额头

額の汗を拭う。
擦额上的汗。

同义词　おでこ 额头

★与额相关：
額を集める→招集大家共同商议　額を合わせる→凑近，面对面

N2 肩 ① 【名】 肩，肩膀

荷物を肩でかつぐ。
用肩扛东西。

同音词　型 模型

★与肩相关：
肩が凝る→肩膀酸疼　肩で風を切る→得意扬扬

N2 舌 ② 【名】 舌头

熱いコーヒーで舌をやけどした。
热咖啡把舌头烫了。

同音词　下 下面

★与舌相关：
舌が長い→多嘴，话多　舌が回る→口齿流利

N2 唇 ⓪ 【名】 唇

残念がって唇をかむ。
悔恨得咬嘴唇。

同义词　上唇 上唇　　下唇 下唇

★与唇相关：
唇が薄い→话多，爱说话　唇を返す→反唇相讥

⑤ 身体部位

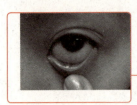

N2 瞼 ① 【名】 眼睑，眼皮

　　まぶた
瞼がぴくぴくっと動く。
眼皮跳动。

同义词　　まなぶた
　　　　瞼　眼睑，眼皮

★ 与瞼相关：
まぶた のこ　　　　　　　　　まぶた う
瞼に残る→留在记忆里　瞼に浮かぶ→浮现眼帘

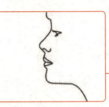

N1 顎 ② 【名】 下颌，下巴

　あご
顎の角張った人。
四方下巴的人。

同义词　したあご
　　　　下顎　下颚，下巴

★ 与顎相关：
あご お　　　　　　　　　　あご つか
顎が落ちる→形容特别好吃　顎で使う→颐指气使

N1 眉 ① 【名】 眉毛

　　　　　　　　　　　　　　まゆ
彼はとても落ち着いて、眉ひとつ動かさなかった。
他非常沉着，连眉毛都没动一下。

同义词　まゆげ
　　　　眉毛　眉毛

★ 与眉相关：
はち じ まゆ　　　　　　　まゆ ひ
八の字眉→八字眉　眉を引く→描眉

Chapter 3

数字相关

日本学生都在用的分类词汇书

N5 零(れい) ① 【数】0

また零点だ。
又是零分。

同义词 ゼロ 零（外来语）

★ 与零相关：
除了表示数字0之外，在「零細(れいさい)・零本(れいほん)」类似词语中也表示"一点儿，零头"的意思。在「零落(れいらく)」中则有"凋零"的意思。此外它还有"下（雨），洒落"等含义。

N5 一(いち) ② 【数】1

一からやり直す。
重新开始做。

同音词 位置(いち) 位置

★ 与一相关：
「いちいち」表示"一一，逐一"。例如：「一一読み上げる」逐一宣读；「一一もっともだ」全都有道理。

N5 二(に) ① 【数】2

一たす一は二。
一加一等于二

同音词 荷(に) 东西，货物

★ 与二相关：
「二」除了表示数字2之外，还有"别的，其他的"的意思。如「二心(にしん)，二心(ふたごころ)」

N5 三(さん) ① 【数】3

三を数えた時。
数到三的时候。

同音词 酸(さん) 酸味

★ 与三相关：
「三」除了表示数字3之外，还可表示日本（三味线的）三弦，即音调最高的弦。此外，「三度の飯より好き」表示"最喜爱"的意思。

N5 四(よん) ① 【数】4

もう四年になった。
已经四年了。

同义词 四(し) 四

★ 与四相关：
在出声数数时说的「ひ、ふ、み、よ」就表示"一、二、三、四"的意思。此时的「四」应该读「よ」。

基本数字

Chapter 3 数字相关

N5 五 ① 【数】5
死者は五人を超えた。
死者多于五人。

同音词 後 以后

★ 与五相关：
较为常用的、带有数字5的固定词语有「五官・五感・五穀」等。

N5 六 ② 【数】6
六番の選手。
六号选手。

同音词 禄 俸禄

★ 与六相关：
与我们中文常用语相同，日本也有「第六感」的说法。

N5 七 ① 【数】7
七回目の撮影。
第七次摄影。

同义词 七 七

★ 与七相关：
在日本有一种叫「七色菓子」（七色点心）的食品。它是指日本近世时代给青面金刚上供的干点、糖豆、脆饼干等7种点心。

N5 八 ② 【数】8
八の数は縁起がいい。
八是个吉利的数字。

同音词 蜂 蜂

★ 与八相关：
一か八か→碰运气；孤注一掷。

N5 九 ① 【数】9
九月。
九月。

同义词 九 九

★ 与九相关：
九牛の一毛→九牛一毛　九死に一生を得る→九死一生

1 基本数字

日本学生都在用的分类词汇书

N5 十 ① 【数】10
一を聞いて十を知る。
问一知十。

同音词 銃（じゅう）枪

与十相关：
十人寄れば十国の者（じゅうにんよれ ばじゅうこくのもの）→十人相聚，习俗相异；十人十个样；用来比喻世界的广大

N5 百 ② 【数】100
百円足りない。
还缺100日元。

相关词 三百（さんびゃく）三百　六百（ろっぴゃく）六百　八百（はっぴゃく）八百

与百相关：
百に一つ（ひゃくにひとつ）→百分之一，概率极小　百も承知（ひゃくもしょうち）→了如指掌，十分清楚

N5 千 ① 【数】1000
千の位でコンマを打つ。
在千位处打逗点。

相关词 三千（さんぜん）三千　六千（ろくせん）六千　八千（はっせん）八千

与千相关：
「千」在诸多的日语词语中，常常表示数量很多的意思，如「一日千秋（いちじつせんしゅう）・一騎当千（いっきとうせん）」、「千客万来（せんきゃくばんらい）・千金（せんきん）・千万言（せんまんげん）」等。

N5 万 ① 【数】万
万をもって数える。
数以万计。

同音词 満（まん）满，充满

与万相关：
与「千」相同，「万」也同样表示数量非常多的含义，如「巨万（きょまん）・千万言（せんまんげん）」等。万に一つ（まんにひとつ）→绝对不可能（后加否定形式）；万一，兴许

N5 一つ ② 【名】一个；一岁
それも一つの考えだ。
那也是一个主意。

同义词 1個（いっこ）一个

与一つ相关：
世界は一つ（せかいはひとつ）→世界大同　一つとしてとりえがない（ひとつとしてとりえがない）→毫无长处

Chapter 3 数字相关

N5 二つ ③ 【名】二个；两岁
ひとつには正直、二つには勇気。
一则要诚实，二则要勇敢。

同义词 2個 二个

★ 与二つ相关：
二つに切る→切成两个　二つとない→独一无二

N5 三つ ⓪ 【名】三个；三岁
梨ふたつとりんご三つ。
2个梨和3个苹果。

同义词 3個 三个

★ 与三つ相关：
三つに割る→分成三半儿　三つ目→第三个

N5 四つ ③ 【名】四个；四岁
四つのすいかを6人で食べた。
6个人吃了4个西瓜。

同义词 よっつ 四个

★ 与四つ相关：
四つに組む→〈相撲〉双方开始交手；全力以赴　四つに渡る→互相交手

N5 五つ ② 【名】五个；五岁
りんごを五つ買った。
买了5个苹果。

同义词 5個 五个

★ 与五つ相关：
五つ五つ→平分　五つの穀→五谷　五つの教え→五德（仁义礼智信）

N5 六つ ③ 【名】六个；六岁
六つの卵を買った。
买了6个鸡蛋。

同义词 むっつ 六个

★ 与六つ相关：
六つ子→六胞胎　明け六つ→卯时（早上6点前后）　暮六つ→酉时（下午6点前后）

基本数字

🏆 日本学生都在用的分类词汇书

N5 七つ ② 【名】七个；七岁
七つになったら小学校に通い始める。
到了七岁就要上小学了。

同义词 七個 七个

★ 与七つ相关：
七つの海→七大海洋　数え年七つ→虚岁七岁

N5 八つ ③ 【名】八个；八岁
みかんを八つ買う。
买八个橘子。

同义词 八つ 八个

★ 与八つ相关：
八つ裂き→撕得稀碎　八つ当たり→乱发脾气

N5 九つ ② 【名】九个；九岁
柿が九つある。
有九个柿子。

同义词 九個 九个

★ 与九つ相关：
九つの子→九岁的孩子

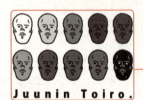

N5 十 ① 【名】十个；十岁
もう十になります。
已经十岁了。

同义词 十個 十个

★ 与十相关：
十日夜→十日夜（主要指日本关东地区于阴历10月10日夜晚举行的丰收庆典）　十日の菊→9月10日的菊花（比喻错过时机，不起作用）

N3 億 ① 【数】亿
人口が10億近くもある。
人口近十亿。

同音词 置く 放置

★ 与億相关：
古代有时把十万叫亿。今以万万为亿。佛家说从天地形成到毁灭为"一劫"，"亿劫"即为时间极其久远之意。

1 基本数字

Chapter 3 数字相关

N2 兆{ちょう} ① 【数】兆

彼{かれ}が持{も}っている資産{しさん}は兆{ちょう}もある。
他有数以兆计的资产。

同音词 蝶{ちょう} 蝴蝶

☞ 与兆相关：
「兆」另有"预兆"之意。例如：「デフレの兆{ちょう}」，可译为"通货紧缩的预兆"。

N2 正数{せいすう} ③ 【名】正数

正数{せいすう}は零{ゼロ}より大{おお}きい数{かず}です。
正数是大于零的数。

同义词 正{せい}の数{すう} 正数

☞ 与正数相关：
奇数{きすう}→奇数　偶数{ぐうすう}→偶数　負数{ふすう}→负数　負{ふ}の数{すう}→负数

N2 整数{せいすう} ③ 【名】整数

整数{せいすう}は小数点以下{しょうすうてんいか}の端数{はすう}がない数{かず}だ。
整数是小数点后没有零头的数。

同音词 正数{せいすう} 正数

☞ 与整数相关：
正{せい}の整数{せいすう}→正整数　負{ふ}の整数{せいすう}→负整数

N2 分数{ぶんすう} ③ 【名】分数

分数{ぶんすう}で表{あらわ}す。
用分数表示。

相关词 分子{ぶんし} 分子　　分母{ぶんぼ} 分母

☞ 与分数相关：
仮分数{かぶんすう}→假分数　帯分数{たいぶんすう}→带分数　真分数{しんぶんすう}→真分数

N2 小数{しょうすう} ③ 【名】小数

0.5は小数{しょうすう}である。
0.5是小数。

同音词 少数{しょうすう} 少数

☞ 与小数相关：
循環小数{じゅんかんしょうすう}→循环小数　小数点{しょうすうてん}→小数点

基本数字

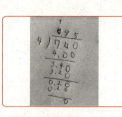

N1 端数（はすう） ② 【名】零数

端数を切り捨てる。
抹去零数。

反义词 整数（せいすう） 整数

★ 与端数相关：
自然数（しぜんすう）→自然数　除数（じょすう）→除数　整除（せいじょ）→整除

基本数字

Chapter 3 数字相关

N5 個 ① 【量・助数】 个
りんごは一個しか残っていない。
只剩一个苹果了。

同音词 個 个体，个人

★ 与個相关：
"個"适用于不是细长的、平面的、立体的物体，如小东西、面包、水果、空罐、星星、台风等。

N5 本 ① 【量・助数】 根，支，个，把
ビール瓶二本。
两个啤酒瓶。

同义词 通 封（用于数信的数量时，两者可互换）

★ 与本相关：
主要用于数细长的物体，如铅笔、伞、木头、瓶子等。

N5 時 ① 【量・助数】 时间，时候
午前10時。
上午十点。

同音词 地 大地

★ 与時相关：
四時→四点 七時→七点 九時→九点 毎時６０キロのスピード→每小时六十公里的速度

N5 時間 ⓪ 【量・助数】 小时
１日８時間働く。
一天工作八个小时。

同音词 次官 副部长，次长，次官

★ 与時間相关：
執務時間→办公时间 授業時間→上课时间 営業時間→营业时间

N5 冊 ⓪ 【量・助数】 本，册
本を一冊ください。
请给我一本书。

同音词 札 纸币

★ 与冊相关：
用于数书籍类，如词典、杂志等。

2 基本量词

🏆 日本学生都在用的分类词汇书

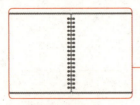

N5 ページ ① 【量・助数】 页
本を10ページに開いてください。
请把书翻到第十页。

相关词 偶数(ぐうすう)ページ 双数页　　ページ数(すう) 页数

★ 与ページ相关：
ページをめくる→翻页　20ページに続(つづ)く→下转二十页　15ページから続(つづ)く→上接十五页

N5 枚(まい) ① 【量・助数】 个，张，块，件，幅，片
紙を一枚ください。
请给我一张纸。

同义词 葉(よう) 张，片（可用于数纸张或照片的数量）

★ 与枚相关：
主要用于数平面的物体以及纸、平坦或板状的物体（盘子、CD、布等）。比较特殊的是，它还可以表示日本相扑一览表上的排名及其等级中的人数，或者是轿夫、演员、艺妓的人数，还可以表示棉花的数量（1枚300～370g）。

N5 台(だい) ① 【量・助数】 台，辆，沓（16页为一沓）
三台の自動車。
三辆汽车。

同义词 卓(たく) 台（用于数桌子的数量时两者可互换）。

★ 与台相关：
主要用于数家具、桌子、交通工具（汽车）、机械及大型器乐（钢琴）等。

N5 杯(はい) ① 【量・助数】 杯，只，个
酒五杯も飲んだ。
喝了五杯酒。

同音词 灰(はい) 灰尘

★ 与杯相关：
優勝杯(ゆうしょうはい)→奖杯　杯(はい)をあげる→举杯

N5 人(にん) ⓪ 【量・助数】 人，个
学生五人います。
有五个学生。

同义词 名(めい) 名，个，人

★ 与人相关：
用于数人数。但表示"一个人""两个人"的时候，其表达方式为：「一人(ひとり)」、「二人(ふたり)」。

· 58 ·

Chapter 3 数字相关

N5 匹 ⓪ 【量・助数】匹，只，条（鱼）
ひき

二匹の猿。
两只猴子。

同义词 尾 条（用于数鱼的数量时两者可互换）
び

★ 与匹相关：
主要用以数鸟类之外的肥大型生物，包括人可以抱住的程度，或者是更小的动物。此外，要与「頭」加以区分使用，后者主要用来计算大型四蹄动物，如：「牛三頭」。

N5 階 ① 【量・助数】层
かい

20階建てのビル。
二十层的楼房。

同音词 会 会议
かい

★ 与階相关：
用于数建筑物的楼层。常常与「建て」一起使用，来表示建筑物的高度。
た

N5 歳 ① 【量・助数】岁，岁数，年龄
さい

百歳のおばあさん。
一百岁的老奶奶。

同义词 年 年纪
ねん

★ 与歳相关：
用于数人或动物的年龄。有的时候也写作「才」，但是读音不发生变化。「二十歳」有专门的读法，读作「はたち」。

N5 番 ① 【助数・接尾】号，盘，局
ばん

三番勝負。
三局决胜负。

同音词 晩 晚上
ばん

★ 与番相关：
用来表示事物的顺序等级等。也可以数歌曲的数目，如：「二番の歌詞を歌います」可译为"唱第二段的歌词"。

N5 度 ① 【助数】次数，回数
ど

四度も転んだ。
摔倒了四次之多。

同义词 回 次数
かい

★ 与度相关：
用于数经验、经历或概率。同时它也是温度、纬度、角度以及酒精度数的单位。

🏆 日本学生都在用的分类词汇书

N5 週間 ⓪ 【助数】一个星期，周
しゅうかん
ここに来て今日で4週間になる。
来到这里到今天有四个星期了。

同音词 習慣 しゅうかん 习惯

★ 与週間相关：
週間天気予報→一周天气预报　月間→月（间）　年間→年（间）
しゅうかんてんきよほう　　　　げっかん　　　ねんかん

N5 回 ① 【名量助数】回，次，度
かい
回を重ねる。
屡次／反复。

同义词 回数 次数 かいすう

★ 与回相关：
用于数动作或行为的次数。

N5 件 ① 【名助数】起，件
けん
事故五件。
五次事故。

同音词 県 けん 县

★ 与件相关：
用于数人或物因接触而发生的事情或现象（犯罪、事故、破产、申请、注册等）。

N5 部 ① 【量助词】部，卷，册，份
ぶ
『平家物語』1部12卷。
《平家物语》一部十二卷。

同义词 冊 さつ 册（用于数书报时，两者可以互换）

★ 与部相关：
用于数分开的东西，或者用于数书籍及连贯的文件。

N4 点 ① 【名助数】点，分，件
てん
三点の差で合格できなかった。
差三分没能合格。

同音词 天 てん 天

★ 与点相关：
用于数物品、商品、艺术作品，或者考试分数及比赛得分等。

2 基本量词

Chapter 3 数字相关

N2 位 ①【量・助数】位
3位になった。
变成了第三名。

同音词　胃　胃

★ 与位相关：
上位を占める→占头几名　最下位になる→落到最后一名

N2 着 ⓪【量・助数】套，名（次），着（围棋比赛时下子次数）
冬服を一着つくる。
做一套冬衣。

同音词　着　到达

★ 与着相关：
用于数衣服的套数，或者表示竞赛中参赛者的抵达顺序。

N2 足 ⓪【量・助数】双
長靴3足。
三双长筒靴。

同义词　双　对，双

★ 与足相关：
用于数穿在两只脚上左右成对的东西（袜子、鞋等）。

N2 羽 ①【量・助数】只，头
鳥が三羽飛んでいる。
有三只鸟在飞。

同义词　匹　只（用于数兔子时两者可以互换）。

★ 与羽相关：
用于数鸟禽类（鸡、鸽子、兔等）。另外根据前面所加数字的不同，它的发音也会相应地发生变化，如：「一羽、三羽、六羽」。

N2 粒 ①【量・助数】粒，颗，滴
一粒の涙。
一滴眼泪。

同音词　螺　海螺类

★ 与粒相关：
用于数小的圆粒状物体，如：草莓、葡萄、珍珠、药片。粒が揃う→整齐划一；个个优秀，全是出类拔萃的。

2 基本量词

N2 軒(けん) ① 【量・助数】栋，所，个

角から 2 軒目。

从拐角处数第二个房子。

同音词 県(けん) 县

⭐ **与軒相关：**
用于数房屋等建筑。

N2 組(くみ) ⓪ 【量・助数】组，团，对，副，套

学用品一組。

一套学习用品。

同义词 グループ 组，群，伙伴，集团

⭐ **与組相关：**
用于数两人以上的团体以及成套的东西，也可以用来形容伴侣、夫妇等。

N1 次(じ) ① 【量・助数】次，回

これは第 4 次です。

这是第四次了。

同音词 字(じ) 字

⭐ **与次相关：**
次回(じかい)→下次；下届；下回　第一次世界大戦(だいいちじせかいたいせん)→第一次世界大战　第一次産業(だいいちじさんぎょう)→第一产业

N1 条(じょう) ① 【量・助数】条

この条の規定により決まる。

根据这条规定决定。

同音词 情(じょう) 感情

⭐ **与条相关：**
箇条(かじょう)→各条　条を追(じょうお)って討議(とうぎ)する→逐条讨论

Chapter 3 数字相关

N5 メートル ①⓪ 【量】米，公尺
一メートルはどのぐらいですか。
一米大概有多长？

同义词 メーター 米，公尺

★ 与メートル相关：
メートルをあげる→形容人因喝醉酒而说大话

单位之间的换算关系：	
1千米=1000米(10^3米)	1m=10^{-3}km
1米=10分米	1dm=10^{-1}m
1分米=10厘米	1cm=10^{-2}m
1厘米=10毫米	1mm=10^{-3}m
1毫米=1000微米(10^3微米)	1μm=10^{-6}m
1微米=1000纳米(10^3纳米)	1nm=10^{-9}m

N5 キロメートル ③ 【量・助数】千米，公里
毎日のトレーニングとして、彼は10キロメートルを走る。
为了锻炼，他每天要跑十公里。

相关词 キロ 千米

★ 与キロメートル相关：
长度计量单位，一米的一千倍，记作 km。

N5 キログラム ③ 【量】千克，公斤
キログラムは質量の基本単位だ。
千克是重量的基本单位。

相关词 キロ 千克

★ 与キログラム相关：
重量单位，亦称作"公斤"，国际上原来把克作为重量的基本单位，现在把千克作为重量的基本单位，记作 kg。

N2 グラム ① 【量】克
毎日200グラムぐらいの果物や野菜を食べる。
每天吃二百克左右的水果和蔬菜。

相关词 グラム・カロリー 克卡　　グラム式量(しきりょう) 克式量，克化学式量

★ 与グラム相关：
重量单位，亦称作"斤"，记作 g。1kg=1000g。

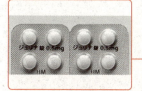

N2 ミリグラム ③ 【量】毫克
ミリグラムは1グラムの1000分の1です。
一毫克就是一克的千分之一。

相关词 マイクログラム 微克（μg）　　ナノグラム 纳克（ng）

★ 与ミリグラム相关：
重量单位，记作 mg，1mg=0.001g=1000μg=1000000ng。

3 度量衡

> 日本学生都在用的分类词汇书

N2 リットル ⓪ 【量】升

一リットルの牛乳。
一升的牛奶。

同义词 リッター 升

★ 与リットル相关：

容积的计量单位，记作 L。1 升等于 1000 毫升。

N2 ミリリットル ③ 【量】毫升

ミリリットルは酒、醤油などの分量を表すのに用いられる。
毫升常用来表示酒、酱油等的分量。

同义词 シー・シー（cc） CC（容量单位 1cc=1mL）

★ 与ミリ・リットル相关：

容积的计量单位，记作 mL。1 毫升等于 0.001 升。

N2 トン ① 【量】吨

五トン積みのトラック。
能装五吨货物的卡车。

同音词 豚(とん) 猪

★ "トン"豆知识：

用于质量单位时，公制 1 吨等于 1000 公斤。
用于计算船只容积的单位时，1 吨等于 2.83 立方米（合 100 立方英尺），亦称作"注册吨"。

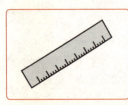

N2 センチメートル ④ 【量】厘米；百分之一

何センチメートルのくつをはいているか。
你穿多少公分的鞋？

同义词 センチ 厘米　　センチメーター 厘米

★ 与センチメートル相关：

センチメートル波(は)→厘米波。微波中频率为 3～30 千兆赫的电磁波，用于雷达和卫星转播等。

N2 ミリメートル ③ 【量】毫米，公厘

一ミリメートルは千分のメートルを表す。
一毫米是一米的千分之一。

同义词 ミリ 毫米，公厘

★ 与ミリメートル相关：

ミリメートル波(は)→毫米波，频率为 30～300 兆赫的电磁波，用于广播卫星、电波天文学、雷达等方面，可简写成「ミリ波」。

度量衡

Chapter 3 数字相关

N1 ミクロン ① 【量】微米

ミクロンは長さを表す単位である。
微米是表示长度的单位。

同义词 マイクロメートル 微米

★ 与ミクロン相关：
1微米等于一百万分之一米，等于千分之一毫米。

N1 ミリミクロン ③ 【量】纳米

ミリミクロンっていうこと知っている。
你听说过纳米这个词吗？

同义词 ナノ 纳米

★ 与ミリミクロン相关：
「ナノ」相比起「ミリミクロン」更被大家所熟知。「ナノ」常用于计量单位前，符号为N，如：「ナノメートル、ナノ秒」等。

N1 平方メートル（へいほう）⑤ 【量】平方米

このぐらいは五平方メートルだ。
这大概是五平方米。

相关词 平方 平方（与具体语境配合）

★ 与平方メートル相关：
面积的计量单位，记作 m^2。　平方センチメートル→平方厘米　平方ミリメートル→平方毫米

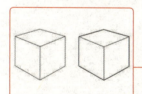

N1 立方メートル（りっぽう）⑤ 【量】立方米

1立方メートルの空気中どのぐらいの酸素があるか。
一立方米的空气中有多少氧气？

相关词 立方 立方（与具体语境配合）

★ 与立方相关：
体积的计量单位，记作 m^3。　立方センチメートル→立方厘米　立方ミリメートル→立方毫米

度量衡

Chapter 4
时间节日

🏆 日本学生都在用的分类词汇书

N5 冬 ② 【名】 冬天

もうすぐ冬だ。
马上就要到冬天了。

同义词 冬季 冬季

📌 与冬相关：
冬立つ→立冬　冬来たりなば春遠からじ→冬天到了，春天还会远吗

N5 雪 ② 【名】 雪

雪が降って道が滑りやすい。
下雪时路变得很滑。

同义词 スノー 雪

📌 与雪相关：
雪と墨→黑白分明，截然相反　雪に白鷺→难以区分，不醒目　雪を欺く→比雪还白　雪をいただく→山巅积雪；白发苍苍

N5 厳冬 ◎ 【名】 严冬

山中で厳冬を過ごす。
在山中度过严冬。

同音词 幻灯 幻灯（片）

📌 与厳冬相关：
厳冬の候に→在严冬时节　厳冬期→严冬期

N5 涼しい ③ 【形】 凉爽的，凉快的

朝夕はだいぶ涼しくなってきた。
早晚变得凉快起来了。

同义词 冷たい 冷的，温度低的

📌 与涼しい相关：
冷たい→多是从身体的感觉（触觉）出发，形容冰凉　涼しい→是让人感觉舒服的，爽快的感觉

N5 冷たい ③ 【形】 凉的，冷的，冷淡的

冷たい目で人を見る。
用冷淡的眼神看人。

同义词 涼しい 凉爽的，凉快的

📌 与涼しい相关：
手足が冷たい→手脚冰凉　冷たい飲み物→冷饮　冷たいもてなし→冷淡的招待

一年四季

· 68 ·

Chapter 4 时间节日

N5 寒い ② 【形】 寒冷的
寒いので、ドアを閉めてください。
太冷了，请把门关上。

同义词 冷たい 冷的，温度低的　涼しい 凉爽的，凉快的

★ 与寒い相关：
寒くてふるえる→冷得发抖　ふところが寒い→腰包空虚，手头拮据

N5 秋 ① 【名】 秋天
秋にスポーツを楽しむ人が多い。
很多人喜欢在秋天进行体育运动。

同义词 秋季 秋季

★ 与秋相关：
秋立つ→秋天来临　秋の空→形容人心易变

N5 夏 ② 【名】 夏天
夏は気温が高い。
夏天的气温很高。

同义词 夏季 夏季

★ 与夏相关：
夏嵐→夏季的暴风雨　夏の小袖→夏天的棉袄，比喻不合时宜之物　夏も小袖→只要白送的什么都要，比喻贪得无厌　夏歌う者は冬泣く→游手好闲无吃穿

N4 夏休み ③ 【名】 暑假
夏休みは何をする予定ですか。
暑假打算做什么?

同义词 暑中休暇 夏季休假

★ 与夏休み相关：
夏休みが始まる→暑假开始　夏休みが終わる→暑假结束

N4 暖かい ④ 【形】 暖和的，热情的，暖色的，有钱的
今日の日差しは暖かい。
今天的太阳很温暖。

同义词 温かい 温暖的

★ 与暖かい相关：
暖かい歓迎→热情的欢迎　懐が暖かい→手头宽裕

一年四季

日本学生都在用的分类词汇书

N4 はる
春 ① 【名】 春天

季節の中で春が一番好きだ。
在四季中，我最喜欢春天。

同义词 しゅんき 春季 春季

★ 与春相关：

はるた　　　　　　　はる
春立つ→春天到了　春のめざめ→情窦初开

N4 さ
咲く ◎ 【动】 花开，绽放

桜の花が咲いている。
樱花开了。

同义词 ほころ 綻びる 花蕾开放

★ 与咲く相关：

さ　　　　　　　　　　　　さ　　　　　　　　　　　　さ　　　　　　　　　　　　　　　　　　　さ
咲きかおる→花开得鲜艳　咲きほこる→花盛开，争艳　咲きのこる→花迟开；花迟谢；尚未开放咲きそうろう→花全部
　　　　さ　　　　　　　　　　　　さ
开放　咲きわたる→花次第开放　咲きまさる→花开得正好

N3 はなみ
花見 ③ 【名】 赏花，樱花会

公園は花見の人で混んでいる。
公园里挤满了赏花的人。

同音词 はなみ 花実 花与果实

★ 与花见相关：

「花見」是日本独特的赏花方式，在樱花烂漫的季节里，日本人坐在樱花树下，一边欣赏着樱花，一边捕捉春
天的气息。由此出现了一系列的「桜ことば」（樱花语）：
はな うきはし　　　　　　　　　　　　　　　　　　　　　　　　　　　はなかげ　　　　　　　　　　　　　　　　　　　　　　　　はな
花の浮橋→樱花浮桥（樱花满满地落在水面上如浮桥一般）　花影→樱影（映在水面的樱花的影子）　花あかり→花明（樱
　　　　　　　　　　　　　　　　　　　　　　　　はな　　　　　　　　　　　　　　　　　　　　　　　　　　　　　　　　　　　　　はなつか
花盛开使得周围也隐约发亮）　花かがり→花篝（为赏夜樱而在树下点起的篝火）　花疲れ→赏花疲劳

N2 はなび
花火 ① 【名】 焰火，花炮，烟火

友達と花火大会に行く。
和朋友一起去看烟火大会。

同义词 ばくちく 爆竹 爆竹

★ 与花火相关：

目前日本的三大"花火大会"是指：秋田县的全国烟花大赛、茨城县的土浦全国烟花大赛和新潟县的长冈节大烟
花大会。

1 一年四季

Chapter 4 时间节日

N2 紅葉 ① 【名】红叶，枫叶
もみじ

庭の紅葉が色ついた。
院子里的枫叶变红了。

同义词　紅葉（こうよう）　红叶

☆ 与红叶相关：
紅葉狩り（もみじがり）→观赏枫叶　紅葉のような手（こうようのようなて）→红叶般的手，形容婴幼儿可爱的小手　紅葉を散らす（もみじをちらす）→因害羞而脸红

N2 スキー ② 【动】滑雪

スキーをしに北海道へ行く。
去北海道滑雪。

同义词　スキーイング　滑雪（的）

☆ 与スキー相关：
水上スキー（すいじょうスキー）→水上滑行　スキー場（スキーじょう）→滑雪场

N2 スケート ② 【动】滑冰

昨日初めてスケートをした。
昨天第一次滑冰。

同义词　ローラースケート　轮滑

☆ 与スケート相关：
フィギュア（スケート）→花样滑冰　スピード・スケート→速度滑冰

N1 行楽 ◎ 【名】行乐，游览，旅行
こうらく

春は暖かくて行楽に最適のシーズンだ。
春季天气温暖，是最适合游玩的季节。

同义词　遊ぶ（あそぶ）游戏，游玩　遊覧（ゆうらん）游览，参观

☆ 与行楽相关：
春の行楽（はるのこうらく）→春游　行楽のシーズン（こうらくのシーズン）→游玩的季节　行楽に出かける（こうらくにでかける）→出去游玩

N1 師走 ◎ 【名】腊月
しわす

師走もおしつまってきた。
快过年了。

同义词　12月（じゅうにがつ）　12月份

☆ 与師走相关：
12月之所以又被称作「師走（师傅们奔走）」，源于从12月一直到年末，师傅们来往奔波，就连平日闲暇的和尚也忙得东奔西走。

一年四季

日本学生都在用的分类词汇书

N1 暖冬 ◎ 【名】暖冬
だんとう

暖冬なので、ぜんぜん寒くない。
因为是暖冬，所以一点也不冷。

同音词 断頭 斩首
だんとう

▼ 与暖冬相关：

暖冬異変→反常的暖和的冬天，暖和得异常的冬天　暖冬による影響→暖冬带来的影响
だんとういへん　　　　　　　　　　　　　　　　　　だんとう　　えいきょう

N1 冬至 ◎ ① 【名】冬至
とうじ

冬至になったら、餃子を食べる。
到了冬至要吃饺子。

同音词 当時 当时
とうじ

▼ 与冬至相关：

冬至是二十四节气之一，在每年的公历12月21日至23日，这一天是北半球全年中白天最短、夜晚最长的一天。

N1 夏至 ◎ ② 【名】夏至
げし

夏至はいつですか。
夏至是什么时候？

反义词 冬至
とうじ

▼ 与夏至相关：

夏至是二十四节气之一，在每年公历6月21日或22日。夏至这天，太阳直射地面的位置到达一年的最北端，几乎直射北回归线，此时，北半球的白昼达最长，且越往北越长。

N1 春分 ◎ 【名】春分
しゅんぶん

春分は日本の祝日の一つです。
春分是日本法定节日之一。

反义词 秋分 秋分
しゅうぶん

▼ 与春分相关：

春分日一般在每年3月21日前后。太阳直射点在赤道上，全球各地昼夜平分。

N1 秋分 ◎ 【名】秋分
しゅうぶん

もう秋分だ。
已经是秋分了。

反义词 春分 春分
しゅんぶん

▼ 与秋分相关：

秋分在每年的9月23日前后，太阳到达黄经180°时，进入"秋分"节气。"秋分"与"春分"一样，都是古人最早确立的节气。秋分日也是日本的法定假日之一。

1 一年四季

Chapter 4 时间节日

N1 立春 ◎ 【名】 立春
りっしゅん
立春になったら、天気はますます暖かくなる。
到了立春，天气就会渐渐暖和起来。

反义词 立秋 立秋
りっしゅう

★ 与立春相关：

立春是二十四节气中的第一个节气，指太阳到达黄经315°时，为公历每年2月3日至5日，代表着春天的开始。从这一天一直到立夏这段时间，都被称为春天。

N1 立秋 ◎ 【名】 立秋
りっしゅう
立秋になったら、天気はますます涼しくなる。
到了立秋，天气就会渐渐凉爽起来。

反义词 立春 立春
りっしゅん

★ 与立秋相关：

立秋是二十四节气中的第13个节气，为每年8月7日或8日。"秋"就是指暑去凉来，意味着秋天的开始。到了立秋，梧桐树开始落叶，因此有"落一叶而知秋"的成语。从文字角度来看，"秋"字由禾与火字组成，是禾谷成熟的意思。秋季是天气由热转凉，再由凉转寒的过渡性季节。立秋是秋季的第一个节气。

N1 立夏 ① 【名】 立夏
りっか
はやく立夏にならないかな。
真想早点到立夏啊。

反义词 立冬 立冬
りっとう

★ 与立夏相关：

每年5月5日或5月6日是立夏，立夏表示即将告别春天，人们习惯上都把立夏当作是温度明显升高，炎暑将临，雷雨增多，农作物进入旺季生长的一个重要节气。

N1 立冬 ◎ 【名】 立冬
りっとう
もう立冬になったので、寒いのも当然だ。
都已经立冬了，天冷也是正常的。

反义词 立夏 立夏
りっか

★ 与立冬相关：

立冬是二十四节气之一，在每年的11月7～8日。立冬是冬季的开始，立冬前后，大部分地区降水显著减少。

N1 夏季 ① 【名】 夏季
かき
夏季旅行はどこに行きましたか。
你夏季旅行去哪儿了？

反义词 冬季 冬季
とうき

★ 与秋分相关：

夏季旅行→夏季旅行　夏季花火大会→夏季烟火大会
かきりょこう　　　　　　かきはなびたいかい

一年四季

🏆 日本学生都在用的分类词汇书

N1 冬季（とうき）① 【名】冬季
冬季オリンピックに参加したい。
想参加冬奥会。

反义词　夏季（かき）　夏季

★ 与冬季相关：
冬季オリンピック（とうき）→冬季奥林匹克运动会　冬季休暇（とうききゅうか）→寒假

N1 春季（しゅんき）① 【名】春季
春季大売出しを楽しみにしている。
期待着春季大减价。

同音词　春期（しゅんき）　春天时期

★ 与春季相关：
春季運動会（しゅんきうんどうかい）→春季运动会　春季大売り出し（しゅんきおおうりだ）→春季大减价

1 一年四季

• 74 •

Chapter 4 时间节日

N5 提灯祭り（ちょうちんまつり）⑤ 【名】灯笼节
提灯祭りの由来は？
灯笼的由来是什么？
相关词 提灯（ちょうちん） 灯笼

★ 与提灯祭り相关：
灯笼节是指用各具特色的灯笼进行庆贺的节日。

N5 中秋節（ちゅうしゅうせつ）⑤ 【名】中秋节
中秋節は中国の三大節句（ほかは春節、端午節）の一つ。
中秋节是中国三大节日（另两个为春节、端午节）之一。
同义词 十五夜（じゅうごや） 中秋

★ 与中秋節相关：
日本人在这一天同样有赏月的习俗。日本人过的中秋节可不止八月十五一天，他们在阴历九月十三日也会过中秋节。这一天在日语里面也有固定的称呼，叫作「豆名月（まめめいげつ）」或者「栗名月（くりめいげつ）」，这两个名字是对应八月十五的「芋名月（いもめいげつ）」而来的，都是根据当天吃的食物来命名的。

N1 エイプリルフール（April Fool）⑥ 【名】愚人节
エイプリルフールは罪のないうそをついてもいい日。
愚人节就是撒谎无罪的日子。
同义词 四月馬鹿（しがつばか） 愚人节

★ 与エイプリルフール相关：
每年的4月1日是西方的民间传统节日。愚人节当天不分男女老幼，可以互开玩笑，互相愚弄欺骗以作娱乐。

N1 お月見（つきみ）⓪ 【名】赏月
お月見をする。
赏月。
同义词 観月（かんつき） 观月

★ 与お月見相关：
月見そば→赏月面条　月見団子（つきみだんご）→供月团子

N1 お盆（ぼん）② 【名】盂兰盆节
お盆に帰省する。
盂兰盆节时回家乡。
同义词 盂蘭盆（うらぼん） 盂兰盆

★ 与お盆相关：
在日本，离开自己的故乡到外地工作的人很多，所以利用这个时段回老家团聚。可以说这是祖先和活着的人一起聚会的日子。从中国的风俗来看，像是把清明和春节一起过一样。因为城市里的人都回到乡下去，被称作"民族大移动"，这时大城市东京等地会显得很冷清呢。

❷ 多彩节日

2 多彩节日

N1 大晦日（おおみそか） ③ 【名】除夕，大年三十

大晦日の夜から元日の朝にかけてどう過ごす予定ですか。
除夕的晚上到元旦的早上打算怎么过？

同义词 大歳（おおとし）大年夜

★ 与大晦日相关：
日本人把12月31日称之为"大晦日"，也就是除夕日。除夕晚上，日本人称之为「除夜」。
除夜の鐘→除夕午夜，各处城乡庙宇敲响的108下钟声　初詣→新年第一次去参拜　初夢→新年做的第一个梦

N1 彼岸（ひがん） ◎ 【名】春分周，秋分周

暑さも寒さも彼岸まで。
热到秋分，冷到春分。

同音词 悲願（ひがん）悲壮的誓愿

★ 与彼岸相关：
彼岸桜（ひがんざくら）→垂枝大叶早樱　彼岸花（ひがんばな）→石蒜，蟑螂花，龙爪花

N1 海の日（うみのひ） ① 【名】海之日

海の日は何曜日ですか。
海之日是星期几？

相关词 海が荒れる（うみあれる）海面波涛汹涌
海を山にする（うみやま）移山倒海，比喻不自量力

★ 与海の日相关：
日本法定假日之一，也称作大海节，旨在感谢大海的恩惠以及祈祷海洋国日本的繁荣。海之日的时间是每年七月的第三个星期一。

N1 クリスマス（Christmas） ③ 【名】圣诞节

皆さん、メリークリスマス！
大家圣诞快乐！

相关词 クリスマス・イブ　平安夜

★ 与クリスマス相关：
クリスマス・カード→圣诞贺片　クリスマス・キャロル→圣诞节颂歌　クリスマス・ソング→圣诞节赞歌　クリスマス・ツリー→圣诞树　クリスマス・プレゼント→圣诞节礼物　クリスマス・ディナー→圣诞晚餐

Chapter 4 时间节日

N1 ゴールデンウィーク（Golden Week）⑥ 【名】 黄金周

ゴールデンウィークに海外旅行しました。

黄金周的时候，去了国外旅行。

同义词 シルバーウィーク 秋季休假较多的一周

★ 与ゴールデンウィーク相关：

黄金周简称为GW。在日本指的是每年4月末至5月初的国民的祝日（休息日）。也就是说，日本的黄金周跟前几年中国"五一"长假时的黄金周时间相近。区别在于，中国的黄金周就是一个"五一"国际劳动节，但日本的黄金周却有许多的国民节日。

N1 憲法記念日（けんぽうきねんび）⑥ 【名】 宪法纪念日

憲法記念日というのは、憲法を採用される日です。

宪法纪念日就是实行宪法的日子。

相关词 憲法を制定する（けんぽうせいてい） 制定宪法　　憲法を改正する（けんぽうかいせい） 修改宪法
憲法を発布する（けんぽうはっぷ） 颁布宪法　　憲法違反（けんぽういはん） 违反宪法
憲法草案（けんぽうそうあん） 宪法草案

★ 与憲法記念日相关：

宪法纪念日，5月3日是现行的日本国宪法在1947年开始施行的日子，1948年起这一天被定为日本国民节日。

N1 子供の日（こどものひ）⑤ 【名】 儿童节

子供の日は子供の幸せを祈る日です。

儿童节是祈求孩子幸福的节日。

同义词 児童節（じどうせつ） 儿童节

★ 与子供の日相关：

在日本，这一天是祈祷男孩子能够健康成长的"男孩节"。在房间内将铠甲、头盔、刀、武士人偶、仿造金太郎的五月人偶等分层装饰，在院子里放鲤鱼旗是典型的庆祝方式。

N1 国慶節（こっけいせつ）③ 【名】 国庆节

国慶節を祝う。

庆祝国庆节。

同义词 建国記念日（けんこくきねんび） 建国纪念日

★ 与国慶節相关：

日本的国庆节也是"建国记念日"，在每年的2月11日。

多彩节日

2 多彩节日

N1 七五三 ◎③ 【名】 男童节，女童节
七五三の祝いを開きます。
举行七五三的仪式。

近义词 子供の日 儿童节

★ **与七五三相关：**
在日本，11月15日，人们带着3岁、5岁的男孩和3岁、7岁的女孩去参拜神社，感谢孩子的平安成长，祈求将来的幸福和长寿。这就是七五三。据说这种习俗始于江户时代中期，11月15日前后，在各地神社都可以看到许多盛装打扮的孩子。

N1 清明 ① 【名】 清明节
来週は清明節だ。
下周就是清明节了。

同音词 生命 生命

★ **与清明相关：**
清明节是农历二十四节气之一，在仲春与暮春之交，也就是冬至后的第108天。中国汉族传统的清明节大约始于周代，距今已有二千五百多年的历史。清明一到，气温升高，正是春耕春种的大好时节，故有"清明前后，种瓜点豆"之说。清明节是一个祭祀祖先的节日，传统活动为扫墓。

N1 成人の日 ⑥ 【名】 成人节
今日は成人の日で、学校も会社も休みます。
今天是成人节，学校和公司都放假。

相关词 成人式 成人仪式

★ **与成人の日相关：**
成人节日本的国民节日之一。自2000年起定为每年1月的第二个星期一。在日本，20岁成人，法律规定成人之后才能喝酒。

N1 七夕 ◎ 【名】 七夕
七夕の思い出。
有关七夕的回忆。

同义词 七夕の節句 七夕节　　七夕祭り 七夕节

★ **与七夕相关：**
織姫→织女星　　彦星→牛郎星

N1 体育の日 ① 【名】 体育日
日本では、体育の日という祝日がある。
在日本有一个体育的节日。

相关词 体育の授業 体育课　　体育大会 运动会　　体育館 体育馆

★ **与体育の日相关：**
体育日是每年10月份的第二个星期一，是国家法定节假日之一。其主旨是想通过体育锻炼来培养人们健康的身心。

Chapter 4 时间节日

N1 端午の節句(たんごのせっく) ◎① 【名】 端午节

端午の節句の由来について、いくつかの説がある。
关于端午节由来说法有好几个。

同义词　五月節句(ごがつせっく)　五月节

☆ 与端午の節句相关：
5月5日端午节是日本传统五大节日之一，曾被称作"男孩节"，现定为"儿童节"。

N1 ハロウィン（Halloween） ② 【名】 万圣节

ハロウィンが待ち遠しい。
期盼万圣节的到来。

相关词　カボチャ　南瓜　　パンプキンパイ　南瓜派　　キャンデー　糖果

☆ 与ハロウィン相关：
万圣节在日本的规模不断地扩大。许多日本年轻人都会在这一天化装成各种人物形象（仮装），聚在一起举行聚会或是在街上游行。

N1 バレンタイン（Valentine） ④ 【名】 情人节

恋人なしのバレンタインは寂しい。
没有情人的情人节好孤独。

同义词　バレンタインデー　情人节

☆ 与バレンタインデー相关：
在2月14日情人节这天，日本的女生会给男生送巧克力。送给心上人的巧克力叫作「本命チョコ」，而送给朋友或是同事等人的巧克力叫作「義理チョコ」。而到3月14日白色情人节「ホワイトデー」这天，男生会给女生送礼物，称作「お返し」。

N1 雛祭り(ひなまつり) ③ 【名】 偶人节，女儿节

ひな祭りを楽しもう。
来庆祝女儿节吧。

同义词　雛の節句(ひなのせっく)　偶人节　　上巳(じょうし)　上巳（3月3日女儿节）
　　　　桃の節句(もものせっく)　偶人节　　三月の節句(さんがつのせっく)　偶人节

☆ 与雛祭り相关：
3月3日是日本传统的女儿节，日本五大民俗节日之一，又称桃花节。每逢此时，有女孩的人家都会摆出做工精湛、造型华美的宫装人偶来祝福女孩幸福平安，健康成长。

多彩节日

N1 文化の日 ① 【名】 文化日

<u>文化の日</u>に、文化の発展に功労のあった人々に文化勲章を授与する。
文化日这天，会授予对文化发展做出贡献的人文化勋章。

相关词 東洋文化 东方文化　　奈良時代の文化 奈良时代的文化
　　　　 文化が進む 文化兴盛

☆ 与文化の日相关：

文化日（11月3日）是日本国民节日之一，在昭和二十三年被定为国民节日。以前，这一天是明治天皇的诞辰，因而叫作"明治节"，不过文化日的确立和明治节没有什么关系，这一天会为一些文化发展功绩卓著的文人授予文化勋章，还会举办文化劳动者和各种勋章获得者的颁奖仪式。

N1 初詣 ③ 【名】 新年参拜神社

晴れ着で<u>初詣</u>する。
穿着盛装去参加新年第一次参拜神社活动。

相关词 社寺 神社和寺院　お参り 参拜　神社 神社　寺院 寺院

☆ 与初詣相关：

所谓「初詣」，原先被叫作「年籠り」，是除夕夜到新年早晨之间，合家拜祭神明祈求平安的一项风俗。以前的「年籠り」可以分为除夕夜进行参拜的「除夜詣」，和新年早晨参拜的「元日詣」，而「元日詣」就是今天「初詣」的前身。「初詣」的时间一般是在新年头三天，但是在1月份的其他时间去也是没有问题的。另外，「初詣」的回数没有特别的规定，也有说法是参拜的神社越多祈愿就越灵。这其实和中国的"烧头香"的习俗有些类似。

2 多彩节日

N1 メーデー（May Day） ① 【名】 劳动节

<u>メーデー</u>は何日休めますか。
劳动节可以休息多少天？

同义词 労働の日 劳动节

☆ 与メーデー相关：

在日本，除了五一国际劳动节外，还有一个日本特有的劳动节「勤労感謝の日」。勤劳感谢日是每年的11月23日，是表达敬重劳动，祝福生产，国民互相感谢的节日。

Chapter 4 时间节日

N5 月曜日（げつようび）③ 【名】星期一

月曜日に授業がたくさんある。
星期一课很多。

同义词　月曜（げつよう）　星期一

★ 与月曜日相关：
因周末休息过后，周一上学或上班工作时精神会变得紧张，这种情况称作「月曜病（げつようびょう）」或「ブルーマンデー」。

N5 火曜日（かようび）② 【名】星期二

火曜日の午後に体育の授業がある。
星期二下午有体育课。

同义词　火曜（かよう）　星期二

★ 与火曜日相关：
チューズデー（Tuesday）→周二

N5 水曜日（すいようび）③ 【名】星期三

水曜日にグループ活動に参加した。
星期三参加了课外社团活动。

同义词　水曜（すいよう）　星期三

★ 与水曜日相关：
ウェンズデー（Wednesday）→周三

N5 木曜日（もくようび）③ 【名】星期四

先週の木曜日にすごい雨が降った。
上周四下了很大的雨。

同义词　木曜（もくよう）　星期四

★ 与木曜日相关：
日本的医疗机构以及服务业的定休日多定在周四。

N5 金曜日（きんようび）③ 【名】星期五

金曜日の図書館には学生が少ない。
星期五图书馆的学生很少。

同义词　金曜（きんよう）　星期五

★ 与金曜日相关：
花金（はなきん）→鲜花星期五（周五在日本又被称作「花金」，表达上班族或学生族结束一周的工作或学习后的一种解放感）。

③ 星期

日本学生都在用的分类词汇书

3 星期

N5 土曜日 ② 【名】星期六
どようび
土曜日に友達とカラオケに行った。
星期六和朋友去唱歌了。

同义词 土曜(どよう) 星期六

★ 与土曜日相关：
サタデー（Saturday）→周六

N5 日曜日 ③ 【名】星期日
にちようび
日曜日はずっと家で本を読んでいた。
星期天一直待在家里看书。

同义词 日曜(にちよう) 星期天

★ 与日曜日相关：
振替休日(ふりかえきゅうじつ)→调休（在日本，当节假日与周日重合时，那么就会将节假日调到周一休息）

N4 週末 ◎ 【名】周末
しゅうまつ
週末は何か予定がありますか。
周末有什么打算吗？

同义词 ウイークエンド 周末

★ 与週末相关：
週末旅行(しゅうまつりょこう)→周末旅行　週末住宅(しゅうまつじゅうたく)→度假住宅；别墅；本宅之外的用以度周末和短期休假的住宅

N2 平日 ◎ 【名】平时，平日，工作日
へいじつ
平日の動物園は空いている。
工作日的动物园游客很少。

同义词 ウイークデー 工作日

★ 与平日相关：
平日(へいじつ)ダイヤ→平日的时刻表　平日(へいじつ)どおりに勤務(きんむ)する→照常上班

Chapter 4 时间节日

N5 一月 ◎ 【名】一月
いちがつ

一月は一年の始まりだ。
一月是一年之初。

同义词 睦月 阴历一月
      むつき

☆ 与一月相关：
1月1日是元旦。 每年1月的第二个星期一是"成人日"。

N5 二月 ③ 【名】二月
にがつ

二月は逃げて走る。
二月转瞬即逝。

同义词 如月 阴历二月
      きさらぎ

☆ 与二月相关：
2月11日是"建国纪念日"。

N5 三月 ① 【名】三月
さんがつ

三月に何か行事がありますか。
三月有什么活动吗？

同义词 弥生 阴历三月
      やよい

☆ 与三月相关：
3月21日是"春分日"。

N5 四月 ③ 【名】四月
しがつ

もうすぐ四月だ。
很快就到四月了。

同义词 卯月 阴历四月
      うづき

☆ 与四月相关：
4月底到5月初是一个星期的"黄金周"。 4月29日是"绿之日"。

N5 五月 ① 【名】五月
ごがつ

五月の鯉の吹き流し。
五月飘扬的鲤鱼旗。

同义词 皐月 阴历五月
      さつき

☆ 与五月相关：
5月3日是"宪法纪念日"。 5月4日是"国民的休息日"。 5月5日是"儿童节"。

月份

N5 六月 ◎ 【名】六月
ろくがつ

六月に結婚する予定だ。
打算在六月结婚。

同义词 水無月 阴历六月
みなづき

★ 与六月相关：
ろくがついも　　　　　　　　ろくがつがき
六月芋→马铃薯，土豆　六月柿→西红柿

N5 七月 ④ 【名】七月
しちがつ

七月に咲く花。
七月盛开的花。

同义词 文月 阴历七月
ふみづき

★ 与七月相关：
ゆり　　　　　　　ゆうだち　　　　　　しょちゅうみま　　　　　　　　ひや
百合→百合花　夕立→雷阵雨　暑中見舞い→暑中问候　日焼け→晒黑

N5 八月 ④ 【名】八月
はちがつ

八月生まれ。
8月出生。

同义词 葉月 阴历八月
はづき

★ 与八月相关：
ぼんおど　　　　　　　　　はなび　　　　　ざんしょ　　　　　あさがお
盆踊り→盂兰盆舞　花火→烟火　残暑→残暑　朝顔→牵牛花

N5 九月 ① 【名】九月
くがつ

九月に菊の花が咲いている。
九月份菊花盛开。

同义词 長月 阴历九月
ながつき

★ 与九月相关：
9月18日是"敬老日"。9月23日是"秋分日"。

N5 十月 ◎ 【名】十月
じゅうがつ

十月の木葉髪。
十月脱发如落叶。

同义词 神無月 阴历十月
かんなづき

★ 与十月相关：
じゅうがつざくら　　　　　　　　　　　じゅうがつかくめい
十月桜→四季樱的别称　十月革命→十月革命

Chapter 4 时间节日

N5 <ruby>十一月<rt>じゅういちがつ</rt></ruby> ④ 【名】 十一月

<ruby>十一月<rt></rt></ruby>が寒い。
十一月份很冷。

同义词 <ruby>霜月<rt>しもつき</rt></ruby> 阴历十一月

☆ 与十一月相关：
<ruby>霜月祭<rt>しもつきまつり</rt></ruby>→霜月祭，民间举行的节日之一，多为丰收而举行　<ruby>霜月会<rt>しもつきえ</rt></ruby>→霜月会，11月10日到14日在延历寺举行的法华会

N5 <ruby>十二月<rt>じゅうにがつ</rt></ruby> ③ 【名】 十二月

<ruby>十二月<rt></rt></ruby>がやっと来た。
终于到十二月了。

同义词 <ruby>極月<rt>ごくげつ</rt></ruby> 阴历十二月　<ruby>師走<rt>しわす</rt></ruby> 新历十二月

☆ 与十二月相关：
<ruby>初雪<rt>はつゆき</rt></ruby>→初雪　おでん→关东煮　こたつ→被炉

N4 <ruby>月初め<rt>つきはじめ</rt></ruby> ③ 【名】 月初

<ruby>月初め<rt></rt></ruby>にいつも元気いっぱいだ。
月初的时候总是精神满满的。

同音词 <ruby>突き始め<rt>つきはじめ</rt></ruby> 开球，始球

☆ 月初め的同义词：
<ruby>月の初め<rt>つきはじ</rt></ruby>→月初　<ruby>月頭<rt>つきがしら</rt></ruby>→月初

N3 <ruby>正月<rt>しょうがつ</rt></ruby> ◎ 【名】 正月，新年

お<ruby>正月<rt></rt></ruby>に神社に初詣に行った。
新年期间去参拜了神社。

同义词 <ruby>睦月<rt>むつき</rt></ruby> 阴历正月

☆ 与正月相关：
<ruby>目の正月<rt>め しょうがつ</rt></ruby>をする→大饱眼福　<ruby>舌の正月<rt>した しょうがつ</rt></ruby>→口福，解馋

N2 <ruby>月末<rt>げつまつ</rt></ruby> ◎ 【名】 月末

<ruby>月末<rt></rt></ruby>までには書きあげる。
月底以前写出来。

同义词 <ruby>月末<rt>つきずえ</rt></ruby> 月末

☆ 与月末相关：
<ruby>月末締めの翌月払い<rt>げつまつじ よくげつばら</rt></ruby>→月底结算；月初付款　<ruby>月末払い<rt>げつまつばら</rt></ruby>→月底支付

日本学生都在用的分类词汇书

N2 中旬 ◎① 【名】月中
<ruby>中旬<rt>ちゅうじゅん</rt></ruby>

今月の中旬には中間テストがある。
这个月中旬有期中考试。

同音词 忠順 忠顺，忠实顺从
<ruby>忠順<rt>ちゅうじゅん</rt></ruby>

★ 与中旬相关的词：
<ruby>上旬<rt>じょうじゅん</rt></ruby>→上旬　<ruby>下旬<rt>げじゅん</rt></ruby>→下旬

月份

Chapter 5
闲谈话题

日本学生都在用的分类词汇书

1 兴趣爱好

N5 散歩(さんぽ) ⓪ 【名】 散步

町をぶらぶら散歩しよう。
我们在街上随便走走吧。

同义词 散策(さんさく) 散步

★ **与散步相关：**
犬(いぬ)を散歩(さんぽ)させる→带狗去散步　ぶらぶら散歩(さんぽ)する→随便走走

N5 写真(しゃしん) ⓪ 【名】 相片；写生

写真を撮る。
拍照片。

同音词 捨身(しゃしん) 出家；牺牲

★ **与写真相关：**
記念写真(きねんしゃしん)→纪念照片　証拠写真(しょうこしゃしん)→证据照片　カラー写真(しゃしん)→彩色相片　写真(しゃしん)を現像(げんぞう)する→洗相片
写真写(しゃしんうつ)りがいい→上相

N5 ギター ⓪ ① 【名】 吉他

ギターの弾くのが難しい。
弹吉他很难。

相关词 アコースティックギター（アコギ）木吉他
　　　　 エレキギター（エレキ）电吉他

★ **与ギター相关：**
ギターを弾(ひ)く→弹吉他　ギターで伴奏(ばんそう)する→用吉他伴奏　弾(ひ)き語(かた)り→弹唱　ソロ→指弹；独奏

N4 絵(え) ① 【名】 画，画面

この絵が気に入る。
我喜欢上了这幅画。

同音词 餌(え) 饵食

★ **与絵相关：**
油絵(あぶらえ)→油画　墨絵(すみえ)→水墨画　色刷(いろず)りの絵(え)→彩色印画

N4 映画(えいが) ⓪ ① 【名】 电影

映画が好きなので、一か月2回ぐらい見に行く。
很喜欢看电影，一个月能去看两回左右。

同义词 シネマ 电影

★ **与映画相关：**
2014年日本的人气电影有：
アナと雪の女王→冰雪奇缘　永遠の0→永远的零　るろうに剣心→浪客剑心　テルマエ・ロマエ→罗马浴场

Chapter 5 闲谈话题

1 兴趣爱好

N4 音楽 ⓪① 【名】音乐
^{おんがく}

クラシック音楽をよく聞く。
我经常听古典音乐。

同义词 ミュージック 音乐

★ 与音乐相关：
ポップ（pop）→流行乐　ロック（rock）→摇滚乐　フォーク（folk）→民谣音乐　洋楽→西洋歌曲
邦楽→日本歌曲　絶対音楽→纯音乐

N4 スポーツ ② 【名】运动

どんなスポーツが好きですか。
你喜欢什么体育运动？

同义词 運動 运动

★ 与スポーツ相关：
スポーツ新聞→体育报　スポーツ選手→运动员　スポーツウェア→运动服

N4 買い物 ⓪ 【动】买东西，购物

趣味は買い物だ。
爱好是购物。

同义词 ショッピング 购物

★ 与買い物相关：
買い物袋→购物袋　買い物かご→买东西的提篮

N4 楽器 ⓪ 【名】乐器

あの楽器屋さんには、いろいろな楽器がある。
那家乐器店有很多乐器。

同音词 学期 学期

★ 与楽器相关：
弦楽器→弦乐器　サックス（Saxophone）→萨克斯　ギター（Guitar）→吉他　ウクレレ（Ukulele）→尤克里里
ピアノ（Piano）→钢琴　ドラム（Drum）→鼓　ベース（Base）→贝斯

N4 旅行 ⓪ 【动】旅游，旅行

長い休みがあれば、旅行に行く。
有长的假期就去旅行。

同义词 旅 旅行

★ 与旅行相关：
旅行先→旅行目的地　旅行者→旅行者

日本学生都在用的分类词汇书

N4 興味 ① 【名】 兴致，兴趣
田中さんは中国に興味がある。
田中先生对中国很感兴趣。

同义词 関心 感兴趣　　趣味 趣味，风趣

★ 与兴味相关：
興味がある→有兴趣　興味をそえる→助兴　興味がない→兴味索然

N4 趣味 ① 【名】 兴趣，爱好，爱好
私の趣味は運動することだ。
我的兴趣是做运动。

同义词 ホビー 业余爱好

★ 与趣味相关：
趣味が合わない→兴趣不投　上品な趣味→高雅的趣味

N3 植物 ② 【名】 植物
玄関に植物を飾る。
用植物装饰门厅。

相关词 高山植物 高山植物　　熱帯植物 热带植物

★ 与植物相关：
植物人間→植物人　植物標本→植物标本

N3 漫画 ⓪ 【名】 漫画，连环画
漫画を見るのも描くのも好きだ。
喜欢看漫画和画漫画。

同义词 コミック・ブック 漫画故事书

★ 与漫画相关：
漫画映画→动画片　漫画家→漫画家　続き漫画→连环漫画

N3 ピアノ ⓪ ① 【名】 钢琴
ピアノは中学校の時から習っている。
从中学开始一直在练钢琴。

同义词 グランド・ピアノ 三角钢琴，大钢琴　　アップライト・ピアノ 竖式钢琴

★ 与ピアノ相关：
ピアノを弾く→弹钢琴　ピアノを演奏する→钢琴演奏

1 兴趣爱好

· 90 ·

Chapter 5 闲谈话题

N2 書道（しょどう）① 【名】书法
彼は書道の大家だ。
他是书法大家。

同音词 諸道（しょどう）各种技艺

☆ 与书道相关：
書道（しょどう）を学（まな）ぶ→学习书法　書道塾（しょどうじゅく）→书法讲座

N2 読書（どくしょ）① 【动】读书，看书
彼の読書の範囲はとても広い。
他读书的范围很广泛。

同义词 読（よ）む　读，看

☆ 与读书相关：
読書（どくしょ）ざんまい→埋头读书　読書百遍（どくしょひゃっぺん）、義（ぎ）おのずから通（つう）ず→书读百遍，其义自见

N2 ドラマ ① 【名】戏剧，剧
ドラマを見るのが好きだ。
喜欢看电视剧。

同义词 ドラマツルギー　戏剧学　　ドラマチック　戏剧性的

☆ 与ドラマ相关：
ラジオ・ドラマ→广播剧　連続（れんぞく）テレビドラマ→电视连续剧　ドラマを書（か）く→写剧本

N2 バイオリン ⓪ 【名】小提琴
小学校のときにバイオリンを学び始めた。
小学开始学小提琴。

反义词 チェロ　大提琴

☆ 与旅行相关：
バイオリンをひく→拉小提琴　バイオリン独奏（どくそう）→小提琴独奏　バイオリン協奏曲（きょうそうきょく）→小提琴协奏曲

N1 剣道（けんどう）① 【名】剑道
剣道の極意をきわめる。
得剑术的精华。

同音词 権道（けんどう）权术

☆ 与剑道相关：
剣道（けんどう）の試合（しあい）→剑术比赛　剣道（けんどう）のけいこをする→练习剑术

1 兴趣爱好

1 兴趣爱好

N1 ペット(pet) ① 【名】 宠物

ペットを飼っている人が増えている。
养宠物的人越来越多了。

【同义词】 動物 动物

★ 与ペット相关：
ペット・ブーム→宠物热　ペットを飼う→养宠物

N1 魚釣り ③ 【动】 钓鱼

私の趣味は魚釣りです。
我的兴趣是钓鱼。

【同义词】 釣る 钓鱼

★ 与魚釣り相关：
釣り針→鱼钩　魚釣りのえさ→鱼饵

Chapter 5 闲谈话题

N5 吹く ⓪ ① 【动】 刮，吹

机のうえのほこりを吹く。
把桌子上的灰尘吹掉。

同音词 拭く 擦，抹，揩

★ 与吹く相关：
吹けば飛ぶよな→轻；不可靠；贫贱　大風が吹く→刮大风　春風が吹く→春风吹

N5 太陽 ① 【名】 太阳

彼は太陽のような暖かい人だ。
他是像太阳一样温暖的人。

同音词 大要 要点，重要的部分　大洋 大洋，如太平洋、大西洋

★ 与太陽相关：
太陽が暈を被ると雨→日晕而雨；薄云覆盖太阳，周围出现光晕时即将下雨　太陽にあてる→晒太阳
太陽が沈む→太阳落山

N5 曇り ③ 【名】 阴天，多云

明日は晴れのち曇りでしょう。
明天晴转多云。

对义词 雨 雨　晴れ 晴

★ 与曇り相关：
曇りがち→常常阴天　曇り声→不清楚的声音；哭诉声

N5 曇る ② 【动】 天阴，模糊不清

目が涙で曇った。
眼泪模糊了视线。

同义词 曇りがち 阴沉沉的

★ 与曇る相关：
心が曇る→心情忧郁　声が曇ってはっきりしない→边哭边说，话语不清

N5 晴れる ② 【动】 晴，放晴，消散

明日晴れるでしょう。
明天或许是晴天。

同义词 快晴 晴朗

★ 与晴れる相关：
空が晴れる→天晴　心が晴れる→心情愉快　気が晴れる→精神愉快　疑いが晴れる→疑云消散

天气状况

日本学生都在用的分类词汇书

N5 天気（てんき）① 【名】 天气

この一週間雨ばかりで、お天気にならない。
这一星期总是下雨。

同义词 気候（きこう） 气候

☆ 与天气相关：
お天気（てんき）→好天气　お天気屋（てんきや）→喜怒无常的人　天気は西から（てんきはにしから）→天气变化从西边开始

N4 星（ほし）⓪ 【名】 星星，斑点，目标

星になりたい。
我想变成星星。

同义词 スター 星星

☆ 与星相关：
星を挙げる（ほしをあげる）→检举嫌疑犯　星をいただく（ほしをいただく）→披星戴月，早出晚归　星を稼ぐ（ほしをかせぐ）→取得成绩　星をさす（ほしをさす）→猜中

N4 月（つき）② 【名】 月亮，月球，月份

月が出ている。
月亮出来了。

同义词 太陰（たいいん） 月亮

☆ 与月相关：
月が満ちる（つきがみちる）→月圆　月の前の灯し（つきのまえのともし）→相形见绌　月とすっぽん（つきとすっぽん）→天壤之别　月を越す（つきをこす）→涉及下个月
月にむらくも、花に風（つきにむらくも、はなにかぜ）→好事多磨

N4 雨（あめ）① 【名】 雨，雨天

今日もまた雨だ。
今天又下雨。

同音词 飴（あめ） 饴糖，糖块

☆ 与雨相关：
雨が降ろうが槍が降ろうが（あめがふろうがやりがふろうが）→无论下雨还是下刀子，不避水火，不管怎样　雨、車軸の如し（あめ、しゃじくのごとし）→瓢泼大雨，倾盆大雨
雨晴れて笠をわする（あめはれてかさをわする）→忘恩负义，好了伤疤忘了疼　雨降って地固まる（あめふってじかたまる）→不打不相识，不打不成交

N4 風（かぜ）⓪ 【名】 风

強い風が吹く。
刮大风。

同音词 風邪（かぜ） 感冒，伤风

☆ 与风相关：
疾風（しっぷう）→疾风　疾風（はやて）→劲风　突風（とっぷう）→暴风　季節風（きせつふう）→季风　潮風（しおかぜ）→海风

• 94 •

Chapter 5 闲谈话题

N4 気温(きおん) ⓪ 【名】 气温，温度

今日は気温が高い。
今天温度挺高。

同义词　温度(おんど)　温度

★ 与气温相关：
気温(きおん)が高(たか)い→气温高　気温(きおん)を測(はか)る→测量气温

N4 空(そら) ① 【名】 天空

飛行機が空を飛ぶ。
飞机在天空中飞行。

同义词　空中(くうちゅう)　天空，空中　　大空(おおぞら)　天空

★ 与空相关：
空聞(そらき)かず→佯装听不见　空知(そらし)らぬ雨(あめ)→泪水　空(そら)を使(つか)う→假装不知　故郷(こきょう)の空(そら)→远离故乡
上(うわ)の空(そら)→心不在焉，心神不定　空(そら)を言(い)う→说谎

N2 霧(きり) ⓪ 【名】 雾

二時間後に霧が晴れた。
两小时后雾散了。

同音词　切(き)り　切开，断开

★ 与雾相关：
霧(きり)がたちこめる→浓雾弥漫　霧(きり)をふく→喷雾　霧(きり)、不断(ふだん)の香(こう)を焚(た)く→烟雾缭绕，香火不断

N2 虹(にじ) ⓪ 【名】 彩虹

空に虹がでる。
天空中出现了彩虹。

同音词　二次(にじ)　第二次，第二位

★ 与虹相关：
虹(にじ)が懸(か)かる→彩虹飞驾，彩虹悬空　虹(にじ)が立(た)つ→彩虹飞驾，彩虹悬空　虹吹(にじふ)く→彩虹飞驾，彩虹悬空

N2 快晴(かいせい) ⓪ 【名】 晴朗，天晴

この一週間快晴が続いている。
这周持续晴天。

同音词　改正(かいせい)　更改，修改

★ 与快晴相关：
快晴(かいせい)に恵(めぐ)まれる→遇上晴朗的好天气　曇(くも)りのち快晴(かいせい)→多云转晴

2 天気状況

②天気状況

N1 霧雨 ⓪ 【名】 小雨
きりさめ

朝、霧雨がふってきた。
早晨开始下起蒙蒙细雨。

同义词 小雨 小雨
こさめ

★ 与霧雨相关：
霧雨に煙る→烟雨迷蒙　霧雨が降っている→正在下小雨
きりさめ　けぶ　　　　　　　　きりさめ　ふ

N1 小雨 ⓪ 【名】 小雨
こさめ

小雨がぱらつく。
掉雨点。

同义词 微雨 很小的雨
びう

★ 与小雨相关：
小雨決行→小雨照常举行　こぬか雨→毛毛雨，细雨
こさめ　けっこう　　　　　　　　　　あめ

N1 豪雨 ① 【名】 大雨，暴雨
ごうう

豪雨をもらした台風三号。
三号台风带来了强烈降雨。

同义词 大雨 大雨
おおあめ

★ 与豪雨相关：
にわか雨→骤雨　霧のような雨→蒙蒙细雨　土砂降りの雨→瓢泼大雨　滝のような雨→倾盆大雨
あめ　　　　　　きり　　　　　あめ　　　　　　どしゃぶ　　　あめ　　　　　たき　　　　あめ

N1 吹雪 ① 【名】 暴风雪
ふぶき

吹雪で出かけることができない。
因为暴风雪而不能出门。

近义词 吹雪く 雪在大风中漫天飞舞
ふぶ

★ 与吹雪相关：
花吹雪→落英缤纷
はなふぶき

Chapter 5 闲谈话题

N5 スペクタクル（spectacle） ② 【名】 大片儿，展览物，奇观
今日はスペクタクルがある。
今天有大片。

近义词 フィルム 影片，幻灯片

★ 与スペクタクル相关：
スペクタクル映画→场面壮观豪华的电影　スペクタクルを見る→看大片儿

N5 ハリウッド（Hollywood） ③ 【名】 好莱坞
ハリウッド映画についての最新情報。
有关好莱坞电影的最新消息。

同义词 聖林 好莱坞

★ 与ハリウッド相关：
ハリウッド映画→好莱坞电影　ハリウッドスター→好莱坞明星

N2 ゲスト（guest） ① 【名】 嘉宾
彼は特別ゲストだ。
他是特别来宾。

同义词 賓客 宾客

★ 与ゲスト相关：
ゲストメンバ→嘉宾演员　レギュラーメンバ→正式演员

N1 アイドル（idol） ① 【名】 偶像
彼女はいちやく若者のアイドルとなった。
她一跃成为青年人的偶像。

同形词 アイドル（idle）（接在名词前）懒散的，空闲的，无用的

★ 与アイドル相关：
アイドル歌手→偶像歌手　若者のアイドル→年轻人的偶像

N1 アクション（action） ① 【名】 动作片，行动
アクションが大好き。
最喜欢看动作片。

近义词 行動 行动，行为

★ 与アクション相关：
アクション・グループ→行动小组　アクション・ゲーム→动作游戏　アクション・スター→武打明星
アクション・バンダー→行动帮伙

3 娱乐八卦

N1 売れっ子 ⓪ 【名】 大腕儿

なかなかの売れっ子だ。
很受欢迎。

同义词 人気タレント 大明星　　人気スター 大明星

与売れ子相关:
以前多用于指走红的艺人，现在也指到处做讲座的知名教授和作家。

N1 追っかけ ⓪ 【名】 追星族

ジャニーズの追っかけの人。
狂热的杰尼斯粉丝们。

近义词 追っかける 追赶，追上

与追っかけ相关:
主要指的是那些狂热追星的行为，或者追星的人、粉丝们。

N1 敵役（かたきやく） ⓪ 【名】 反面角色

敵役に回る。
担当吃力不讨好的角色。

同义词 悪役（あくやく） 反派

与敵役相关:
敵を討つ（てき う）→报仇雪恨，复仇　敵を取る（てき と）→报仇

N1 キャスター（caster） ① 【名】 主持人

キャスターになりたい。
我想成为主持人。

同义词 司会者（しかいしゃ） 司仪

与キャスター相关:
ニュースキャスター→新闻主播，评论员　お天気（てんき）キャスター→天气播报员

N1 声優（せいゆう） ⓪ 【名】 配音演员

いつかあの声優さんに会いたい。
希望有一天可以见到那位配音演员。

同音词 清遊（せいゆう） 清游，旅游的美称

与声優相关:
声優専門学校（せいゆうせんもんがっこう）→声优职业学校　声優（せいゆう）オーディション→声优选拔面试

Chapter 5 闲谈话题

N1 タレント(talent) ⓪ 【名】 艺人
近ごろのタレントは、歌も演技も下手だ。
近来的电视明星，唱歌和演技都很差。

同义词 芸能人(げいのうじん) 艺人

★ 与タレント 相关：
タレントアナ→有才能的播音员　タレント候補(こうほ)→利用声誉和人缘进行竞选的候选人

N1 デマ ① 【名】 流言蜚语
最近デマがたくさん流れられている。
最近有很多流言蜚语。

同义词 噂(うわさ) 传闻，谣言

★ 与デマ相关：
デマをとばす→散布谣言　デマをとばして人(ひと)を惑(まど)わせる→妖言惑众

N1 ナンセンス(nonsense) ① 【名】 无厘头
いまの発言はナンセンスだ。
刚才的发言荒谬至极。

同义词 ノンセンス 无意义，荒谬

★ 与ナンセンス相关：
ナンセンス・コード→无意义密码子　ナンセンス・コメディー→闹剧　ナンセンス・ブック→荒谬逗乐的书

N1 バラエティ番組(ばんぐみ) ⑤ 【名】 综艺节目
どんなバラエティ番組が好きですか。
你喜欢看什么综艺节目？

同义词 娯楽番組(ごらくばんぐみ) 娱乐节目

★ 与バラエティ番組相关：
日本热门综艺节目：
嵐(あらし)にしやがれ→交给岚吧　ロンドンハーツ→男女纠察队　笑(わら)ってはいけない→绝对不准笑　しゃべくり007→闲谈007

N1 ヒーロー(hero) ① 【名】 男主人公
一躍、社会のヒーローになった。
一跃成为世上受人钦敬的（中心）人物。

近义词 ヒロイン 女主人公

★ 与ヒーロー相关：
ヒーロー・ウオアシップ→英雄崇拜　スパイダーマン→蜘蛛侠　ウルトラマン→奥特曼

3 娱乐八卦

· 99 ·

3 娱乐八卦

N1 ヒロイン（heroine）② 【名】女主人公
彼女はヒロインの役を演じる。
她这次演女主人公。

近义词 ヒーロー 男主人公

★ 与ヒロイン相关：
悲劇（ひげき）のヒロイン→悲剧的女主人公

N1 封切り（ふうき）⓪ 【名】首映
昨日封切りされた作品。
昨天初次放映的作品。

同义词 ロード・ショー 首映式

★ 与封切り相关：
封切り（ふうき）のプレゼント→刚开封的礼物　封切り館（ふうきかん）→首映影院

N2 ファン（fan）① 【名】歌迷，影迷
人気俳優がファンにもみくちゃにされる。
人气演员被粉丝们挤得一塌糊涂。

同音词 ファン 玩笑，乐趣

★ 与ファン相关：
ファンレター→粉丝给明星写的信　熱烈なファン→狂热粉丝

N1 傍白（ぼうはく）⓪ 【名】旁白，画外音
さっきの傍白はどんな意味ですか。
刚刚的旁白是什么意思？

同义词 脇台詞（わきぜりふ）　旁白

★ 与傍白相关：
意味深い傍白（いみぶかいぼうはく）→发人深省的旁白

N1 豆（まめ）スター④ 【名】童星
豆スターになったことはいいことだと思いますか。
你觉得成为童星是件好事吗？

同义词 子役（こやく）　儿童演员

★ 与豆スター相关：
豆電球（まめでんきゅう）→小电珠　豆記者（まめきしゃ）→小记者

Chapter 5 闲谈话题

N1 漫才 ③ 【名】 相声

彼は最近よく漫才を聞いている。
他最近总在听相声。

同音词 万歳 万岁，万年

★ 与漫才相关：

掛け合いまんざい→对口漫才（日本两人合说滑稽话、使观众发笑的表演形式）
漫才師→相声演员 漫才コンビ→相声组合

N1 名優 ⓪ 【名】 名演员

彼女は短時間で名優になった。
她在很短的时间内就成名了。

同义词 スター 明星

★ 与名優相关：

ベテラン名優→资深演员 世界の名優→世界知名演员

N1 メディア（media） ① 【名】 媒体

私たちはメディアによっていろいろな情報を受けた。
我们通过媒体获得很多信息。

同义词 マスコミ 大众传媒

★ 与メディア相关：

メディアイベント→宣传活动；重大事件 メディアクラシー→媒体统治
メディアミックス→广告媒体组合

3 娱乐八卦

日本学生都在用的分类词汇书

报纸杂志

N5 げっかんし
月刊誌 ③ 【名】 月刊

これは月刊誌だ。
这个是月刊。

同义词 げっかんざっし
月刊雑誌 月刊杂志

▼ 与月刊誌相关：
げっかん　　　　ねんかん　　　　しゅうかん
月刊→月刊　年刊→年刊　週刊→周刊

N5 ごうがい
号外 ⓪ 【名】 号外

号外売りをする。
卖号外。

反义词 ほんし
本紙 本版，中心版

▼ 与号外相关：
りんじ　はっこう　ごうがい　　　　　　　　ごうがいう
臨時に発行する号外→临时发行的号外　号外売り→出售号外

N4 しょめい
書名 ⓪ 【名】 书名

この書名は何ですか。
书名是什么？

同音词 しょめい
署名 署名，签名

▼ 与書名相关：
しょめいもくろく
書名目録→书名目录，图书目录种类之一

N4 **ニュース**(news) ① 【名】 新闻

いつも夜7時のニュースをみます。
我总是看晚上7点钟的新闻。

同义词 きじ
記事 新闻

▼ 与ニュース相关：
ことし　じゅうだい　　　　　　　　　　　　　　　　　　　　　　しちじ
今年の十大ニュース→今年的十大新闻　いいニュースがある→有好消息　七時のニュース→7点的新闻节目

N2 **インタビュー**(interview) ①③ 【动】 采访

首相にインタビューする。
采访首相。

同义词 しゅざい
取材 采访

▼ 与インタビュー相关：
　　　　　　　　　　　　　　　　　　　　　　きじ
インタビュアー→采访者，采访记者　インタビュー記事→采访报道

· 102 ·

Chapter 5 闲谈话题

N2 記事 ① 【名】 报道，消息
記事を差し止める。
禁止发表消息。

同义词 ニュース 新闻

★ 与記事相关：
解説記事→新闻分析，评述　トップ記事→头条消息　記事のネタ→消息来源

N2 取材 ⓪ 【名】 取材，采访
新聞記者が取材のため現場に来た。
记者为采访来到现场。

同义词 インタビュー 采访

★ 与取材相关：
取材旅行→采访之旅　取材班→采访团　取材活動→采访活动

N2 朝刊 ⓪ 【名】 晨报，早报
彼は毎朝朝刊を配達する。
他每天早晨送晨报。

同音词 長官 官厅首长，机关首长

★ 与朝刊相关：
朝刊の記事→晨报的消息

N1 コラム（column）① 【名】 专栏，短评
彼女はある雑誌にコラムを書いている。
她为某杂志编写专栏。

同义词 囲み 专栏，花边文字

★ 与コラム相关：
コラムニスト→专栏作家，短评作者

N1 週刊誌 ③ 【名】 周刊
この週刊誌が大好き。
最喜欢这个周刊了。

同义词 週刊 周刊

★ 与週刊誌相关：
ウイークリー→周刊　女性週刊誌→女性周刊杂志

报纸杂志

报纸杂志

N1 出版社 ③ 【名】 出版社
しゅっぱんしゃ
彼は出版社で働いている。
他在出版社工作。

同义词 出版会社 出版公司

★ 与出版社相关：
出版の自由→出版自由　出版法→出版法
しゅっぱん じゆう　　　　　しゅっぱんほう

N1 新聞社 ③ 【名】 报社
しんぶんしゃ
新聞社から電話があった。
刚才有一个报社打来的电话。

同义词 新聞会社 报刊企业

★ 与新聞社相关：
新聞小説→报纸连载小说　新聞辞令→报纸任免令
しんぶんしょうせつ　　　　　　しんぶんじれい

N1 スクープ（scoop） ② 【名】 特讯，头条
その新聞はきのう特種をスクープした。
该报昨天抢先刊登了特快消息。

同义词 特ダネ 独家消息

★ 与スクープ相关：
スクープする→抢先登独家消息

N1 読者 ① 【名】 读者
どくしゃ
このブログの読者の多くは若者だ。
这个博客的大部分读者是年轻人。

同义词 読み手 读者
よ　て

★ 与読者相关：
固定読者→固定读者　読者層→读者层
こていどくしゃ　　　　　どくしゃそう

N1 特集 ⓪ 【名】 专刊，特辑
とくしゅう
今月のA雑誌は中国を特集している。
A杂志在本月出了中国专辑。

同义词 特輯 特辑
とくしゅう

★ 与特集相关：
特集記事→专题报道　特集を組む→编特辑
とくしゅう きじ　　　　　とくしゅう く

Chapter 5 闲谈话题

N1 文庫本(ぶんこぼん) ③ 【名】 平装书，袖珍本
文庫本は読みやすくて、人気がある。
袖珍书方便阅读，很受欢迎。

同义词 小型本(こがたぼう) 小型书

★ 与文库本相关：
学級文庫(がっきゅうぶんこ)→班级丛书 少年文庫(しょうねんぶんこ)→青少年丛书

N1 編集長(へんしゅうちょう) ③ 【名】 主编
今年彼女は編集長になった。
今年她升为了主编。

对义词 編集者(へんしゅうしゃ) 编辑

★ 与编集长相关：
編集部(へんしゅうぶ)→编辑部 編集者(へんしゅうしゃ)のことば→编者按 共同編集(きょうどうへんしゅう)→合编

N1 夕刊(ゆうかん) ⓪ 【名】 晚报
夕刊を取るのをやめた。
不再订阅晚报。

反义词 朝刊(ちょうかん) 晨报

★ 与夕刊相关：
一部の夕刊(いちぶゆうかん)→一份晚报 夕刊をとる(ゆうかん)→订阅晚报

报纸杂志

日本学生都在用的分类词汇书

血型星座

N1 けつえきがた
血液型 ⓪ 【名】 血型

多くの日本人は血液型説が信じている。
许多日本人都相信血型。

相关词 けつえきけんさ 血液検査 验血　　けつえきぎんこう 血液銀行 血液银行，血库

★ **与血液型相关：**
日本人的血型说兴起于20世纪30年代前后，现在以血型来对人的性格进行分类，在日本成为一种普遍的社会现象。

N1 エーがた
A型 ⓪ 【名】 A型血

A型の人がいらっしゃいますか。
有A型血的人吗？

性格特征 ないこう 内向 内向　　ひかん 悲観 悲观

★ **与A型相关：**
日本人写的血型书里说过，在日本A型血是最不受欢迎的，据说找工作只要说A型血就会被拒绝，找对象一说A型也会遭到排斥，这是为什么呢？日本血型专家的理由是，A型血是很矛盾的血型，真实的性格是深藏不露的。也就是说A型人是擅长隐藏自我的。

N1 ビーがた
B型 ⓪ 【名】 B型血

B型のひとの特徴は？
B型血人的特征是什么？

性格特征 がいこう 外向 外向　　らっかん 楽観 乐观

★ **与B型相关：**
在2008年的北京奥运会上，除了垒球外，日本8块金牌中，有四位选手是B型，占了一半，从此"让搞体育的B型日本人有了优越感"。一口气连拿两枚游泳金牌的北岛康介是当之无愧的B型英雄，因为从血型上来说"比起团体运动他更适合个人运动发挥能力"。日本棒球队的田渊教练是个不折不扣的"血型和气质说"的信奉者。他推出"血型分类指导法"，掌握手下棒球运动员的血型，再选择适合该运动员的指导方法。

N1 オーがた
O型 ⓪ 【名】 O型血

O型の人が多いそうです。
O型血的人貌似很多。

性格特征 こうどうりょく 行動力 行动力　　じしん 自信 自信

★ **与O型相关：**
日本著名的脑科学家泽口俊之从脑科学的观点出发，对血型进行了新的研究。以51个国家的数据为基础，结果显示：O型血比率越高的国家，自杀率越低，但发生凶杀事件的比率越高。不过血型不能成为解释自杀率和杀人率的唯一原因，还有其他很多因素。

Chapter 5 闲谈话题

N1 ＡＢ型 ⓪ 【名】 AB型血
<ruby>AB型<rt>エービーがた</rt></ruby>

AB型の人が少ないそうです。
AB型血的人似乎很少。

性格特征 二重人格（にじゅうじんかく） 双重人格

★ 与ＡＢ型相关：

兼具A型与B型的特质，做事有计划，但没有耐性，容易冲动，直觉敏锐，不喜欢墨守成规，性情多变，有时表现极端。善于待人接物，很注意合情合理性，讨厌口是心非的人，具有强烈的批评精神。AB型是不讲人情，不谈爱情的，男女关系在AB型看来是件极其单纯的事情，不会像其他血型的人弄得那样复杂。AB型待人接物有其很和气的一面，同时也有喜欢说俏皮话来挖苦别人的一面。

N3 星座 ⓪ 【名】 星座
<ruby>星座<rt>せいざ</rt></ruby>

星座を観測する。
观测星座。

同义词 正座（せいざ） 正坐

★ 与星座相关：

星座占い（せいざうらな）→星座占卜　十二星座（じゅうにせいざ）→十二星座

N1 魚座 ⓪ 【名】 双鱼座
<ruby>魚座<rt>うおざ</rt></ruby>

彼女の星座は魚座です。
她是双鱼座的。

性格特征 幻想（げんそう） 幻想　善良（ぜんりょう） 善良

★ 与魚座相关：

双鱼座是占星学十二星座中的其中一个星座，掌管十二宫中代表着隐秘、梦想、潜意识的最后一宫，作为黄道上最后一个星座，结合了前十一个星座的复杂，以及自我变幻无穷的倾向，令双鱼座赢得了"狡猾的变色龙"称号。星座符号如同两条朝向相反方向的鱼，正体现出了存在于双鱼座身体里反差鲜明的双重个性。

N1 牡羊座 ⓪ 【名】 白羊座
<ruby>牡羊座<rt>おひつじざ</rt></ruby>

私は牡羊座です。
我是白羊座的。

性格特征 活力（かつりょく） 活力　勇気（ゆうき） 勇气

★ 与牡羊座相关：

太阳通过此星座的3月21日至4月20日，就是夜间要变得比昼间短的"春分"时节，因为春天的日照较久，于是各种花卉开始开花，出生于此时期的白羊座人，都是充满活力而干劲十足的活跃者。白羊座的人对新鲜的事物都很投入，并且勇于冒险，勇于迎接挑战，追求速度。在占星上，除了白羊座以外的任何星座，都没有以其星座命名的点。白羊点是一个非常特殊的点，代表着像初始而壮观的能量由里到外爆发，甚至会影响到整个社会。所以赋予了其一个非常特殊的位置，在占星上很多行星与相位都有相应的容许度，但白羊点除外。

血型星座

日本学生都在用的分类词汇书

血型星座

N1 牡牛座（おうしざ）⓪【名】金牛座

牡牛座はとてもまじめな星座です。
金牛座的人很老实。

性格特征 勤勉（きんべん）勤勉　辛抱強い（しんぼうづよい）有耐心

☆ 与牡牛座相关：

金牛座的人的性格特征是，做事向来不急躁，个性实际、勤勉，常以一种稳重大方的形象示人。对不喜欢的人表现比较冷淡，有的时候会让人感觉到忽冷忽热。

N1 双子座（ふたござ）⓪【名】双子座

双子座ってどんなタイプですか。
双子座的人是什么类型的？

性格特征 機知（きち）机智　明るい（あかるい）开朗

☆ 与双子座相关：

双子座（5.21～6.21），拉丁语为 Gemini，意为"孪生子"，简写为 Gem，是十二星座里的第三宫，代表了沟通和机智。

N1 蟹座（かにざ）⓪【名】巨蟹座

友達は蟹座です。
朋友是巨蟹座。

性格特征 慎重（しんちょう）慎重　敏感（びんかん）敏感

☆ 与蟹座相关：

巨蟹座的人的性格优点是，情感细腻，富于文学情趣，想象力丰富，感觉敏锐，善于体贴，善于制造浪漫。缺点是跟着情绪走，提不起放不下，多愁善感，思维简单，情绪易冲动，缺乏理性思考，经不起打击，沉溺于往事，喜欢逃避。

N1 乙女座（おとめざ）⓪【名】处女座

乙女座には潔癖症の人が多い。
许多处女座的人都有洁癖。

性格特征 完璧（かんぺき）完美　謙虚（けんきょ）谦虚

☆ 与乙女座相关：

处女座（Virgo，8.23～9.22），在狮子座之东，天秤座之西。黄道第六个星座是处女座，其象征图形是一名手持麦穗的少女，是由许多大小不同的星星而构成的像天使一样的少女模样，意味着处女座的独立自主。天使也是处女座追求唯美的象征。

Chapter 5 闲谈话题

N1 獅子座 ⓪ 【名】 狮子座

獅子座は高貴な星座です。
狮子座是很高贵的星座。

性格特征 プライド 自尊心，自豪感　　忠実 忠诚

★ 与狮子座相关：

狮子宫是占星术黄道十二宫之第五宫，对应的出生日期为7月23日～8月22日，天文学对应的星座是狮子座。守护星为太阳，亦代表人的心脏及青年时期。狮子座的人性格外表坚强，内在柔和，天生感性。

N1 天秤座 ⓪ 【名】 天秤座

天秤座の人はきれいなのが多いです。
天秤座的人大多很漂亮。

性格特征 理想主義 理想主义　　公正 公正

★ 与天秤座相关：

天秤座（9.23～10.23）是风象星座，十二星座中的第七个星座。天秤座的人个性稳健而理智，有优秀的平衡感和公正的判断力，善于协调，在相反的意见中往往能担负起调停的责任。凡事讲求逻辑和策略，以巧妙的手腕在对等的权利和利害中找出平衡点。

N1 蠍座 ⓪ 【名】 天蝎座

蠍座の人はすごいエネルギーがあります。
天蝎座的人总是充满能量。

性格特征 セクシー 性感　　神秘 神秘

★ 与蠍座相关：

天蝎座的人性感，神秘，善妒，顽固，猜疑，狠毒，占有欲强。天蝎座的吉祥金属是铁，平常可以使用一些铁制品。

N1 射手座 ⓪ 【名】 射手座

私は射手座が好きです。
我喜欢射手座。

性格特征 熱心 热情　　活発 活泼

★ 与射手座相关：

射手座的人外表看上去十分乐观，但是内心比较深沉，考虑长远，所以担心的事情也很多。简而言之，射手座的人的性格就是外热内冷。

血型星座

N1 水瓶^{みずがめ}座 ⓪ 【名】 水瓶座

彼女は水瓶座の美人です。
她是水瓶座的美女。

性格特征 創造力^{そうぞうりょく} 独创力　寛容^{かんよう} 宽容

☆ 与水瓶座相关：

水瓶座是在南方天空可看见的星座，其排成Y字形的小星就是水瓶座。水瓶座的守护星为代表变动的天王星，代表金属为铀（Uranium，源自天王星英文Uranus，而天王星名称来自希腊神祇乌拉诺斯）。

N1 山羊^{やぎ}座 ⓪ 【名】 摩羯座

ちなみに、私の彼氏は山羊座です。
顺便说一下，我男友是摩羯座。

性格特征 頼^{たの}もしい 可靠　現実的^{げんじつてき} 实际的，现实的

☆ 与山羊座相关：

摩羯座的人生于寒冬，思维深沉，孤独一世，忧郁半生。看尽世间丑恶事，常怀普度众生心。大智若愚，深有城府，胸怀大志藏于内，天生是王不见王。稳重踏实，可靠，沉默寡言，内敛实干，沉稳冷静，坚韧不拔。智慧在胸，憨傻在面，怒不轻发，发则震庭。

Chapter 6
美食诱惑

日本学生都在用的分类词汇书

N5 寿司(すし) ① ② 【名】寿司

寿司は毎日食べても飽きない。
每天吃寿司都不会腻。

同音词 鮓(すし) 寿司　　鮨(すし) 寿司

★ 与寿司相关：
にぎり寿司→饭团寿司　五目鮨(ごもくずし)→什锦寿司　押(お)し鮨→模子压寿司（大阪寿司的典型）

N5 ご飯(はん) ① 【名】米饭

ご飯を食べよう。
吃饭吧。

同音词 誤判(ごはん) 错误的判决

★ 与ご飯相关：
おかずばかり食(た)べてご飯(はん)を食(た)べない→白嘴儿吃菜　ご飯(はん)は生煮(なまに)えだ→饭煮夹生了　ぐちゃぐちゃのご飯(はん)→烂糊糊的饭

N4 ライス ① 【名】米饭

日本のライスが中国のよりおいしい。
日本的米饭比中国的好吃。

同义词 ごはん 米饭　　米(こめ) 米饭　　米飯(べいはん) 米饭

★ 与ライス相关：
チキンライス→鸡肉饭　オムライス→蛋卷饭　カレーライス→咖喱饭

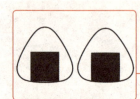

N4 お握(にぎ)り ⓪ 【名】饭团

またコンビニのお握りを食べてるの？
你又在吃便利店的饭团啊？

同义词 お結(むす)び 饭团

★ 与お握り相关：
握(にぎ)りを強(つよ)くする→使劲握　かさの握(にぎ)り→伞把儿　一握(ひとにぎ)りの米(こめ)→一把米　ふた握(にぎ)り半(はん)→两拳半

N4 粥(かゆ) ② 【名】稀粥

今粥もすすれない。
现在连粥都喝不上了。

相关词 薄(うす)い粥(かゆ) 稀粥　　濃(こ)い粥(かゆ) 稠粥

★ 与粥相关：
アズキ入(い)りの粥(かゆ)→小豆粥　アワのかゆ→小米粥　オートミール→燕麦片，燕麦粥

1 主食

Chapter 6 美食诱惑

N3 米② 【名】大米，稻米

その日の米にもこと欠く。
没有下锅的米。

| 相关词 | 米蔵 米仓 | 米粒 大米粒 |

★ 与米相关：

米を作る→种稻子　米をつく→捣米　米をとぐ→淘米

N2 小麦⓪② 【名】小麦

小麦粉で何をつくっていますか。
你在用面粉做什么呢？

| 相关词 | 小麦粉 面粉 | 小麦色 棕色，褐色 |

★ 与小麦相关：

小麦を作る→种小麦　小麦を刈る→割小麦

N2 饂飩⓪ 【名】面条

饂飩屋でアルバイトしている。
在拉面馆打工。

| 同义词 | そば 面条 |

★ 与饂飩相关：

手打ち饂飩→手擀的面条　饂飩を打つ→压面条　饂飩屋→面馆；切面铺

N2 餅⓪ 【名】年糕

もちを食べたことがありません。
没吃过年糕。

| 同音词 | 糯 糯米 |

★ 与お祖相关：

餅をつく→捣年糕　餅はもち屋→犬守夜鸡司晨；无论做什么事还得靠行家

N2 餃子⓪ 【名】饺子

餃子の作り方を教えてください。
请教我饺子的做法吧。

| 相关词 | 水ギョーザ 水饺 | 焼きギョーザ 锅贴儿 |

★ 与餃子相关：

饺子，古时有称"扁食"，中国传统面食之一，是将肉馅儿和切碎的白菜、葱、韭菜等搅拌调味，再用和好的面擀成的圆形薄皮包制而成的半月形食品。蒸、煎或煮食皆可。

主食

• 113 •

日本学生都在用的分类词汇书

[主食]

N1 主食 ⓪ 【名】主食
しゅしょく

主食はなににしますか。
主食吃点什么？

| 同音词 | 主色 主色 | 酒色 酒色 | 酒饭 酒饭 |
しゅしょく　しゅしょく　しゅしょく

☆ 与主食相关：
米を主食とする→以大米为主食　主食配給制→分配米、麦等主食的制度
こめ　しゅしょく　　　　　　　　しゅしょくはいきゅうせい

N1 蕎麦 ① 【名】荞麦面
そば

蕎麦を食べましょう。
我们吃荞麦面吧。

| 相关词 | かけ蕎麦 浇汁荞面条 | つけ蕎麦 蘸汁荞面条 |
そば　　　　　　　そば

☆ 与蕎麦相关：
蕎麦屋→荞面条铺　蕎麦がのびる→荞面条坨了　蕎麦を打つ→做荞面条
そばや　　　　　そば　　　　　　　　　　そば　う

1 主食

N1 糯米 ⓪ 【名】糯米，江米
もちごめ

糯米で作った正月用のもちです。
这是正月吃的糯米年糕。

| 同义词 | 糯米 糯米，江米 |
もちごめ

☆ 与糯米相关：
甘酒→糯米酒　オブラート→糯米纸
あまざけ

N1 赤飯 ⓪ 【名】小豆饭
せきはん

赤飯を炊いて入学を祝う。
做红小豆饭庆祝入学。

| 同义词 | おこわ 小豆饭 |

☆ 与赤飯相关：
日本赤饭是日本人喜庆之时必做的一种赤豆糯米饭。一般过年、过节，孩子毕业、升学、生日时才做。

N1 素麺 ① 【名】挂面
そうめん

素麺をゆでて食べる。
煮挂面吃。

| 同音词 | 創面 伤口的表面 |
そうめん

☆ 与素麺相关：
くずあんかけのうどん→打卤面　坦々麺→担担面
たんたんめん

・ 114 ・

Chapter 6 美食诱惑

N1 チャーハン ①【名】炒饭

今、チャーハンを作っています。
现在在做炒饭。

同义词 焼き飯(やきめし) 炒饭

★ 与チャーハン相关：
オムライス→蛋炒饭　チキンライス→鸡肉饭

N1 肉饅頭(にくまんじゅう) ③【名】肉包子

肉饅頭を3個ください。
请给我3个肉包子。

相关词 あん饅頭 豆沙包　　饅頭形(まんじゅうかた) 拇指圆饰

★ 与肉饅頭相关：
饅頭笠(まんじゅうがさ)→圆顶草帽　饅頭肌(まんじゅうはだ)→光滑的皮肤

N1 ワンタン ③【名】馄饨

今日はとても寒いので、熱いワンタンを食べましょうか。
今天天冷，我们吃点热乎乎的馄饨吧。

同义词 ワンタンメン 馄饨面

★ 与ワンタン相关：
馄饨是中国的传统面食，用薄面皮包馅儿，通常为煮熟后带汤食用。源于中国北方。

主食

· 115 ·

2 肉类

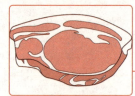

N5 肉 ⓪ 【名】肉
ぶた肉でハムを作る。
用猪肉做火腿。

相关词 赤身の肉 瘦肉　　脂身の肉 肥肉

★ 与肉相关：
固い肉→硬肉　やわらかい肉→嫩肉　ばら肉→腰条肉，五花三层肉

N5 牛肉 ⓪ 【名】牛肉
妹は牛肉が大好き。
妹妹最喜欢吃牛肉了。

相关词 すき焼き 日式牛肉火锅　　牛タン 牛舌为主要原料的料理
　　　　　牛皮 牛皮　　牛脂 牛油

★ 与牛肉相关：
牛肉是全世界人都爱吃的食物，中国人消费的肉类食物之一，仅次于猪肉。牛肉蛋白质含量高，而且脂肪含量低，所以味道鲜美，受人喜爱，享有"肉中骄子"的美称。

N4 ハム ① 【名】火腿
明日の朝ごはんはハムエッグスにします。
明天早餐吃火腿蛋。

同音词 食む 受禄，吃

★ 与ハム相关：
くん製ハム→熏火腿　ハム・エッグス→火腿蛋

N1 カモ肉 ⓪ 【名】鸭肉
カモ肉を少しに買いました。
买了一点鸭肉。

相关词 トリ肉 鸡肉

★ 与カモ相关：
なにも知らない人を鴨にする→让什么也不知道的人当大头　かもがねぎをしょってくる→好事送上门来

N1 ソーセージ ①③ 【名】香肠
ソーセージを煎してから食べる。
香肠煎过以后再吃。

同义词 腸詰 香肠

★ 与ソーセージ相关：
ウインナソーセージ→肉糜肠　ウインナソーセージ→小泥肠　ソーセージ→腊肠

Chapter 6 美食诱惑

N1 チキンカツレツ ⓪ 【名】炸鸡排
台湾の**チキンカツレツ**がとても有名です。
台湾的炸鸡排很有名。

相关词　カツレツ　炸肉排

★豆知识：
ステーキ→牛排　ポーク・カツレツ→炸猪排

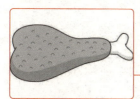

N1 鶏肉（とりにく） ⓪ 【名】鸡肉
鶏肉のレシピを見てもいいですか。
可以看一下鸡肉食谱吗?

同义词　かしわ　鸡肉

★与鶏肉相关：
鶏肉料理（とりにくりょうり）→鸡肉的菜　鶏肉専門店（とりにくせんもんてん）→专卖鸡肉的店

N1 内臓（ないぞう） ⓪ 【名】内脏
私は動物の**内臓**が食べられません。
我不吃动物的内脏。

同音词　内蔵（ないぞう）　包藏，装有，内置

★与内臓相关：
内臓を摘出する（ないぞう　てきしゅつ）→切除内脏　内臓疾患（ないぞうしっかん）→内脏疾患

N1 メンチ ① 【名】肉末
メンチを少し用意したほうがいい。
最好准备点儿肉末。

同义词　ひき肉（にく）　肉末

★与メンチ相关：
メンチ・カツ→炸肉饼　メンチ・ボール→炸肉丸

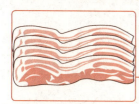

N1 豚肉（ぶたにく） ⓪ 【名】猪肉
ピーマンと**豚肉**の炒め物を作りたいです。
我想做一道青椒炒肉。

相关词　豚肉の付け焼き（ぶたにく　つ　や）　烤猪肉　豚肉の細切れ（ぶたにく　ほそぎ）　碎猪肉块儿

★与豚肉相关：
この豚肉は少し生焼けだ（ぶたにく　すこ　なまや）→这猪肉有点儿生　この豚肉は脂が多い（ぶたにく　あぶら　おお）→这块猪肉肥　ピーマンと豚肉の炒めもの（ぶたにく　いた）→青椒肉丝

2 肉类

日本学生都在用的分类词汇书

N1 手羽 ① 【名】鸡胸脯肉
手羽が好きです。
喜欢吃鸡胸脯肉。

同义词　手羽肉　鸡胸脯肉

★ 与手羽相关：
手羽先→鸡翅膀肉　手羽本→翅根　手羽中→翅中

N1 赤身 ⓪ 【名】红肉，瘦肉
赤身はおいしいです。
瘦肉好吃。

反义词　白身　白肉，肥肉

★ 与赤身相关：
赤身の刺身→红色生鱼片　ぶたの赤身→瘦肉

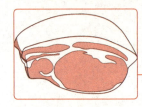

N1 白身 ⓪ ② 【名】白肉，肥肉
白身は食べたくないです。
不想吃肥肉。

近义词　脂身　白肉，肥肉

★ 与白身相关：
白身の魚→白肉鱼　牛肉の脂身→肥牛肉

2 肉类

・118・

Chapter 6 美食诱惑

N5 葱ねぎ ①【名】葱，大葱

私は**ねぎ**が大嫌いです。
我非常讨厌吃大葱。

同义词 玉葱たまねぎ 洋葱，圆葱　　長葱ながねぎ 长葱

★ 与ねぎ相关：
「ネギ」是「ねぶか」的别称，也是「根深ネギ」的省略说法。

N5 大蒜にんにく ⓪【名】蒜，大蒜

大蒜もちゃんと食べなさい、体にいいから。
大蒜也要好好吃，因为它对身体好。

同义词 大蒜おおびる 大蒜　　ガーリック 大蒜

★ 与大蒜相关：
日本古代宫中女官使用「にもじ」来指代「にんにく」。

N5 茄子なす ①【名】茄子

茄子は野菜の一種です。
茄子是蔬菜的一种。

同义词 茄子なすび 茄子

★ 与なす相关：
一富士二鷹三茄子いちふじ にたか さんなすび→"一富士、二鹰、三茄子"，据说新年的第一个梦梦到这三样东西很吉利。可为什么梦到茄子会吉利呢？这有诸多说法，最主要的原因是茄子价格很贵。

N5 胡瓜きゅうり ①【名】黄瓜

彼は**胡瓜**が大好きです。
他很喜欢吃黄瓜。

同义词 胡瓜きうり 黄瓜　　唐瓜からうり 黄瓜

★ 与きゅうり相关：
胡瓜魚きゅうりさかな→亚洲胡瓜鱼，长约20cm，肉具黄瓜味　胡瓜揉みきゅうり も→拌黄瓜，由黄瓜片加盐拌和，再加醋而成

N5 人参にんじん ⓪【名】胡萝卜

人参は栄養に富んでいる。
胡萝卜富含营养。

同义词 大根だいこん 白萝卜

★ 与にんじん相关：
人参で行水にんじんぎょうずい→全力以赴地医治　人参飲んで首くくるにんじんの のくび→饮鸩止渴，事情如不考虑周全反而会引来不良后果

3 菜类

日本学生都在用的分类词汇书

N5 韮 ⓪ ② 【名】韭菜

農場に韮が植えてある。
农场里种植了韭菜。

同义词 コミラ 韭菜（别称）

★ 与にら相关：
日本古代宫中女官使用「ふたもじ」来指代「にら」。

N5 昆布 ① 【名】海带

昆布を入れてください。
请放入一些海带。

同义词 ワカメ 裙带菜

★ 与こんぶ相关：
昆布に針刺す→针扎海带，发誓或诅咒时作为记号在海带上扎针

N5 芋 ② 【名】薯，芋头、马铃薯、山药等的通称。

芋を掘る。
挖红薯。

同义词 サツマイモ 红薯　里芋 芋头　山芋 山药

★ 与いも相关：
いもの煮えたもご存知しない→缺乏常识　芋を洗う様→拥挤不堪，摩肩接踵

N5 茸 ① 【名】蘑菇

茸を採る。
采蘑菇。

同义词 エノキダケ 金针菇　シイタケ 香菇　マツタケ 松蘑

★ 与茸相关：
茸狩り→采蘑菇　茸雲→蘑菇云　茸栽培→蘑菇栽培，出于食用目的而培养

N5 ジャガイモ ⓪ 【名】土豆，马铃薯

ジャガイモの正しい保存の方法をお教えください。
请告诉我正确的土豆保存方式。

同义词 ポテト 土豆（外来语）　馬鈴薯 马铃薯　八升芋 土豆（别称）

★ 与土豆相关：
ポテトチップス→炸土豆片　肉じゃが→土豆炖牛肉

Chapter 6 美食诱惑

N5 キャベツ ①【名】卷心菜

キャベツを食べたいの？
你想吃卷心菜吗？

同义词 カンラン 甘蓝

★ 与卷心菜相关：
卷心菜原产于欧洲，江户末期传入日本。

N5 ホウレンソウ ③【名】菠菜

ホウレンソウを食べる。
吃菠菜。

同义词 油菜（あぶらな） 油菜

★ 与ホウレンソウ相关：
「ホウレンソウ」原则，「ホウ」指「報告／汇报」，「レン」指「連絡／联系」，「ソウ」指「相談／商量」。换而言之，即对过去发生的事情要进行汇报，对现在的状态要保持联络，对今后的处理方法要主动请示、商量的意思。这原来是日本企业的工作准则，现已成为日本社会的一般常识。

N5 白菜（はくさい） ⓪ ③【名】白菜

白菜を細切りにした。
把白菜切碎。

同义词 白（はく）ちょい 小白菜

★ 与はくさい相关：
スワンラー白菜（はくさい）→酸辣白菜

N5 トマト ①【名】西红柿

トマトは、長く煮ると形がくずれてしまう。
西红柿煮的时间过长的话就会变形。

同义词 赤茄子（あかなす） 西红柿　バンカ　番茄

★ 与トマト相关：
トマトケチャップ→番茄酱　トマトソース→番茄沙司　トマトピューレ→番茄汁

N4 カボチャ ⓪【名】南瓜

カボチャを入れると甘味が出ます。
加入南瓜味道会变甜。

同义词 唐茄子（とうなす）　日本南瓜　ナンキン　葫芦形南瓜　ぼうぶら　南瓜（别称）

★ 与カボチャ相关：
カボチャに目鼻（めはな）→圆脸肥胖的丑人

菜类 3

N3 へちま
糸瓜 ⓪【名】丝瓜

へちまの実が熟れてぶらさがっているように見えた。
丝瓜成熟后看起来像是从上空垂下来一样。

★ 与糸瓜相关：

糸瓜のかわとも思わぬ→不算什么，不当回事　糸瓜野郎→不中用的人，废物

N3 しゅんぎく
春菊 ①【名】茼蒿

春菊の炒め物を食べる。
吃炒茼蒿。

同义词　キクナ　茼蒿（别称）

★ 与春菊相关：

菊花是日本皇室的家族徽章。日本皇室代表了日本人的精神，菊花因为其清楚不刻意的形象从侧面反映了日本人对于美的追求和向往以及对于自然的崇尚。和菊花相对应的是刀的文化，反映了日本人好战不服输的性格。日本人在新年、扫墓、祭祖等活动中会用到菊花。

N3 モヤシ ⓪【名】豆芽

モヤシを買う。
买豆芽。

同义词　緑豆(りょくとう)もやし　绿豆芽　　大豆(だいず)もやし　黄豆芽

★ 与モヤシ相关：

モヤシッ子(こ)→形容没有体力、身体弱的小孩

N3 セロリー ①【名】芹菜

セロリー餃子。
芹菜饺子。

同义词　セルリー　芹菜（别称）　　オランダ三(み)つ葉(ば)　芹菜（别称）

★ 与セロリー相关：

从20世纪70年代以来，全世界的芹菜销量有增无减。德国人每人每年要吃20千克以上的芹菜。比20世纪50年代增加了三分之一。在日本，西芹的价格比鸡腿贵得多。我国早已深知吃芹菜有益于身体，并具有医药作用。世界医学公认，中国是世界上用芹菜治病最早的国家。

Chapter 6 美食诱惑

N3 とうがらし
唐辛子 ③ 【名】辣椒

唐辛子のピリ辛が食欲をそそります。
辣椒的辣劲能够促进食欲。

同义词 ピーマン 辣椒（外来语） 甘唐辛子 あまとうがらし 辣椒（别称）

★ 与唐辛子相关：

"唐辛子"原属于日语中的词汇，现代也常见于台湾。唐指中国，"辛"的中文原意是指一种刺激性气味，后来中国的辣椒传到日本，日本人就把这种来自中国的具有辛辣气味的植物叫作唐辛子。

N3 あぶらな
油菜 ③ 【名】油菜

油菜をこなみじんに切り刻む。
将油菜切成末。

同义词 菜種 なたね 油菜籽　菜種菜 なたねな 油菜花　菜の花 なはな 油菜花

★ 与油菜相关：
油が切れる→精疲力竭，力气用完　油に水→水火不容　油を売る→闲聊浪费时间，偷懒，耍滑
あぶらぎ　　　　　　　　　　　　あぶらみず　　　　　　　　　　あぶらう

N2 たけのこ
筍 ⓪ 【名】竹笋

筍はパンダの大好物だ。
竹笋是熊猫十分喜欢的食物

相关词 バンブー 竹子（外来语）

★ 与筍相关：
筍の親勝り→子胜其父　筍の育つ様→眼看着长大，迅速成长
たけのこ おやまさ　　　　　たけのこ そだ さま

N2 れんこん
蓮根 ⓪ 【名】藕，藕根

蓮根を食べる。
吃莲藕。

同义词 蓮根 はすね 莲藕（别称）　蓮の根 はすね 莲藕（别称）　蓮 はす 莲藕（别称）

★ 与蓮根相关：
「根」的训读为："ね"，常用惯用语有：根が生える→扎下根来　根も葉もない→毫无根据　根を張る→深深扎根，难以动摇

3 菜类

水果甜点

N5 苺 ⓪ 【名】草莓
いちご狩りにはおよそ4千人が参加する。
大概有 4000 人参加了草莓采摘活动。

同义词 ストロベリー 草莓　　オランダ苺 草莓（别称）

★ 与莓相关：
据测定，每100克草莓果肉中含糖8～9克、蛋白质0.4～0.6克，维生素C 50～100毫克，比苹果、葡萄高7～10倍。而它的苹果酸、柠檬酸、维生素B1、维生素B12，以及胡萝卜素、钙、磷、铁的含量也比苹果、梨、葡萄高3～4倍。

N5 オレンジ ② 【名】橙子
オレンジジュースを注文した。
点了橙子汁。

同义词 ミカン 橘子

★ 与オレンジ相关：
オレンジ色→橙色　オレンジエード→橘子水　オレンジカード→橙色卡；预付款购票卡

N5 グレープ ② 【名】葡萄
グレープを30個くらい食べた。
吃了 30 几粒葡萄。

同义词 葡萄 葡萄

★ 与グレープ相关：
グレープジュース→葡萄汁　グレープフルーツ→葡萄柚，在树枝上结出的成串果实，形状和颜色极似柚子

N5 西瓜 ⓪ 【名】西瓜
西瓜を食べ、コーラを飲んで、一息ついた。
吃西瓜，喝可乐，放松休息一下。

同音词 水禍 水灾，水害

★ 与西瓜相关：
西瓜糖→西瓜糖，由西瓜汁浓缩而成，具有利尿作用　ウオーターメロン→西瓜（外来语）

N5 バナナ ① 【名】香蕉
バナナやパイナップルなど南方産の果物は高価過ぎて手が出なかった。
香蕉、凤梨等南方产的水果价格过高，买不起。

★ 与バナナ相关：
在日语中，数香蕉个数的时候要用「房」或「本」，一根香蕉就是「一房」或「一本」。

Chapter 6 美食诱惑

N5 蜜柑 ① 【名】橘子
みかん
蜜柑のかおりがします。
有股橘子的味道。

同义词 オレンジ 橙子

★ 与蜜柑相关：
みかんしゅ
蜜柑酒→橘子酒

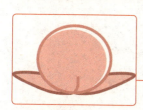

N5 桃 ⓪ 【名】桃子
もも
ももの枝に引っかかってしまった。
被桃子树枝刮住了。

同义词 ピーチ 桃子（外来语）

★ 与桃相关：
ももいろ   もも はな
桃色→粉色，桃红色 桃の花→桃花

N5 林檎 ⓪ 【名】苹果
りんご
林檎が欲しくない？
你不想吃苹果吗？

同义词 アップル 苹果（外来语）

★ 与林檎相关：
りんご す   りんござけ   りんごさん
林檎酢→苹果醋 林檎酒→苹果酒 林檎酸→苹果酸

N5 レモン ① 【名】柠檬
レモン汁をかける。
榨柠檬汁。

同义词 檸檬 柠檬
れもん

★ 与レモン相关：
レモンイエロー→淡黄色 レモングラス→柠檬草 レモンティー→柠檬茶

N5 李 ⓪ 【名】李子
すもも
李を取る。
摘李子。

同义词 プラム 李子（外来语）

★ 与李相关：
中国有句俗语："桃养人，杏伤人，李子树下埋死人。"意思是李子不可多食。

水果甜点

水果甜点

N5 柿(かき) ⓪ 【名】柿子

柿の実が幾つかのこされている。
还剩下一些柿子的果实。

[同音词] 牡蠣(かき) 牡蛎

★ 与柿相关：
柿(かき)の皮(かわ)は乞食(こじき)に剝(む)かせ、瓜(うり)の皮(かわ)は大名(だいみょう)に剝(む)かせよ→柿子皮让吝啬的乞丐去剥，瓜皮让奢侈的大名去剥。柿子皮要剥得薄，瓜皮要剥得厚。

N4 キウイ ① 【名】猕猴桃

キウイを切るのが面倒です。
切猕猴桃很麻烦。

[同义词] キウイフルーツ 猕猴桃（全称）

★ 与キウイ相关：
猕猴桃除了具有乌发美容、娇嫩皮肤的作用之外，其含有的血清促进素还具有稳定情绪、镇静心情的作用；所含的天然肌醇有助于脑部活动；膳食纤维能降低胆固醇，促进心脏健康；猕猴桃碱和多种蛋白酶，具有开胃健脾、助消化、防止便秘的功能。

N3 レイシ ① 【名】荔枝

レイシを食べる。
吃荔枝。

[同义词] ライチ 荔枝（别称）

★ 与レイシ相关：
レイシ貝(かい)→荔枝贝。壳高约6厘米，灰黄色壳呈纺锤形，以其他贝类为食，在日本分布于房总半岛至冲绳一带海域。

N3 石榴(ざくろ) ⓪ 【名】石榴

石榴に甘味がある。
石榴有甜味。

[同义词] じゃくろ 石榴（别称）

★ 与ざくろ相关：
石榴鼻(ざくろばな)→酒糟鼻子

N3 ザボン ⓪ ① 【名】柚子

ザボンの木が植わっています。
种植柚子树。

[同义词] 文旦(ぶんたん) 柚子（别称）

★ 与ザボン相关：
日文"柚子"在中文多称为"香橙"或"罗汉橙"，视地区不一。而中文"柚子"在日文则主要用「文旦(ブンタン)」表示。

Chapter 6 美食诱惑

N5 調味料 ③ 【名】调味料
ちょうみりょう

調味料を入れ、火にかける。
放入调味料加热。

同义词 シーズニング 调味料（外来语）

★ 与调味料相关：
能与「調味料」搭配使用的量词有：「さじ」、「カップ」、「グラム」、「つまみ」。

N5 醤油 ⓪ 【名】酱油
しょうゆ

醤油といえば千葉県野田を言わざるを得ない。
说到酱油，不得不提千叶县野田。

同义词 ソイソース 酱油（外来语）

★ 与酱油相关：
醤油で煮染めたよう→如同染上酱油色一样，形容非常肮脏。
しょうゆ　に そ

N5 ソース ① 【名】西餐用调味汁

最近スーパーなどでソース、サラダ油などを販売しています
最近超市开始贩售西餐用调味汁、色拉油等。

同音同形词 ソース 来源，出处

★ 与ソース相关：
ソースパン→炖锅，蒸煮锅。带柄的深平底锅或煮调味汁用的锅。

N5 味噌 ① 【名】日式豆酱
み そ

長い間、肉食を忌避してきた日本人は、味噌や醤油で調味する。
很长时间，忌食肉类的日本人靠日式豆酱、酱油调味。

音近词 溝 水沟，水渠
みぞ

★ 与味噌相关：
味噌を上げる→自吹自擂　味噌を付ける→丢脸，失面子　味噌を擂る→阿谀奉承
み そ　あ　　　　　　　　　み そ　つ　　　　　　　　　　　み そ　す

N5 酢 ① 【名】醋
す

酢 60mL を加える。
加入四大勺醋。

同义词 ビネガー 食醋（外来语）

★ 与酢相关：
酢が過ぎる→过度，过分　酢にも味噌にも→事无巨细，婆婆妈妈　酢を買う→多嘴多舌，爱管闲事
す　　　す　　　　　　　　　　　す　　み そ　　　　　　　　　　　　　　　　す　か

5 調味料

日本学生都在用的分类词汇书

N5 砂糖 ② 【名】砂糖
食塩は砂糖の約4倍の速度で吸収される。
食盐被吸收的速度约是砂糖的4倍。

音近词 作動 起动，机器等开始工作　　茶道 茶道

☆ 与砂糖相关：
可与「砂糖」搭配使用的量词有「さじ」、「袋」、「箱」、「斤」。

N5 塩 ⓪ 【名】盐
塩は人間の生活に欠かせない食品だ。
盐是人们生活中必不可少的食品。

同义词 ソルト 盐，食盐（外来语）

☆ 与塩相关：
塩が効く→咸淡正好；有效　塩が浸む→备尝人世间的辛酸

5 调味料

N5 カレー粉 ⓪ 【名】咖喱粉
カレー粉は肉や魚の臭みを消すのに効果的だ。
咖喱粉对祛除肉、鱼的腥味很有效。

音近词 ガレー 单层甲板帆船（外来语）

☆ 与カレー相关：
カレーライス→咖喱饭

N5 バター 【名】黄油
バターを入れて弱火で溶かす。
加入黄油，用小火慢溶。

音近词 パター 高尔夫球棒的一种（外来语）

☆ 与バター相关：
バターか大砲か→黄油还是大炮，意思是"是要稳定国民生活，还是要扩充军备"。

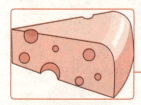

N5 チーズ ① 【名】奶酪
チーズを試食する。
试吃奶酪。

同义词 乾酪 奶酪，干酪

☆ 与「チーズ」相关：
日本人在照相时常常说「チーズ」，这与中国人说的"茄子"是一样的，在发最后一个音时，人的面部表情是微笑的。

Chapter 6 美食诱惑

N5 胡麻(ごま) ⓪ 【名】芝麻

胡麻を積んだ船も多く入港した。
很多装载芝麻的船进港了。

同义词 セサミ 芝麻（外来语）

★ 与胡麻相关：
胡麻(ごま)の蝿(はえ)→装成旅客的小偷　胡麻(ごま)をする→溜须拍马

N4 山椒(さんしょう) ⓪ 【名】花椒

山椒より香りの強いものを使った。
使用比花椒的味道更强烈的东西。

同义词 はじかみ 花椒（古语）

★ 与山椒相关：
山椒(さんしょう)は小粒(こつぶ)でもぴりりと辛(から)い→花椒虽小麻口辣。比喻人小志气大，短小精悍。

N4 胡椒(こしょう) ② 【名】胡椒

胡椒で加味する。
用胡椒调味。

同义词 ペッパー 胡椒（外来语）

★ 与胡椒相关：
胡椒(こしょう)の丸呑(まるの)み→囫囵吞枣，只看外表不能理解真正含义

N2 ドレッシング ② 【名】调味汁

ドレッシングをかけるのは、なるべく控えましょう。
加入调味汁时需控量。

同义词 フレンチドレッシング 调味汁（全称）

★ 与ドレッシング相关：
ドレッシング→除"调味汁"的意思以外，还有"服装"、"装饰"的意思。

N1 マヨネーズ ③ 【名】蛋黄酱

マヨネーズを入れてください。
请加些蛋黄酱。

同义词 マヨネーズソース 蛋黄酱（全称）

★ 与マヨネーズ相关：
蛋黄酱是法国人发明的。在美国、西欧和日本等国，蛋黄酱和中国的面酱、豆瓣酱等调味品一样普遍。中世纪的欧洲美食大师们将鸡蛋清、蛋黄分开，然后逐渐加入橄榄油，再加入精盐和柠檬汁，便成了调制和装饰各种沙拉的奶油状浓沙司，这便是蛋黄酱。

5 调味料

日本学生都在用的分类词汇书

6 酸甜苦辣

N5 **味** ⓪ 【名】味道

味はいかがでしょうか。
味道如何？

同义词　テイスト　味道（外来语）

☆ 与味相关：
味がぬけた→走了味　味をみる→尝味道、咸淡　味をつける→加佐料

N5 **甘い** ② 【形】甜的

甘い果物。
甜的水果。

同义词　スイート　甜的（外来语）

☆ 与甘い相关：
甘い汁を吸う→不出力而获得好处　甘いものに蟻が付く→如蚁附饴；人汇于有利之处　「甘く見る→轻视；乐观

N5 **うまい** ② 【形】好吃的

うまい食べ物。
好吃的东西。

同音词　旨い　高明的，巧妙的

☆ 与うまい相关：
旨い汁を吸う→不劳而获，占便宜　旨い話→有利可图的事

N5 **薄い** ② 【形】淡的

味が薄い。
味淡。

反义词　濃い　浓的

☆ 与薄い相关：
興味が薄い→兴趣不浓　薄い氷→薄冰　望みが薄い→希望不大

N5 **美味しい** ③ 【形】美味的

美味しい食べ物。
好吃的食物。

同义词　旨い　好吃的

☆ 与美味しい相关：
「美味しい」与「旨い」的意思相同，但「美味しい」的语气要更加客气一些。

· 130 ·

Chapter 6 美食诱惑

N5 辛い ② 【形】辣的

山椒は小粒でもぴりりと辛い。
花椒粒虽小但却够辣。

反义词　甘い　甜的

☆与辛い相关：
海の水は辛い→海水很咸　採点が辛い→评分严格

N5 臭い ② 【形】臭的

吐く息が臭い。
呼出的气很臭。

词　生臭い　腥臭的

☆与臭い相关：
あの男が臭い→那个男人很可疑　臭い演技→装腔作势的表演

N5 濃い ① 【形】浓的

濃いジュース。
浓果汁。

同音词　鯉　鲤鱼　　　恋　恋爱

☆与濃い相关：
濃い青色→深蓝色　濃いひげ→浓密的胡须　情が濃い→情深

N5 刺激的 ⓪ 【形】刺激的，刺激性的

刺激的な匂い。
刺激性气味。

同义词　スチミュレート　刺激的（外来语）

☆与刺激的相关：
刺激のない生活→平淡的生活　刺激的な小説→使人兴奋的小说，刺激性的小说

N5 まずい ② 【形】难吃的

湿ってまずいタバコ。
受潮而难吸的香烟。

同音词　拙い　笨拙的，拙劣的

☆与まずい相关：
彼とまずくなった→与他的关系变得紧张了　まずい顔→相貌丑陋

酸甜苦辣

日本学生都在用的分类词汇书

N5 苦い ② 【形】苦的

苦い薬。

苦药。

同义词 ビター 苦的（外来语）

★ 与苦い相关：

苦い経験→痛苦的经历　苦い顔をする→面有愠色

N5 油っぽい ⑤ 【形】油腻的

油っぽい食べ物。

油腻的食品。

同义词 脂っこい 油腻的

★ 与油っぽい相关：

其他含义：不爽快的，固执的，顽固的　守銭奴をあぶらっぽく演じる→顽固地当守财奴

N3 甘酸っぱい ⑤ 【形】酸甜的

甘酸っぱい林檎。

酸甜苹果。

形近词 甘ったるい 过于甜的

★ 与甘酸っぱい相关：

「甘酸っぱい」的名词形式是「甘酸っぱさ」。

N3 甘辛い ④ 【形】甜辣的

甘辛い煮物。

甜辣烩菜。

相关词 甘辛煎餅 咸酥脆饼干

★ 与甘辛い相关：

"甘辛"在中文里的意思是"甜而微辣"，多指酒味醇正。该词最早出现在唐白居易《咏家酝》一诗中："瓮揭开时香酷烈，饼封贮后味甘辛。"

N3 塩辛い ④ 【形】咸的

料理が塩辛すぎる。

菜过于咸。

同义词 しょっぱい 咸的

★ 与塩辛い相关：

其他含义：声音沙哑的，嘶哑的　塩辛い声→沙哑声

6 酸甜苦辣

Chapter 6 美食诱惑

N3 しょっぱい ③【形】咸的
しょっぱい味噌汁。
咸酱汤。

同义词 しおはゆい 咸的（转音）

★ 与しょっぱい相关：
其他含义：吝啬的，しょっぱいおやじ→吝啬的老头；沙哑的，嘶哑的，しょっぱい声（こえ）→沙哑的声音

N3 滋味（じみ） ①【名】滋味，香味
滋味に乏しい。
缺乏味道。

同音词 地味（じみ） 朴素，质朴

★ 与滋味相关：
其他含义：意味，韵味，感觉良好、内容丰富的印象 滋味（じみ）あふれる話（はなし）→意味深长的话，极有情趣的话

N3 酸（す）っぱい ③【形】酸的
この林檎はまだ酸っぱい。
这苹果还是酸的。

同义词 サウア 酸的（外来语）

★ 与酸っぱい相关：
口（くち）が酸（す）っぱくなるほど言（い）う→喋喋不休的，絮絮叨叨的

N3 さっぱり ③【名】清淡，不油腻
さっぱりした味。
清淡的味道。

同义词 プライン 清淡的，不油腻的（外来语）

★ 与さっぱり相关：
気分（きぶん）がさっぱりする→心情爽快　さっぱり分（わ）からない→一点也不明白

N3 香（こう）ばしい ⓪④【形】香的
香ばしいほうじ茶。
芳香的焙茶。

同义词 フレーグランド 香的，香郁的（外来语）

★ 与香ばしい相关：
香（こう）ばしいにおい→香味　香（こう）ばしいコーヒー→香醇的咖啡

6 酸甜苦辣

酸甜苦辣

N3 味覚 ⓪ 【名】味觉

味覚だけでなく嗅覚でも感じ。
不仅仅是味觉，也用嗅觉去感受。

音近词　磨く　磨光，擦亮，推敲，装饰

★ 与味觉相关：
味覚の秋→食欲旺盛的秋季；秋高气爽，吃东西感到特别香　冬の味覚→冬天的时鲜

N2 こってり ③ 【名】味道浓重、浓厚的

こってりした味。
浓重的味道。

同义词　シック　浓重的（外来语）

★ 与こってり相关：
こってりと油を絞られる→痛遭申斥　こってりした料理→味浓油腻的菜　こってりと化粧する→浓妆艳抹

N2 渋い ② 【形】涩的

この柿は渋い。
这个柿子涩口。

同义词　アストリンゼント　涩的（外来语）

★ 与渋い相关：
渋い好み→雅兴　渋い顔→阴沉的脸

Chapter 7
狂欢购物

日本学生都在用的分类词汇书

N5 ズボン ② 【名】 裤子

このズボンは高すぎます。
这条裤子太贵了。

同义词 半ズボン 短裤　長ズボン 长裤　ジーンズ 牛仔裤　ショーツ 短裤

▼ 与ズボン相关：

ジーパン→牛仔裤　スラックス→女士西裤　パンタロン→女士喇叭裤　キュロットスカート→裙裤　サブリナパンツ→七分裤
ハンティンストッキング→连裤袜

N5 服（ふく） ⓪ 【名】 服饰，服装

服を仕立てる。
订做衣服。

同义词 衣類（いるい） 服装的总称　　衣服（いふく） 衣服

▼ 与服相关：

日本的传统服饰为和服，明治维新之后引进了西方的服饰故称之为洋服。日本人平日里一般身着洋服，而和服则演变为参加成人仪式、毕业典礼等重大场合时的服饰。

N5 スカート ② 【名】 裙子

スカートを穿く。
穿裙子。

同义词 ミニスカート 迷你裙　ロングスカート 长裙　ドレス 晚礼服　ワンピース 套装　ジャンパースカート 无袖连衣裙

▼ 与ミニスカート相关：

众所周知，日本高校女生的校服是水手服加上超短裙。即使是寒风瑟瑟，日本的高校女生也不畏严寒，坚持美丽动人。有人说是为了从小磨其筋骨，不得不令人肃然起敬。

N5 着物（きもの） ⓪ 【名】 和服

着物を着る。
穿和服。

相关词 チャイナドレス 旗袍　人民服（じんみんふく） 中山装　浴衣（ゆかた） 浴衣

▼ 与着物相关：

和服是日本的传统服饰。自明治维新以来，日本人逐渐普及洋装，和服已经成为出席特殊场合的正装。比如孩子的"七五三"、成人式、婚礼和葬礼等。上好的和服价格昂贵，动辄上百万日元，且穿着方法也十分复杂，常常要花一个小时以上的时间。很多日本人都不会自己穿和服，所以有专门的穿衣师傅帮忙。

Chapter 7 狂欢购物

N5 うわぎ
上着 ⓪【名】 上衣
家に入るとすぐ上着を脱いできた。
到家就脱了上衣。

同义词 コート 外套　　ジャンパー 宽松夹克衫　　ジャケット 夹克
　　　　オーバーコート 外套　　ダウンジャケット 羽绒服

☆ 与上着相关：
上着是"上衣"的意思，但与此对应的「下着」绝对不是"裤子"的意思，而是指内衣、衬衣等直接接触皮肤的内衣裤。

N5 **セーター** ①【名】 毛衣
冬にはセーターを着ると暖かくなる。
冬天穿了毛衣就会暖和了。

同义词 編み物 编织品

☆ 与セーター相关：
カーディガン→开襟毛衣　ニット→编织物　カシミヤ→羊绒衫　ウール→毛织品　織物→纺织品

N5 き
着る ⓪【名】 穿着
コートを着る。
穿外套。

同义词 纏う 缠，裹，着　　着用 着用　　着せる 使穿上

☆ 与着る相关：
恩に着る→感恩，蒙恩感激　恩に着せる→施恩于人，让人感激，让人感恩戴德

N5 は
穿く ⓪【动】 穿（裤子、裙子）
ズボンを穿く。
穿裤子。

反义词 脱ぐ 脱

☆ 与はく相关：
「はく」这个发音对应的汉字不同，其意思也会发生相应的变化：　穿→穿（裤子或和服裙裤等下身衣物），穿袜子；
履く 穿（木屐或鞋子）；吐く→呕吐，说出，吐露；掃く→打扫；刷く→涂，描，用笔、刷子涂口红。

N5 えり
襟 ②【名】 领子，衣领
襟を立てる。
立领。

同义词 折襟 翻领，卷领　　袖 袖子　　ボタン 扣子
　　　　ボタンホール 扣眼儿　　チャック 拉链　　ポケット 口袋

☆ 与襟相关：
襟につく→趋炎附势，阿谀奉承　襟を正す→正襟危坐

衣服鞋帽

日本学生都在用的分类词汇书

N5 シャツ ① 【名】 衬衫

シャツ一枚をください。
请给我一件衬衫。

同义词 ブラウス 女士衬衫　　ワイシャツ 西式男衬衫

★ 与シャツ相关：

シャツイン是指把衬衫的下摆塞到裤子里。

N4 制服（せいふく） ⓪ 【名】 制服，校服

日本の小中学生は制服で通学しなければなりません。
日本的中小学生必须穿校服上学。

反义词 私服 便衣

★ 与制服相关：

水手服起源于1857年，是英国海军水兵的制服。到1864年，英国维多利亚女王首开先例，把它穿到年幼王子的身上，于是水手服成了儿童的一种代表性服饰，后来被贵族小学校指定为制服之后，就成了一种正式的服装。受英国影响，日本也渐渐将水手服指定为日本学生的制服。

1 衣服鞋帽

N4 スーツ ① 【名】 西装

銀行マンはいつもスーツを着る。
银行工作者一般都穿西装。

同义词 背広（せびろ） 西服　　ダブルスーツ 双层西服　　燕尾服（えびふく） 燕尾服

★ 与スーツ相关：

在日本，公司职员一般都身着黑色西服上班，在早晚的上下班高峰时的电车中往往站着的是一片黑色，所以日本的公司职员又被称作**大黒柱（だいこくばしら）**，意为栋梁、顶梁柱；（国家、团体、家庭的）中心人物。

N4 下着（したぎ） ⓪ 【名】 内衣

下着を買う。
买内衣。

同义词 パジャマ 睡衣　　寝巻き（ねまき） 睡衣　　肌着（はだぎ） 内衣
アンダーウエア 内衣

★ 与下着相关：

パンツ→内裤　パンティ→裤衩　スリップ→长衬裙　ブラジャー→文胸　ガードル→收腹裤

N3 婦人服（ふじんふく） ⓪ 【名】 女士服装

婦人服の売り場はどこにありますか。
女装卖场在哪儿？

同义词 レディ服 女装

★ 与婦人服相关：

マタニティドレス→孕妇服　紳士服（しんしふく）→男装　ベビー服（ふく）→婴儿装　子供服（こどもふく）→童装　セーラー服（ふく）→水手服　白衣（はくい）→白罩衫

Chapter 7 狂欢购物

N2 水着 ⓪ 【名】 泳衣

水泳選手の水着はみなハイテックのものです。
游泳选手的泳衣都是高科技制作。

同义词 ビキニ 比基尼

★ 与水着相关：

プール→水池　日焼け→晒黑　サングラス→墨镜　日焼け止め→防晒霜

N2 似合う ② 【动】 合适，适合

着物が似合う人。
适合穿和服的人。

同义词 調和する 衬，和谐　　相応する 搭配，协调

★ 与似合う相关：

在日本服装店打工常用语：若く見えますね、とても似合います。您穿着看上去非常年轻，非常适合您。
いらっしゃいませ→欢迎光临　少々お待ちください→请稍等

N1 ブラジャー ② 【名】 内衣

今のブラジャーは多くて、おしゃれですね。
这里的内衣种类好多啊，好可爱。

同义词 フールカップブラ 全罩杯　　ハーフカップブラ 半罩杯

★ 与ブラジャー相关：

アンダーシャツ→贴身内衣　コルセット→紧身胸衣

N5 帽子 ⓪ 【名】 帽子

帽子を被る。
戴帽子。

相近词 ソフト 软帽

★ 与帽子相关：

シルクハット→大礼帽　サンバイザー→遮阳帽　ハット→有沿帽　クラウン→帽顶

N5 ショッピング ⓪ ① 【名】 购物

日曜日は一緒にショッピングに行きましょうよ。
星期天一起去购物吧。

同义词 買い物 购物　　ウインドショッピング 橱窗购物　　ショー 展览

★ 与ショッピング相关：

ショッピングカード→购物卡　ショッピングセンター→购物中心　ショッピングモール→商业街，步行街

衣服鞋帽

日本学生都在用的分类词汇书

N5 被る ② 【动】 戴
かぶ

帽子を被る。

戴帽子。

反义词 はずす 脱下　脱ぐ 脱下

☆ 与被る相关：

猫を被る→假装老实　仮面を被る→带面具　水を被る→浇水
ねこ かぶ　　　　　かめん かぶ　　　　　　みず かぶ

N5 パナマ帽 ⓪ 【名】 巴拿马帽
ぼう

おしゃれなパナマ帽ですね。

好漂亮的巴拿马帽。

同义词 山高帽 圆礼帽　ハンチング 便帽　鳥打帽 鸭舌帽
さんこうぼう　　　　　　　　　　　　　　とりうちぼう

☆ 与パナマ帽相关：

サンバイザー→帽檐　人民帽→圆顶帽　綿入れ帽→棉帽
　　　　　　　　　じんみんぼう　　　　わたい ぼう

N5 毛系帽 ⓪ 【名】 毛线帽
もうけいぼう

毛系帽を編む。

打棉线帽子。

同义词 子供用帽子 儿童帽　お碗帽 瓜皮帽　麦藁帽 草帽
こどもようぼうし　　　　　　わんぼう　　　　むぎわらぼう

☆ 与毛系帽相关：

毛系の玉→帽子上的毛球　耳覆い→耳朵帽儿
もうけい たま　　　　　　　　みみおお

N5 飾る ⓪ 【动】 装饰
かざ

部屋を飾る。

装饰房间。

同义词 装飾 装饰
そうしょく

☆ 与飾る相关：

言葉を飾る→修饰措辞　うわべを飾る→装饰门面　品物を飾る→陈列物品
ことば かざ　　　　　　　　　かざ　　　　　　しなもの かざ

N1 着飾る ③ 【动】 盛装，打扮
きかざ

着飾った女の子。

盛装打扮的女孩儿。

同义词 盛装 盛装
せいそう

☆ 与着飾る相关：

けばけばしく着飾る→打扮得花里胡哨　美しく着飾る→穿上漂亮衣服
　　　　　　きかざ　　　　　　　　　うつく きかざ

1 衣服鞋帽

Chapter 7 狂欢购物

N1 ハンサム ① 【形動】 帅气

ハンサムな男。
帅气的男人。

同义词 粋(いき) 潇洒

★ 与ハンサム相关：
イケメン→帅哥　ハンサムボーイ→美少年

N5 靴(くつ) ② 【名】 鞋子

靴を履く。
穿鞋子。

同义词 ブーツ 靴子　長靴(ながぐつ) 长靴

★ 与靴相关：
靴(くつ)を隔(へだ)てて痒(かゆ)きを掻(か)く→隔靴搔痒　靴(くつ)の子(こ)を打(う)つ→比喻众多人有序地排着队

N5 スリッパ ①② 【名】 拖鞋

家に入るとスリッパに着替える。
一回家就换上了拖鞋。

同义词 つっかけ 拖鞋，趿拉着穿的鞋子

★ 与スリッパ相关：
草履(ぞうり)→草鞋，草履　下駄(げた)→木屐　草鞋(わらじ)→草鞋　ハイヒール→高跟鞋　パンプス→女式浅口轻便鞋　スニーカー→运动鞋

N5 ゴム長靴(ながぐつ) ④ 【名】 高筒胶鞋，雨鞋

雨が降っているから、ゴム長靴を履いて出かけましょう。
外面下雨了，穿上胶鞋再出去吧。

同义词 長靴(ながぐつ) 长靴

★ 与ゴム長靴相关：
ロングブーツ→长靴　ハーフブーツ→半长的靴子　靴墨(くつすみ)→皮鞋油，鞋油　靴(くつ)の敷(し)き皮(かわ)→鞋垫

N5 靴下(くつした) ②④ 【名】 袜子

靴下を脱ぐ。
脱袜子。

同义词 足袋(たび) 日本式短布袜

★ 与靴下相关：
ストキング→长筒袜　タイツ→紧身裤袜　ソックス→短袜　ハイソックス→长袜

衣服鞋帽

· 141 ·

日本学生都在用的分类词汇书

N5 靴紐(くつひも) ⓪ 【名】 鞋带
靴紐を結ぶ。
系鞋带。

同义词 靴の合わせ目 鞋子的接缝

★ 与靴纽相关：
シングル→单边系法　パラレル→平行系法　オーバーラップ→叠系法　アンダーラップ→内系法

N3 縮む(ちぢ) ⓪ 【动】 缩小，缩水
シャツが縮んだ。
衬衫缩水了。

同义词 縮小(しゅくしょう) 缩小

★ 与缩む相关：
収縮(しゅうしゅく)→收缩　切り詰める(きつ)→压缩，节俭　縮み上がる(ちぢあ)→抽缩得厉害，缩小很多

N3 流行る(はや) ② 【动】 流行
今年このスタイルが流行ってる。
今年这个款式很流行。

同义词 流行する(りゅうこう) 流行　ファッション 时尚

★ 与流行る相关：
在2013年日本的流行语大赛中，电视剧《半泽直树》中堺雅人常说的「倍返し」(加倍奉还)获奖，同时获奖的还有「じぇじぇじぇ」(喷喷喷)和PM2.5等。2014年日本的流行语大赛中获得年度大奖的是「ダメよ～ダメダメ」「集団自衛権」。除此之外还有日剧中常用的表白方式「壁ドン」、《冰雪女王》主题曲的「ありのままで」等。

N2 お洒落(しゃれ) ② 【名 形动 动】 好打扮，好修饰，爱漂亮
お洒落したい年頃。
爱打扮的年纪。

同义词 着飾る(きかざ) 盛装，打扮　ドレスアップ 盛装，穿衣打扮

★ 与お洒落相关：
小粋(こいき)→俊俏，漂亮，略有些时髦状　きりっとした→用力地，使劲地，紧紧地　格好良い(かっこうよ)→帅气的，潇洒的

N1 シック ① 【形动】 时髦，漂亮，漂亮而有品位
シックな着こなし。
时髦的穿着。

同义词 素敵(すてき) 漂亮的　スマート 时尚的　乙(おつ) 特别，风趣，别有风味
いなせ 英俊，潇洒，俏皮

★ 与シック相关：
ファッショナブル→时尚的, 时髦的　ハイカラ→喜欢洋气的, 喜欢时髦的　洒落る(しゃれ)→打扮得漂亮　今めかしい(いま)→时兴的, 时新的

1 衣服鞋帽

Chapter 7 狂欢购物

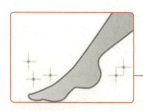

N1 踵（きびす）⓪ 【名】 脚后跟

踵の高い靴。
脚后跟很高的鞋子。

同形异音词 踵（かかと） 脚后跟

★ 与踵相关：
踵を返す（きびす かえ）→往回走；返回　踵を接する（きびす せっ）→接踵而至；事情不断发生

N1 窮屈（きゅうくつ）① 【形动】 紧的

窮屈な靴。
鞋子紧。

同义词 狭い（せま）狭小的　不自由（ふじゆう）不方便的

★ 与窮屈相关：
窮屈な思い（きゅうくつ おも）→感觉不舒畅　窮屈に考える（きゅうくつ かんが）→想法死板　金繰りが窮屈だ（かねぐ きゅうくつ）→手头紧；资金周转不开

衣服鞋帽

· 143 ·

> 日本学生都在用的分类词汇书

N5 めがね
眼鏡 ① 【名】 眼鏡

眼鏡を掛ける。
戴着眼镜。

同义词 コンタクト 隐形眼镜　　グラス 眼镜

★ 与眼镜相关：

サングラス 墨镜，太阳镜　テンプル 眼镜架　ゴーグル 护目镜，防风镜

N5 かさ
傘 ① 【名】 雨伞

傘を差す。
撑雨伞。

同音词 かさ
笠 斗笠

★ 与伞相关：

ひがさ　　　　せいけんようがさ　　　　あまがさ　　　からかさ
日傘→太阳伞　晴雨兼用傘→晴雨两用伞　雨傘→雨伞　唐傘→油纸伞

N5 うでどけい
腕時計 ③ 【名】 手表

腕時計を持っていますか。
你有手表吗？

同义词 ウォーチ 手表

★ 与腕時計相关：

ロレックス→劳力士　セイコー→精工　シチズン→西铁城　オメガ（OMEGA）→欧米茄　ブルガリ（BVLGARI）→宝加利
カルティエ（Cartier）→卡地亚　カシオ→卡西欧　タグホイヤー（TAG Heuer）→豪雅　エルメス（Hermes）→爱马仕

N5 **ショール** ① 【名】 披肩，披巾

ショールを纏う。
围上披巾。

同义词 スカーフ 围巾，披巾

★ 与ショール相关：

えりまき
襟巻き 围巾，围脖　ネッカチーフ 丝巾，领巾　スカーフ 围巾　てぬぐい 手巾，手绢

N4 **ハンドバッグ** ④ 【名】 手包

パリに行く前に、ハンドバッグを買う。
去巴黎之前买个包。

同义词 バッグ 包　　セカンドバッグ 小包

★ 与ハンドバッグ相关：

ルイヴィトン→路易威登　シャネル→香奈儿　グッチ→古驰　コーチ→蔻驰　エルメス→爱马仕　プラダ→普拉达

Chapter 7 狂欢购物

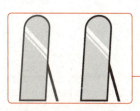

N4 鏡（かがみ）③ 【名】 镜子

世の人の鏡。
世人之鑑。

同义词 ミラー 镜子　　ミニミラー 迷你镜

★ 与镜相关：
鏡（かがみ）と相談せよ→照照镜子再行动；人贵自知　鏡（かがみ）の様（よう）→闪闪发光　鏡（かがみ）は女（おんな）の魂（たましい）→镜子是女人的性命

N4 アクセサリー ①③ 【名】 首饰

アクセサリーをたくさん持っている。
拥有很多首饰。

同义词 装飾品（そうしょくひん）装饰品　ジュエル 珠宝

★ 与アクセサリー相关：
イヤリング→耳环　指輪（ゆびわ）→戒指　ネックレス→项链　ブローチ→胸针　ピアス→耳钉　ペンダント→垂饰

N4 化粧品（けしょうひん）② 【名】 化妆品

アルバイトで稼いだお金で化粧品を買う。
用打工挣的钱买化妆品。

同义词 スキンケア 护肤品

★ 与化粧品相关：
乳液（にゅうえき）→乳液　美容液（びようえき）→精华　ブライトニング液（えき）→美白液　クリーム→乳霜　口紅（くちべに）→口红

N4 手袋（てぶくろ）② 【名】 手套

手袋を嵌める。
戴手套。

同义词 グローブ 手套

★ 与手袋相关：
手袋（てぶくろ）を投（な）げる→扔手套；断交　手袋（てぶくろ）を引（ひ）く→不出手；把手收回

N4 化粧かばん（けしょう）④ 【名】 化妆包

化粧かばんを携帯する。
随身携带化妆包。

同义词 化粧（けしょう）バッグ 化妆包

★ 与化粧かばん相关：
爪（つめ）きり→指甲刀　爪（つめ）やすり→修指甲工具　櫛（くし）→梳子　化粧用（けしょうよう）コットン→化妆棉　綿棒（めんぼう）→棉签

日本学生都在用的分类词汇书

N3 髪留め ⓪ 【名】 发夹
かみど
髪留めで髪を束ねる。
用发夹把头发夹上。

同义词 ピンどめ 发卡

★ 与髪留め相关：
カチューシャ→发箍 リボン→蝴蝶结 輪ゴム→皮筋
わ

N3 財布 ⓪ 【名】 钱包
さいふ
うっかりして財布を落した。
不小心把钱包丢了。

同义词 金入れ 钱包，钱夹
かねい

★ 与財布相关：
財布の口を締める→削減支出，厉行节约 財布の底をはたく→倾囊，所有的钱全部用光 財布の紐を握る→掌管财权
さいふ くち し　　　　　　　　　　　　　さいふ そこ　　　　　　　　　　　　　　　　　　　　さいふ ひも にぎ

N3 評判 ⓪ 【名】 风传，风闻；闻名，出名
ひょうばん
評判がいい。
评价很好。

同义词 批評 评价　 評論 评论
ひひょう　　　　　　ひょうろん

★ 与評判相关：
評判が立つ→获得好评，名声好 評判になる→成为好评 評判の孝行娘→远近闻名的孝顺女
ひょうばん た　　　　　　　　　　　ひょうばん　　　　　　　　　　ひょうばん こうこうむすめ

N2 嵌める ⓪ 【动】 戴着
は
指輪を嵌める。
戴着戒指。

反义词 はずす 摘下

★ 与嵌める相关：
わなに嵌める→中圈套 手袋を嵌める→戴手套 ボタンを嵌める→镶纽扣
は　　　　　　　　　てぶくろ は　　　　　　　　　　　　は

N2 贅沢 ③ ④ 【形动】 奢侈的
ぜいたく
贅沢品を買いたい。
想买奢侈品。

同义词 ラグジュアリー 奢侈品

★ 与贅沢相关：
相关奢饰品牌：ロールスロイス→劳斯莱斯 ボルボ→沃尔沃 レクサス→凌志 アウディ→奥迪 アコード→雅阁 クラウン→皇冠

• 146 •

Chapter 7 狂欢购物

N2 ダイヤモンド ④ 【名】 钻石

ダイヤモンドの指輪。
钻石戒指。

相近词　宝石(ほうせき)　宝石

★与ダイヤモンド
真珠(しんじゅ)→珍珠　エメラルド→祖母绿　キャッツアイ→猫眼　ジュエリー→珠宝　玉石(ぎょくせき)→玉石

N1 銘柄 ⓪ 【名】 名牌(めいがら)

銘柄品は高い。
名牌商品都很贵。

同义词　ブランド　品牌的

★与銘柄相关：
銘柄品(めいがらしな)→名牌商品　取引所指定(とりひきじょしてい)の銘柄(めいがら)→交易所指定的交易品种

N1 かつら ⓪ 【名】 假发

かつらを被る。
戴假发。

同义词　ウイッグ　假发

★与かつら相关：
かつら指的是秃顶的人带的假发，而与此相对还有另外一种说法叫「ウイッグ」，指的是女孩为了时尚而戴的使自己更漂亮的假发。

N1 眉墨 ② 【名】 眉笔(まゆずみ)

眉墨をつける。
画眉。

相关词　アイライナー　眼线笔　　アイライン　眼线

★与眉墨相关：
アイシャドーブラシ→眼影笔　まつげカーラー→睫毛夹　マスカラブラシ→睫毛刷　マスカラ→睫毛油

N1 メークアップ化粧品 ④+② 【名】 彩妆(けしょうひん)

今はメークアップ化粧品はとても流行っている。
现在彩妆非常流行。

同义词　化粧品(けしょうひん)　化妆品

★与メークアップ化粧品相关：
BBクリーム(ビービー)→BB霜　ルージュ→口红　リップグロス→液态的唇彩　ファンデーション→粉底

· 147 ·

日本学生都在用的分类词汇书

N1 ヘアケア ⓪ 【名】 护发

定期的にヘアケアをすれば、髪にいい。
定期护发的话对头发好。

相关词 リンス 护发素　　シャンプー 洗发水

★ 与ヘアケア相关：

ヘアトニック→生发液　ドライシャンプー→干洗发剂　ポマード→发蜡　ヘアカラーリング剤（ざい）→染发剂

② 相关单品

Chapter 7 狂欢购物

N5 大(おお)きい ③ 【形】 大的

このコートは大きすぎ。

这件外套太大了。

反义词　小(ちい)さい　小的

★ 与大きい相关：

人物(じんぶつ)が大(おお)きい→为人器量大　話(はなし)が大(おお)きい→说大话　大(おお)きく出(で)る→摆架子

N5 ウェスト ⓪ ② 【名】 腰身

ウェストはちょっときつい。

腰身有点紧。

相关词　腰(こし)　腰身

★ 与ウェスト相关：

スリーサイズ→三围　バスト→胸围　ヒップ→臀围

亚洲女性的标准三围的计算方法为：胸围 = 身高（厘米）×0.535，腰围 = 身高（厘米）×0.365，臀围 = 身高（厘米）×0.565。

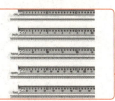

N5 インチ ① 【名】 英寸

一インチ。

一英寸。

同义词　ヤード　码

★ 与インチ相关：

关于鞋子的尺码，每个国家都是不一样的。比如在日本 25cm 的男士鞋子在美国相当于 7 码，在英国相当于 6 码，在欧洲国家相当于 39 码，在澳大利亚相当于 6.5 码。所以在国外买鞋子的时候要格外注意哦。

N4 試着(しちゃく) ⓪ 【名】 试穿

スーツを試着する。

试穿西服。

相关词　試着室(しちゃくしつ)　试衣间

★ 与試着相关：

試着(しちゃく)していいでしょうか→能不能试穿　これをキープします→我要这个　すみません、これはもういいです→我不要

N3 量(はか)る ② 【动】 测量

目方を量る。

称重。

同义词　計測(けいそく)する　测量

★ 与量る相关：

はかりで量(はか)る→用秤称　利害(りがい)損得(そんとく)を量(はか)る→权衡利害得失

③ 尺寸大小

日本学生都在用的分类词汇书

③ 尺寸大小

N3 余る② 【动】余出来，多出来
余り気味。
好像要余出来。

同义词 残る 剩下来

与余る相关：
目に余る→看不下去，目不忍睹，不能容忍　人手が余る→人手多余　思案に余る→一筹莫展　言葉に余る→用语言表达不尽

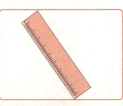

N2 物指し③④ 【名】尺子
自分の物指しで人を量る。
用自己的标准衡量他人。

同义词 さし 尺子

与物指し相关：
試金石→试金石　縄墨→墨绳　スタンダード→水准　準縄→准绳

N2 身長⓪ 【名】身高
身長はいくらありますか。
身高是多少？

同义词 背丈 个子　　身の丈 个子

与身長相关：
身長をはかる→量身长　身長が伸びる→个子长高　身長順に→按身高的顺序

N2 詰める② 【动】缩小，缩短
寸法を詰める。
缩短尺寸。

同义词 縮める 缩小

与詰める相关：
箱に詰める→把箱子塞满　根を詰める→追根究底　暮らしを詰める→节俭度日　話を詰める→把谈话深入下去
問い詰める→问到底

N2 モデル⓪① 【名】模特
モデルハウス。
模特屋。

同义词 型式 模特

与モデル相关：
「マネキン」指的是服装店里摆放的模型，而「モデル」指的是真人模特。

• 150 •

Chapter 7 狂欢购物

N2 緩い ② 【形】 宽松的
ベルトが緩い。
皮带很松。

反义词　かたい　坚硬的

☆ 与緩い相关：
規制が緩い→规则比较松　緩いテンポ→舒缓的节奏　勾配が緩い→缓坡

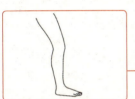

N1 裾 ⓪ 【名】 脚，下摆
ズボンの裾が汚れている。
裤脚脏了。

同义词　麓　山脚

☆ 与裾相关：
裾を掻く→出卖；出其不意将人绊倒　裾を肩に結ぶ→比喻辛勤劳动的样子　裾を捲くる→卷起裤脚

N1 サイズ ① 【名】 尺寸
洋服のサイズが合わない。
衣服尺寸不合适。

同义词　大きさ　大小　寸法　尺寸

☆ 与サイズ相关：
センチメートル→厘米　メートル→公米　インチ→英寸　ヤード→码

N1 仕立て ⓪ 【名】 裁缝
仕立てのよい着物。
剪裁得体的和服。

同义词　裁縫　裁缝

☆ 与仕立て相关：
仕立て屋→裁缝店　仕立て上がり→刚做好的　仕立て直し→衣服拆旧翻新

N1 デザイン ② 【名】 设计
自分でデザインした服。
自己设计的衣服。

同义词　設計　设计　　図案　图案，设计

☆ 与デザイン相关：
デザインポリシー→设计政策　デザインイン→合作设计　デザインサーベイ→设计调查

❸ 尺寸大小

151

日本学生都在用的分类词汇书

③ 尺寸大小

N1 着太り ②【动】显胖的

着太りする体つき。
穿衣显胖的身材。

反义词 着やせ 穿着显瘦

★ 与着太り相关：
着用する→穿上　着こなす→衣服穿着得体　着つけ→穿法，穿衣服的技巧　着込む→穿几件衣服，套着穿
着膨れる→穿得鼓鼓囊囊

N1 だぶだぶ ①【副】（衣服等）过于肥大不合身

ズボンがだぶだぶになる。
裤子太肥了。

同义词 ぶかぶか 大，不合身

★ 与だぶだぶ相关：
かめの水がだぶだぶする→罐子里的水很多的样子　だぶだぶした古着→宽大的旧衣服　だぶだぶのお腹→大腹便便

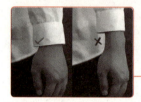

N1 つんつるてん ⓪ ④【形动】（与身高相比）衣服（袖子）过短

つんつるてんの浴衣。
短小的浴衣。

同义词 ぴっちり 紧绷绷

★ 与つんつるてん相关：
「つんつるてん」除了"（与身高相比）衣服袖子过短"的意思之外，还有"光秃秃的，光滑的"的意思。该义的同义词有：
ツルツル→光滑的，毛の生えていない→光滑的，滑らか→光滑的，ツルっとした→光滑的，ツルッと→光滑的，つるりと→光滑的。

N1 オーダーメイド ⑤【名】订做

オーダーメイドのスーツ。
订做的西服。

同义词 カスタムメード 订做

★ 与オーダーメイド相关：
イージーオーダー→订做的西服　レディーメイド→现成服装　注文服→定制的衣服　貸衣装→可供租用的衣服

N1 丈 ⓪【名】长短

身の丈(しんのたけ)。
身高。

同义词 高さ 高度　　長さ 长度

★ 与丈相关：
布の丈→布的长短　着物の丈→和服的长短　思いの丈を述べる→倾吐衷肠，倾吐爱慕之情

Chapter 7 狂欢购物

N1 製品サイズ ⑤ 【名】 成品尺寸
せいひん

製品サイズはちょうどいい。
尺寸刚好。

近义词 デザインサイズ 设计尺寸

★ 与製品サイズ相关：

イレギュラーサイズ→标准尺寸　直径(ちょっけい)→直径　半径(はんけい)→半径　ボタン間隔(かんかく)→扣眼之间的间距

③ 尺寸大小

Chapter 8
休闲旅游

日本学生都在用的分类词汇书

1 旅游指南

N5 駅 ① 【名】车站

駅で待つ。
在车站等待。

同义词 ステーション 车站（外来语）

★ 与駅相关：
駅員→车站工作人员　駅売り→站台内的商品小卖部以及售货员

N5 空港 ⓪ 【名】飞机场

空港で買ったサンドイッチもかなり美味しかった。
在机场买的三明治很好吃。

同义词 エアポート 飞机场（外来语）

★ 与空港相关：
空港公害→机场公害。主要指飞机的起落引起的噪音、废气、电波干扰　空港バス→机场公共汽车

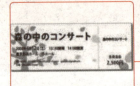

N5 チケット ① ② 【名】票，入场券

チケットを買う。
买票。

同义词 切符 车票，入场券

★ 与チケット相关：
チケット販売→分期付款信用销售　チケット制の食堂→用饭票的食堂

N5 鉄道 ⓪ 【名】铁道，铁路

大規模な鉄道の修復が必要となる。
有必要进行大规模的铁路修复。

同义词 レールロード 铁路，铁道（外来语）

★ 与鉄道相关：
鉄道局→铁道管理局　鉄道記念日→铁道纪念日。是日本纪念明治五年新桥至横滨29km铁路的开通之日

N5 プラン ① 【名】计划

旅行のプランを立てる。
制订旅行计划。

同义词 計画 计划　企画 计划，企划

★ 与プラン相关：
食事つきプラン→带餐计划　デスクプラン→桌上的计划；纸上谈兵

· 156 ·

Chapter 8 休闲旅游

N5 港 ⓪ 【名】码头，港口
みなと

船が港に入る。
船驶入码头。

同义词　ハーバー　港，港口（外来语）　　ポート　港，港口（外来语）

★ 与港相关：
港湾→港湾　入港→入港　出港→出港　寄港→停靠港
こうわん　　にゅうこう　　しゅっこう　　きこう

N5 旅行 ⓪ 【名】旅行，旅游
りょこう

海外旅行をします。
去海外旅行。

同义词　ジャーニー　旅行（外来语）　　ツリップ　旅行（外来语）
　　　　ツアー　旅行（外来语）　　　　トラベル　旅行（外来语）

★ 与旅行相关：
可愛い子には旅をさせよ→爱孩子要让他经历风雨；人不磨不成器，树不修不成材　旅行かばん→旅行提包
かわい　こ　　たび　　　　　　　　　　　　　　　　　　　　　　　　　　　りょこう
旅行記→旅行记　旅行社→旅行社
りょこうき　　りょこうしゃ

N5 乗り物 ⓪ 【名】交通工具
の　もの

高級な乗り物に乗るのは避けてください。
避免乘坐高级交通工具。

同义词　交通機関　交通机构
　　　　こうつうきかん

★ 与乗り物相关：
乗り物酔い→晕车船症　乗り物の便がよい地方→交通方便的地方　乗り物に乗る→乘车
の　ものよ　　　　　　の　もの　べん　　　ちほう　　　　　　の　もの　の

N5 乗る ⓪ 【动】搭乘，乘坐
の

電車に乗る。
乘电车。

同音词　載る　放置，装载
　　　　の

★ 与乗る相关：
相談に乗る→参与商谈　口車に乗る→被花言巧语所骗　風に乗る→乘风
そうだん　の　　　　　くちぐるま　の　　　　　　　　かぜ　の

N5 ホテル ① 【名】酒店，宾馆

ここでは、5つ星ホテルは非常に珍しい。
这里的五星级酒店很少。

同义词　旅館　旅馆
　　　　りょかん

★ 与ホテル相关：
プロフィット→酒店的经济利润　フィットネスセンター→酒店健身中心　エステティック→酒店美容室　モーニングコール→叫醒服务

旅游指南 1

· 157 ·

日本学生都在用的分类词汇书

N5 予約 ⓪ 【动】预约，预订
よやく
予約も出来なければ、往復の切符などは絶対に買えない。
要是不能预约的话就绝对买不到往返的票。

同义词 リザーベーション 预约，预订（外来语）

★ 与予约相关：
リザーベーションクラーク→客房预约人员　レップ→在国内外进行酒店预约代理的人员　オペレーター→电话接线员

N4 スーツケース ④ 【名】行李箱
スーツケースを持った若い男の姿を見た。
看见一个男人拿行李箱的身影。

相关词 スーツ 套装　　ケース 场合，箱

★ 与スーツケース相关：
ノーバッケージ→无行李的客人　ライトバッケージ→行李少的客人　ポーター→行李员

1 旅游指南

N4 案内 ③ 【名・サ变】陪同，向导，指南
あんない
社内を案内する係。
陪同参观公司内部的向导。

同义词 ガイド 向导，陪同，指南

★ 与案内相关：
あんないじょう　　　　　うけつけ しゃちょう あんない
案内状→邀请函　受付で社長に案内をこう→请传达室向总经理传达一下

N4 パスポート ③ 【名】护照
係の女性がわたしのパスポートを見て、ちょっと首をかしげた。
女工作人员看到我的护照后有些怀疑。

音近词 パスボール 漏接球

★ 豆知识：
日本护照早于1878年起开始发行，正式名称为"日本国旅券"。日本护照的封面中央印有日本国徽"菊花纹章"，在其上方用日文汉字印有"日本国旅券"，同样的其下方则印有英语JAPAN PASSPORT。5年有效期版本的普通护照为暗蓝色，10年有效期的则为绯红色。另外，公务护照是暗绿色，外交护照则是暗褐色。

N2 コース ① 【名】路线
旅行コースを決める。
决定旅行路线。

近义词 ルート 道路，路线

★ 与コース相关：
しゅっせ　　　　　　　　　　　　　　　　　　　　　　　　　だいいち
出世コース→晋升之路　ドクターコース→博士课程　第一コース→第一跑道

· 158 ·

Chapter 8 休闲旅游

N2 スケジュール ② ③【名】日程表

今後の<u>スケジュール</u>について友達と話した。
和朋友商量今后的行程。

同义词 時間割（じかんわり） 日程表

★ 与スケジュール相关：

ハードスケジュール→紧张的日程　スケジュールどおり→按照时间表，按照日程表

N2 チップ ①【名】小费

<u>チップ</u>を受け取ったウエイトレスがテーブルを離れた。
拿了小费的服务员离开了桌子旁。

同音词 チップ 木屑，薄片

★ 与チップ相关：

ビル→账单　フリ→免费　サービスチャージ→服务费　キャッシュ→现金　デポジット→押金

N2 両替（りょうがえ） ⓪ ①【名】货币兑换

この紙幣を<u>両替</u>してください。
请把这张纸币兑换了。

近义词 チェンジ 交换，兑换

★ 与両替相关：

貨幣（かへい）→货币　外貨交換（がいかこうかん）→兑换货币　為替（かわせ）レート→外汇汇率

N1 ガイドブック ④【名】旅游指南

<u>ガイドブック</u>をバックに押し込み、猛ダッシュした。
把旅游指南装进背包猛跑了出去。

近义词 ガイドライン 方针，指导目标

★ 与ガイドツク相关：

ローカルガイド→地方陪同　スルーガイド→全程陪同　添乗員（てんじょういん）→旅行团领队

N1 始発駅（しはつえき） ③【名】始发站

一人で<u>始発駅</u>まで歩く。
一个人往始发站走。

反义词 終着駅（しゅうちゃくえき） 终点站

★ 与始発駅相关：

始発（しはつ）→头班车　終電車（しゅうでんしゃ）→末班车

• 159 •

日本学生都在用的分类词汇书

N1 シングルルーム ⑤【名】单人间

シングルルームを予約する。
预订单人间。

反义词 ダブルルーム 双人间

▶ 与ルーム相关：
デラックスダブル→豪华双人间　キングサイズベッド→一张大床的双人房　ツインルーム→两张单人床的双人间

N1 時刻表（じこくひょう） ⓪【名】（列车）时间表

時刻表をご覧ください。
请看时间表。

同义词 時間表（じかんひょう） 时刻表，时间表　タイムテーブル 时间表（外来语）

▶ 与時刻相关：
時刻到来（じこくとうらい）→时机到来　時刻を回らす（じこく めぐ）→费时，花时间

N1 チェックアウト ④【名】退房

二十分後にはチェックアウトする。
二十分钟之后退房。

反义词 チェックイン 登记开房　ルーミング 开房

▶ 与チェックアウト相关：
ルーミングリスト→分房表　ルームナンバー→房号　ルーミングカード→房卡　ルームキー→房间钥匙

旅游指南

Chapter 8 休闲旅游

N5 高い ② 【形】高的，高高在上的

高い山。
高山。

反义词　低い 低矮的

★ 与高い相关：
腰が高い→狂妄的，骄傲自大　敷居が高い→不好意思登门拜访　頭が高い→骄傲自大　鼻が高い→趾高气昂
目が高い→鉴别能力强

N5 山地 ① 【名】山地

山地のソバ畑。
山地的荞麦田。

同音词　産地 产地

★ 与山地相关：
丘陵→丘陵　高原→高原　平原→平原　盆地→盆地　台地→台地

N4 満喫 ⓪ 【动】饱尝，充分领略

満開の桜を満喫する。
欣赏盛开的樱花。

同义词　享受 享受

★ 与満喫相关：
満足を感じる→感到满足　満足感を覚える→感到满足　一人悦に入る→自得　ほくそ笑む→暗笑；窃笑　味わい尽くす→尽尝　気が済む→满足

N3 登る ⓪ 【动】登上

木を登る。
爬树。

同义词　攀じる 攀登，爬上

★ 与登る相关：
「山に登る」与「山を登る」的区别：前者的山是动作、行为的目的地，后者的山指的是移动、经过的场所。

N2 気圧 ⓪ 【名】气压

気圧が低い。
低气压。

同义词　大気圧 大气压

★ 与気圧相关：
気圧計→气压计　気圧傾度→气压梯度　気圧配置→气压分布

2　游山

日本学生都在用的分类词汇书

N2 スキー ② 【名】滑雪

冬にはスキーに行くことだ。
冬天去滑雪最好了。

同义词 スケート 滑冰

★ 与スキー相关：
かっこう
滑降→滑降 ジャンプ→高台跳雪 アルペンスキー→高山滑雪 モーグル→雪上技巧 エアリアル→空中技巧

かざん
N2 火山 ① 【名】火山

富士山は有名な火山の一つです。
富士山是有名的火山之一。

相近词 かっかざん   しかざん   きゅうみんかざん
         活火山 活火山   死火山 死火山   休眠火山 休眠火山

★ 与火山相关：
かざん   かざんかつどう   かざんがん   かざんじょうほう
火山ガス→火山气 火山活動→火山活動   火山岩→火山岩   火山情報→火山情報

とざんか
N3 登山家 ② 【名】登山家

登山家は山登りを趣味としている人です。
登山家就是以登山为乐的人。

相近词 ぼうけんか
         冒険家 冒险家

★ 与登山家相关：
えんせいか   うんどうか   おんがくか   えんしゅつか
厭世家→厌世的人 運動家→运动家 音楽家→音乐家 演出家→导演

ひ で
N2 日の出 ⓪ 【名】日出

元旦に日の出を見る。
元旦去看日出。

反义词 ゆうひ
         夕日 夕阳，落日

★ 与日の出相关：
       ひ で いきお   ひ で はや   ひ で おが
日の出の勢い→势如旭日东升 日の出が早い→日出得早 日の出を拝む→看日出

ふもと
N2 麓 ③ 【名】山脚

麓を見下ろす。
俯视山脚。

同义词 いただき
         頂 山顶

★ 与麓相关：
さんぷく   さんちょう   やまあし   やまみち   やまあい
山腹→山腰   山頂→山顶   山足→山脚   山道→山路   山間→山间

Chapter 8 休闲旅游

N2 見下ろす ⓪ ③ 【动】俯视

飛行機から地を見下ろす。
从飞机上俯视山地。

同义词 俯瞰 俯视

★ 与見下ろす相关：
打ち下ろす→命中 書き下ろす→写下，记下 切り下ろす→切下 繰り下ろす→拉下

N1 ケーブルカー ⑤ 【名】缆车

ケーブルカーに乗る。
乘坐缆车。

同义词 ロープウェイ 缆车

★ 与ケーブルカー相关：
ダンプカー→翻斗车 オープンカー→敞篷车 乳母車→婴儿车 荷車→板车 リムジン→高级轿车 ミニバン→小旅行车 スポーツカー→跑车

N1 清々しい ⑤ 【形】清爽的，清新的

清々しい朝の空気。
清爽的空气。

同义词 爽やか 舒适的

★ 与清々しい相关：
荒々しい→粗野，粗暴 淡々しい→些微的 図々しい→厚脸皮的 痛々しい→疼的，痛苦的 忌々しい→可恨的，可恶的 初々しい→纯真无邪

N1 峰 ② 【名】山峰

富士山の峰。
富士山的山峰。

同义词 頂 山顶

★ 与峰相关：
高くそびえる峰→高耸的山峰 峰続き→山峰连绵

N1 見渡す ⓪ ③ 【动】远望，展望

会場を見渡す。
远望会场。

相近词 望み見る 远望

★ 与見渡す相关：
明け渡す→让出，交出 言い渡す→宣布判决或处分 居渡す→占据 打ち渡す→远望，遥望

2 游山

日本学生都在用的分类词汇书

N1 山脈（さんみゃく） ⓪【名】山脉

奥羽山脈。

奥羽山脉。

同义词 山並（やまな）み　山峰

★ 与山脉相关：
支脈（しみゃく）→支脉　主脈（しゅみゃく）→主脉　静脈（じょうみゃく）→静脉　動脈（どうみゃく）→动脉　水脈（すいみゃく）→水系

N1 聳（そび）える ③【动】耸立，高耸

高層ビルが聳える。

高层建筑林立。

同义词 立（た）ち並（なら）ぶ　林立

★ 与聳える相关：
雲（くも）に聳（そび）える峰（みね）→高耸入云的山峰　木（き）が聳（そび）える→树木林立　山々（やまやま）が聳（そび）える→山峰林立

② 游 山

· 164 ·

Chapter 8 休闲旅游

N5 海 ① 【名】大海
海を眺める。
眺望大海。

同义词 シー 大海

☆ 与海相关：
血の海→血海；大出血　火の海→火海　恩愛の海→恩爱似海

N5 川 ② 【名】河，河流
川を渡る。
渡河。

同义词 リバー 河，河流

☆ 与川相关：
川をくだる→顺流而下　川をさかのぼる→逆流而上

N5 泳ぐ ② 【动】游，游泳
海で泳ぐ。
在海里游泳。

同义词 スイム 游水，游泳

☆ 与泳ぐ相关：
人混みの中を泳ぎながら進む→拨开人群向前进　芸能界を巧みに泳ぐ→在演艺界巧于度世

N4 釣り ⓪ 【名】钓鱼
釣りをはじめようとしたとたん、二人とも船酔い。
刚想开始钓鱼，没想到那两个人晕船。

同义词 フィッシング 钓鱼

☆ 与釣り相关：
沖釣り→海上垂钓　つりきち→钓鱼迷

N4 船 ① 【名】船，小船
船を出す。
开船。

同义词 ボート 船，小船

☆ 与船相关：
船が座る→船触礁，搁浅；待在一个地方不愿意动　船を漕ぐ→划船；打瞌睡　船に刻む→刻舟求剑

3 玩水

N3 湖(みずうみ) ③【名】湖，湖泊

湖のそばで遊ぶ。
在湖边玩耍。

[同义词] 湖水(こすい) 湖，湖水

▽ 与湖相关：
「湖」的读音为「こ」，常见单词有：「湖岸(こがん)」、「湖畔(こはん)」、「湖底(こてい)」、「湖心(こしん)」。

N2 漕ぐ(こぐ) ①【动】摇（橹），划（船）

子舟を漕ぐ。
划小船。

[同义词] ロー 划（船）；排，行，列（外来语）

▽ 与漕ぐ相关：
オールを漕ぐ(こ)→荡桨　藪を漕ぐ(やぶをこ)→在树丛中行进

N2 滝(たき) ⓪【名】瀑布

国立公園内にある滝がとてもきれいだ。
国立公园里的瀑布非常漂亮。

[同义词] 瀑布(ばくふ) 瀑布

▽ 与滝相关：
滝つ瀬(たきつせ)→急流，急湍　滝川(たきがわ)→急流

N2 水際(みずぎわ) ⓪【名】水边，河滨

水際で子供と遊ぶ。
在水边和孩子玩耍。

[同义词] 水際(みぎわ) 水边，河滨

▽ 与水際相关：
水際増さる(みぎわま)→(原意为河滨的水上涨)泪流不止

N1 清い(きよい) ②【形】清澈的，清澄的

清い水。
清澈的水。

[同义词] 清(きよ)らか 清澈

▽ 与清い相关：
清い心(きよこころ)→纯洁的心　清く座を退く(きよざしりぞ)→干脆辞职

Chapter 8 休闲旅游

N1 波乗^{なみ の}り ⓪ ③ ④ 【名】冲浪

潮が満ちる時、波乗りをするな。
涨潮的时候不要冲浪。

同义词 サーフィン 冲浪

★ 与波相关：
波^{なみ}にも磯^{いそ}にも着^つかぬ心地^{ここち}→忐忑不安，心神不定　波^{なみ}を切^きる→破浪前进

玩
水

摄影

N5 フィルム ① 【名】胶卷，软片

前にフジフィルムの買った。
提前买了富士胶卷。

同义词 フイルム 胶卷

★ 与フィルム相关：
フィルム・バッジ→胶片式射线测定器 フィルム・ライブラリ→电影资料馆

N3 カメラ ① 【名】照相机

小林さんがカメラを買いた。
小林买了一台相机。

同义词 写真機（しゃしんき）照相机　キャメラ 照相机

★「カメラ」的数法：
在计数「カメラ」时，应用量词「台（だい）」，例如「一台（いちだい）」、「十台（じゅだい）」等。

N3 黒白（くろしろ）③ 【名】黑白照片，黑白电影

家で一枚の黒白の写真を見つけた。
从家里找到一张黑白照片。

相关词 モノクロ 黑白照片

★ 与黒白相关：
当「黒白」读作「こくびゃく」时，意思为：黑白，黑与白；正邪，善恶，是非。

N3 写真（しゃしん）⓪ 【名】照片

野の花の写真を撮る。
拍野花的照片。

同义词 写真版（しゃしんばん）照片

★ 与写真相关：
写真機（しゃしんき）→照相机　写真製版（しゃしんせいはん）→照相制版

N3 写真家（しゃしんか）⓪ 【名】摄影师，摄影家

この写真家はあんまり上手ではない。
这个摄影师不怎么专业。

同义词 カメラマン 摄影师

★ 与家相关：
専門家（せんもんか）→专家　勉強家（べんきょうか）→努力学习的人

Chapter 8 休闲旅游

N3 撮る ① 【动】拍摄，照相

風景を撮る。
拍摄风景。

同义词 写る 照，在照片上显现形状和色彩

★ 与撮る相关：
撮影機→（电影的）摄影机　撮影所→电影制片厂　撮像管→摄像管　撮要→摘要，摘录（的）要点

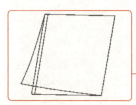

N2 印画紙 ① 【名】印相纸，感光纸

二枚の印画紙を手にした。
得到了两张印相纸。

同音词 因果 因果，因果报应

★ 与纸相关：
和紙→日本纸　紙幣→纸币　紙背→纸的背面；内在含义　紙面→版面、篇幅　紙くず→纸屑、碎纸片

N2 画面 ⓪ ① 【名】画面，场面，场景

この写真の画面が暗い。
这张照片的画面很暗。

同义词 シーン 画面、场景

★ 与画相关：
画院→画院　画家→画家　画架→画架　画会→画展、绘画创作研究会　画学→绘画学、绘画技术

N2 自動 ⓪ 【名】自动，自动式

自動発動ができるシステムはかなり便利だ。
可自动启动的系统相当便利。

同义词 オート 自动

★ 与自动相关：
自動化→自动化　自動的→自动的　自動販売機→自动售货机

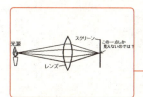

N2 焦点 ① 【名】焦点

細密に焦点が合って写真を撮る。
仔细对焦然后拍照。

同音词 商店 商店

★ 与焦点相关：
焦点距離→焦距　焦点深度→焦点深度，深景

摄影

摄影

N2 デジタル ① 【形】 数字的

今回新しいデジタルカメラを購入した。
这次买了一台新的数码相机。

反义词　アナログ　模拟的

★ 与デジタル相关：
デジタルカメラ→数码相机　デジタル計算機→数字电子计算机　デジタル通信→数字通信　デジタル時計→数字显示式钟表

N2 背景（はいけい） ⓪ 【名】背景，背后空间

これは皇宮を背景として撮った写真だ。
这是以皇宫为背景拍摄的照片。

反义词　前景（ぜんけい）　全景

★ 与背景相关：
背景を変える→换布景　背景を描く→绘制布景

N2 ぼんやり ③ 【副・动】 不清楚，模糊

あのものはぼんやりとかすんで見える。
那个东西看起来模模糊糊，不太清楚。

同义词　はっきりしない　不清楚

★ 与ぼんやり相关：
ぼんやりするな→不要发呆，别心不在焉　ぼんやり考え込む→呆呆地沉思　ぼんやりした記憶→模糊的记忆

N2 露光（ろこう） ⓪ 【名】曝光

タイマーの露光時間を数秒に設定する。
把曝光时间设定为数秒。

同义词　感光（かんこう）曝光　　露出（ろしゅつ）曝光

★ 与露光相关：
露光が不十分だった→曝光不充分　露光時間。→曝光时间

N1 ポーズ（pose） ① 【名・动】 姿势；摆造型

写真を撮る前に、ポーズをとっておこう。
照相之前摆个造型吧。

同音词　ポーズ（pause）　休止，停顿

★ 与ポーズ相关：
気どったポーズ→摆出一副自以为是、得意的样子　ポーズをつける→（替……）摆姿势　ポーズをつくる→摆好姿势

Chapter 8 休闲旅游

N1 現像 ⓪ 【名・动】 显影,冲洗(相片等)
写真はまだ現像もされてない。
相片还没冲洗出来。

同音词 幻像 幻影,幻影

★ 与現像相关:
現像液→显影液　現像剤→显影剂　現像主薬→显影剂

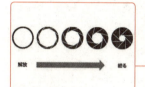

N1 絞り ⓪ 【名】 光圈,调节镜头光量的装置
絞り5.6でシャッターを切る。
用5.6的光圈按快门。

相关词 纐纈 交缬染法

★ 与絞り相关:
絞り上げる→挤净,拧干;勉强发出　絞り染め→扎染、绞染　絞り取る→榨取,挤取,剥削

N1 シャッター ① 【名】 快门,遮光器
彼女に向かってシャッターを切り続けた。
对着她不停地按下快门。

相关词 纐纈 交缬染法

★ 与シャッター相关:
シャッターを切る→按快门　シャッタースピード→快门速度　シャッターを押す→按快门

N1 ストロボ ⓪ 【名】 闪光灯
ストロボを使いながら夜景を撮った。
拍夜景时使用了闪光灯。

相关词 よろい戸 百叶门,卷帘门

★ 与ストロボ相关:
ストロボ写真→利用频闪闪光灯拍摄的连拍照片　ストロボスコープ→频闪观测器

N1 焼き付け ④ 【名・动】 洗相,(照相)冲印
精密な写真焼き付け技術が必要である。
精密的相片冲印技术是必要的。

同义词 プリント 冲印,用底片印制照片

★ 与焼く相关:
焼き芋→烤甘薯,烤白薯　焼肉→烤肉　焼印→印记,烙印　焼き塩→(焙过的)精盐

· 171 ·

日本学生都在用的分类词汇书

N1 **レンズ** ① 【名】透镜，镜片，镜头
カメラのレンズをここに向ける。
把相机镜头对向这儿。

相关词 レンズ雲(ぐも) 荚状云

★ 与レンズ相关：
凹(おう)レンズ→凹透镜　凸(とつ)レンズ→凸透镜

4 摄影

Chapter 8 休闲旅游

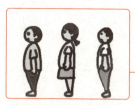

N5 並ぶ ⓪ 【动】排队
商品が雑然と並んでいる。
商品杂乱地堆放着。

相关词 並べる 排列，陈放

★ 与並ぶ相关：
並び→行，列，牌；一侧，一面；类比　並び行う→并行，并举，两件事同时进行　並び起こる→同时发生　並び称する→并称，齐名，共同褒奖　並び立つ→并立，不相上下，不分胜负

N4 ディズニーランド ⑤ 【名】迪士尼乐园
東京ディズニーランドの中に、喫煙所がある。
东京迪士尼乐园里有吸烟区。

相关词 遊園地 游乐园，游乐场

★ 与ディズニー相关：
ディズニー→迪斯尼（美国电影制片人）　ディズニーワールド→迪斯尼世界

N4 賑やか ② 【形动】热闹
この辺りは賑やかになる。
这附近开始热闹起来了。

同义词 盛り上がる 高涨，热闹

★ 与賑やか相关：
賑やかさ→热闹，繁华（的程度）　賑やかし→热闹，炒热气氛

N4 ボート ① 【形】小船，小艇
順番にボートへと移動する。
按顺序上船。

同义词 端艇 小船，小艇　短艇 小船，小艇

★ 与ボート相关：
ボートネックライン→一字领　ボートピープル→船民　ボートレース→划艇比赛，摩托艇比赛

N4 列 ⓪ 【名】队列
列を作って行こう。
排成队前进吧。

相关词 横列 横排　縦列 竖排

★ 与列相关：
列世→历代，世世代代　列席→出席，莅会，列席，参加　列伝→列传　列島→列岛，群岛　列立→并排站立

· 173 ·

5 游乐园

5 游乐园

N3 砂場（すなば）⓪【名】沙池

手に砂場から砂を運ぶ。
用手从沙池里运沙子。

近义词 砂原（すなはら） 沙地

☆ 与砂場相关：
砂にする→浪费，作废的东西；骗取　砂を噛ます（すなをかます）→相扑比赛中把对方摔倒在地　砂嵐（すなあらし）→沙暴　砂遊び（すなあそび）→玩沙子

N2 入場（にゅうじょう）⓪【名】入场

入場券を紛失してしまった。
入场券丢了。

反义词 出場（しゅつじょう） 出场，离场　退場（たいじょう） 退场，退席

☆ 与入場相关：
入場税（にゅうじょうぜい）→入场税　入場券（にゅうじょうけん）→入场券　入場式（にゅうじょうしき）→入场式

N2 海賊船（かいぞくせん）③【名】海盗船

海賊船を楽しみたい方がいっぱいいる。
想要体验海盗船的人很多。

相关词 艦船（かんせん） 舰船，军舰与船舶

☆ 与海賊船相关：
海賊衆（かいぞくしゅう）→海贼众，日本中世海贼的将士　海賊版（かいぞくはん）→盗版　海賊放送（かいぞくほうそう）→违法播放，违法传播

N2 サーカス ①【名】马戏团

有名なサーカスの公演を見た。
看了有名的马戏团的演出。

同义词 曲馬団（きょくばだん） 马戏团　曲芸団（きょくげいだん） 马戏团

☆ 与サーカス相关：
サーカスを見る（み）→看马戏表演　サーカスをやる→演马戏，演杂技

N2 シーソー ①【名】翘翘板

片隅には、シーソーが三台ある。
角落里有三架翘翘板。

同义词 ぎったんばっこん 翘翘板

☆ 与シーソー相关：
シーソーゲーム→拉锯战　シーソーで遊ぶ（あそ）→做压板游戏

Chapter 8 休闲旅游

N2 滑り台 ③【名】滑梯
滑り台がある公園へ行きたい。
想去有滑梯的公园。

相关词 滑り降りる 滑下，下滑

★ 与滑り相关：
滑り車→滑轮　滑り込む→滑入，滑进；刚刚赶上，勉强赶到　滑り出し→开始滑；（事物的）开始，开端　滑り止め→防滑装置

N2 観覧車 ③【名】摩天轮
観覧車が駅の北側にある。
摩天轮在车站的北侧。

同义词 大観覧車 摩天轮

★ 与観覧車相关：
摩天轮是一种大型转轮状的机械建筑设施，上面挂在轮边缘的是供乘客搭乘的座舱。乘客坐在摩天轮慢慢地往上转，可以从高处俯瞰四周景色。它作为一种游乐场机动游戏，与云霄飞车、旋转木马合称为"乐园三宝"。

N2 ブランコ ① ②【名】秋千
二人ともブランコに乗りに来た。
两人一起来荡秋千。

同义词 ゆさわり 秋千

★ 与ブランコ相关：
ブランコをこぐ→打秋千，荡秋千　ブランコ往生→自缢，吊死

N2 迷路 ①【名】迷宫
いつもと違う遊び方で迷路に挑戦したい。
想用与平时不同的玩法挑战一下迷宫。

同义词 迷宮 迷宫

★ 与迷路相关：
迷路に陥る→陷入迷宫　迷路に踏み込む→陷入迷宫

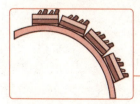

N1 ジェットコースター ④【名】过山车
ジェットコースターに乗ったとき、恐怖で笑いが出られない。
坐过山车的时候，害怕得笑不出来。

同义词 コースター 过山车

★ 与ジェット相关：
ジェット→喷气式飞机，喷气　ジェット機→喷气式飞机　ジェット気流→急流，喷射气流

5 游乐园

N1 メリーゴーランド ④【名】旋转木马

メリーゴーランドでひと目惚れした少女がいる。
有些少女一看到旋转木马就入迷了。

同义词 回転木馬(かいてんもくば) 旋转木马　メリー・ゴー・ラウンド 旋转木马

★ 与メリーゴーランド相关：
旋转木马或回转木马是游乐场机动游戏的一种，即旋转大平台上有装饰成木马且上下移动的座位供游客乘坐。最早记录的旋转木马出现于拜占庭帝国时期。

5 游乐园

Chapter 9
运动娱乐

N5 バスケットボール ⑥ 【名】篮球
バスケットボールのジャージーを着ている。
穿着篮球队服。

同义词 籠球(ろうきゅう) 篮球

★ 与バスケットボール相关：
篮球运动是以投篮、上篮和扣篮为中心的对抗性体育运动之一，两队参与，每队出场5名队员，目的是将球投入对方球篮框中得分，并阻止对方获得球权和得分。篮球比赛的形式多种多样，其中包括最流行的街头三人篮球赛。当今世界篮球水平最高的联赛是美国篮球职业联盟（NBA）比赛。

N5 バドミントン ③ 【名】羽毛球
楽しくバドミントンをやっている。
开心地打着羽毛球。

相关词 シャトルコック 羽毛球，板羽球

★ 与バドミントン相关：
羽毛球是一项隔着球网，使用长柄网状球拍击打平口端扎有一圈羽毛的半球状软木的室内运动。依据参与的人数，可以分为单打与双打。相较于性质相近的网球运动，羽毛球运动对选手的体格要求并不很高，却比较讲究耐力，极适合东方人。

N5 バレーボール ④ 【名】排球
私はバレーボールも苦手だ。
我也不擅长排球。

同义词 バレー 排球　排球(はいきゅう) 排球

★ 与バレーボール相关：
排球是球类运动项目之一，球场长方形，中间隔有高网，比赛双方（每方六人）各占球场的一方，球员用手把球从网上空打来打去。排球运动使用的球，是用羊皮或人造革做壳，橡胶做胆，大小和足球相似。

N4 サッカー ① 【名】足球
男の子たちには、サッカーに人気がある。
足球很受男孩欢迎。

同义词 蹴球(しゅうきゅう) 足球　アソシエーションフットボール 足球

★ 与サッカー相关：
足球是全球体育界最具影响力的单项体育运动之一，被誉为"世界第一运动"。是以脚支配球为主，但也可以使用头、胸部等部位控球，每次有两个队，每队最多有11名成员在同一场地内进行攻守的体育运动项目。

N4 野球(やきゅう) ⓪ 【名】棒球
昨日、野球の実況放送が聞こえて来た。
昨天听到了棒球比赛的实况播报。

同义词 ベースボール 棒球

★ 与野球相关：
棒球运动是一种以棒打球为主要特点，集体性、对抗性很强的球类运动项目。它在国际上开展得较为广泛，影响较大，被誉为"竞技与智慧的结合"。在美国、日本尤为盛行，被称为"国球"。棒球比赛的法定比赛人数最少为9人，与其近似的运动项目为垒球。棒球球员分为攻、守两方，利用球棒和手套，在一个扇形的棒球场里进行比赛。比赛中，两队交替进攻；当进攻球员成功跑回本垒，就可得1分。九局中得分最高的一队就胜出。

Chapter 9 运动娱乐

N3 サービスエース ⑤【名】（排球、网球）发球，发球得分
サービスエースが見事に決まった。
巧妙地发球得分。

相关词 サーブ 发球，开球

★ 与サービス相关：
サービスエリア→可收听区，供给区域，路边服务区　サービスステーション→维修站，修配站，加油站
サービスルーム→辅助房间

N3 テニス ①【名】网球
テニスに没頭しすぎる。
过于沉溺于网球。

同义词 庭球（ていきゅう） 网球

★ 与テニス相关：
网球是一项优美而激烈的体育运动，网球运动的由来和发展可以用四句话来概括：孕育在法国，诞生在英国，开始普及和形成高潮在美国，现在盛行全世界，被称为"世界第二大球类运动"。

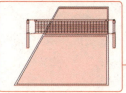

N3 ネット ①【名】球网，尤指网球或排球网
試合用のネットを張る。
张起比赛用的球网。

近义词 網（あみ） 网，球网

★ 与ネット相关：
ネット・イン→擦网球　ネット・プライス→实价　ネット・プレー→近网击法

N3 ラケット ②【名】（网球、羽毛球、乒乓球等的）球拍
卓球のボールをラケットで打つ。
用球拍打乒乓球。

近义词 たたき 拍子

★ 与「ラケット」相关：
在计数「ラケット」时，应用量词「本（ほん）」，例如「一本（いっぽん）」、「三本（さんぼん）」等。

N1 アイスホッケー ④【名】冰球，冰上曲棍球
アイスホッケーの試合を見る。
看冰球比赛。

相关词 パック 冰球

★ 与冰球相关：
氷上の格闘技（ひょうじょう かくとうぎ）→冰球的别称　アイスホッケーの選手（せんしゅ）→冰球选手

球类运动

• 179 •

2 竞技运动

N4 柔道（じゅうどう）① 【名】柔道
柔道では肘関節に対する固め技のみが許されている。
在柔道比赛中只允许对肘关节施以固技。

同义词 柔術（じゅうじゅつ） 柔术

★ 柔道简介：
柔道是一种以摔法和地面技为主的格斗术。日本素有"柔道之国"的称号。柔道是日本武术中特有的一科，是由柔术演变发展而来的。在日语中是"温柔的方式"的意思。它通过把对手摔倒在地而赢得比赛，是奥运会比赛中唯一的允许使用窒息或扭脱关节等手段来制服对手的项目。柔道是一种对抗性很强的竞技运动，强调选手对技巧掌握的娴熟程度，而非力量的对比。

N3 剣道（けんどう）⓪ 【名】剑道
剣道は竹刀で打つのだろう。
剑道是用竹剑进行比赛的吧？

同义词 剣術（けんじゅつ） 剑术

★ 剑道中常见的熟语：
日本的剑道与禅宗和佛教关系颇深，因此有许多熟语都来自于禅与佛，下面简单列举几个：
一因一果（いちいんいっか）→各种各样的修炼都通向一条道路。
一眼二足三胆四力（いちがんにそくさんたんしりき）→眼、脚、胆识、技术是剑道最重要的四要素。
一騎当千（いっきとうせん）→以一敌百。
一心不乱（いっしんふらん）→集中注意力，专心致志。

N3 空手（からて）⓪ 【名】空手道
昨日空手のコーチをしている浦上さんとすれ違った。
昨天我和空手道教练浦上先生擦肩而过。

同义词  空手道（からてどう） 空手道　ソラデ 空手道

★ 空手道简介：
空手道是日本传统格斗术结合琉球武术唐手「からて」而形成的，起源于日本武道和其琉球地区的唐手。空手道当中包含踢、打、摔、拿、投、锁、绞、逆技、点穴等多种技术，一些流派中还练习武器术。

N2 相撲（すもう）⓪ 【名】相扑
大鵬の相撲というのは、大いに賞賛されるけど、おもしろい相撲ではなかったという人がいる。
大鹏的相扑虽然令人赞赏，但也有人觉得他的相扑很无趣。

同义词 角力（すもう） 相扑

★ 相扑手的级别：
相扑手分为幕内力士和幕下力士，其中幕内力士又分为五个级别，从高到低依次为：横綱（よこづな）→横纲，大関（おおぜき）→大关，関脇（せきわけ）→关胁，小結（こむすび）→小结，前頭（まえがしら）→前头。

Chapter 9 运动娱乐

N2 美容体操 ④ 【名】健美操
びようたいそう

風邪ひとつひいたことのない、スラリとした身体つきは、「やっぱり、美容体操のおかげかも知れませんね」と彼女が笑っている。
她从不感冒，身材又好，"可能真是健美操起效了呢"，她笑道。

同义词 体操 体操
     たいそう

▼ 与美容体操相关：
柳 腰→杨柳腰 均整の取れた身体→匀称的身体 湾曲していない脚→挺直的双腿 形良く張った胸→优美的胸线
やなぎごし   きんせい と しんたい   わんきょく   あし   かたちよ は むね

N2 短距離走 ③ 【名】短跑
たんきょりそう

結婚も仕事も、短距離走ではない。
无论婚姻还是工作，都不是短跑。

同义词 ショット・スプリント（short sprint） 短跑

▼ 跑步相关单词：
長距離競走→长跑 駅伝競走→长距离接力跑
ちょうきょりきょうそう   えきでんきょうそう

N2 競技種目 ④ 【名】比赛项目
きょうぎしゅもく

女子柔道は74年のオセアニア女子選手権大会から競技種目として登場した。
女子柔道是在1974年的大洋洲女子选手权大会中作为比赛项目出现的。

同义词 種目 项目
     しゅもく

▼ 部分比赛项目的名称：
射撃→射击 障 害→跳栏 レスリング→摔跤 ヨット→帆船 アーチェリー→射箭
しゃげき   しょうがい

N2 鞍馬 ⓪ 【名】鞍马
あんば

最終種目の鞍馬で失敗し、メダルを逃した。
在最后一个项目鞍马中失败而错失奖牌。

同义词 バック（buck） 鞍马

▼ 与鞍马相关：
鞍を置く→备鞍子 鞍を下ろす→卸鞍子 鞍をまたがる→跨上马鞍
くら お   くら お   くら

N2 床運動 ③ 【名】自由体操
ゆかうんどう

床運動選手の優雅さは特に好きだ。
我特别喜欢体操选手的那种优雅。

同义词 体操 体操
     たいそう

▼ 与床相关：
「床」有两种读音。一种是「とこ」，指床铺或河床等，但现在指床时基本都用「ベッド」。另一种读音是「ゆか」，指地板或日本人偶剧中用的高台。

2 竞技运动

N2 ハンマー投げ ① 【名】链球

今回の大会で石田選手はハンマー投げ5連覇の偉業を達成した。
石田选手在这次大会中达成了链球5连霸的优异成绩。

同义词 ハンマー（hammar）链球，铁锤

ハンマー的意思：

它的本意是锤子，来自英语的hammer。如：ハンマーでたたく→用铁锤敲。日语中表示锤子的其他词还有「槌」、「木槌」等。

N2 競馬 ⓪ 【名】赛马

その競馬場は3年前第一回公認競馬を開催した。
3年前那家赛马场举办了第一届公认赛马。

同义词 ホースレース（horse race）赛马　競べ馬　赛马

与競馬相关：

赛马也是一种赌博，吸引了许多观众买马。日语中有关买马的词语有：馬券→马券　勝馬→冠军马　的中→中彩，押中　配当金→红利

N2 平均台 ⓪ 【名】平衡木

平均台から跳び降りるなんてことはさせないで！
别让他从平衡木上跳下来！

同义词 バランスビーム（balance beam）平衡木

与平衡相关：

相比「平均」一词，在表达平衡这一义项时更常用「バランス」这个词，如：バランスを取れる→取得平衡，危なっかしいバランス→不稳定的均势，バランスが崩れる→失去平衡。

N2 三段跳び ⓪ 【名】三级跳远

トリツカレ男が見事な三段跳びをした。
那个专心的男人漂亮地完成了三级跳远。

同义词 三段ジャンプ　三级跳

其他跳远的日语说法：

立ち幅跳び→立定跳远　走り幅跳び→急行跳远

N1 槍投げ ⓪ 【名】标枪

壺絵に残る槍投げの選手は、三本の槍を持っていることから、おそらく三回まで投擲の機会を与えられている。
壶上画的标枪选手拿着三支枪，大概意味着他有三次投掷机会。

同义词 槍　标枪

槍与銃：

汉语中的枪既可以指火药枪，也可以指矛枪。但日语中这两种物品是区分开的，前者叫「銃」，如：ライフル銃→来复枪，モーゼル銃→毛瑟枪等，后者则叫「槍」。

Chapter 9 运动娱乐

N1 棒高跳び ③ ④【名】撑竿跳
ぼう たか と

刑務所の塀の高さと、棒高跳びの世界記録とどっちが高いか。
监狱的围墙和撑竿跳的世界纪录相比哪个更高？

同义词　棒高跳（ぼうたかとび）　撑杆跳

★ 与棒相关：
「棒」在日语中指的就是"棒子，棍子，杆子"一类。日语中有许多的熟语都与棒有关，如：針小棒大（しんしょうぼうだい）→小题大做；掉棒打星（とうぼうだせい）→异想天开；藪から棒（やぶからぼう）→突然，冷不防；鬼に金棒（おににかなぼう）→如虎添翼。

N1 ハードル競走 ⑤【名】跨栏
きょうそう

犬の運動会にもハードル競走がある。
在狗狗运动会上也有跨栏比赛。

同义词　ハードル競争（きょうそう）　跨栏　　ハードル競技（きょうぎ）　跨栏

★ 著名的跨栏运动员：
劉翔（りゅうしょう）→刘翔　アリエス・メリット→阿里斯・梅里特　谷川聡（たにがわさとる）→谷川聡　内藤真人（ないとうまさと）→内藤真人

N1 リレー走 ④【名】接力赛
そう

そのチームは学校運動会のリレー走でチャンピオンを取った。
那支队伍在校运会的接力赛中夺得冠军。

同义词　継走（けいそう）　接力赛

★ 与接力赛相关：
リレー→传递　バトン→接力棒　バトンタッチ→交接棒

N1 トライアスロン ④【名】铁人三项

約10年前、トライアスロン仲間と海岸沿いのリゾートマンションで合宿した。
大概十年前，我曾和搞铁人三项的伙伴在海岸边的度假公寓里合住过。

同义词　鉄人レース（てつじん）　铁人三项　　トライアスリート　铁人三项

★ 铁人三项的日语表达：
水泳（すいえい）→天然水域游泳　自転車ロードレース（じてんしゃ）→公路自行车　長距離走（ちょうきょりそう）→公路长跑

2 竞技运动

🏆 日本学生都在用的分类词汇书

N3 縄跳び（なわとび）③ ④【名】跳绳

縄跳びを1日500回飛ぶだけでは痩せられないよ。
光靠每天500次的跳绳是无法瘦下来的。

同义词 縄跳（なわとび）跳绳

⭐ **跳绳的花样：**

大縄跳び（だいなわとび）→跳大绳　二重跳び（にじゅうとび）→双摇跳　交差跳び（こうさとび）→交叉跳绳　綾跳び（あやとび）→联合跳跃

N3 ダイエット ①【名】【动】减肥，节食

君ならダイエットの必要はまったくないのだ。
你完全没有必要减肥。

同义词 節食（せっしょく）节食　減食（げんしょく）节食

⭐ **ダイエット的用法：**

一是表示减肥，如例句中的使用。二是表示食疗或饮食控制。不仅仅表示减轻体重，在需要增加体重而控制饮食的时候也用该词，如相扑和体育选手要增加体重的时候用该词。

3 健身运动

N2 ジム ①【名】健身房，体育馆

忙しい彼女にはジムに通う時間なんてない。
她那么忙，哪有时间去健身房。

同义词 アスレチッククラブ（athletic club）健身房　体育館（たいいくかん）体育馆

⭐ **健身房常见器械：**

ダンベル→哑铃　バーベル→杠铃　トレッドミル→跑步机

N2 太極拳（たいきょくけん）④【名】太极拳

この公園で毎日太極拳をしている人はたくさんいる。
每天都有许多人在公园里打太极拳。

同义词 太極（たいきょく）太极

⭐ **打太极：**

在汉语中我们常用"打太极"来形容对一件事情相互推诿，敷衍搪塞。在日语里可以用如下的说法表达这个意思：
惚ける（とぼける）→装糊涂，誤魔化す（ごまかす）→弄虚作假，盥回し（たらいまわし）→推卸责任，はぐらかす→岔开话题。

N2 スタイル ②【名】身材，体型

スタイル満点。
身材标致。

同义词 背格好（せかっこう）身材　身形（みなり）身材　体付き（からだつき）身材

⭐ **スタイル的其他含义：**

ニュー・スタイル→新式，新型　アメリカン・スタイル→美式　最新流行のスタイル（さいしんりゅうこう）→最新流行的样式

• 184 •

Chapter 9 运动娱乐

N2 体重 ⓪【名】体重
たいじゅう

この間**体重**はあんまり変化ないのだ。
这段时间体重并无明显变化。

同义词 体量 体重　　重さ 体重
　　　　たいりょう　　　　おも

★身体数据表达：
身長→身高　バスト→胸围　ウェスト→腰围　ヒップ→臀围
しんちょう

N2 筋肉 ①【名】肌肉
きんにく

「筋トレ」とは**筋肉**のトレーニングのことだ。
"筋トレ"这个词指的是锻炼肌肉的意思。

同义词 筋 肌肉
　　　　すじ

★人体几种主要肌肉类型：
骨格筋→骨骼肌　横紋筋→横纹肌　心筋→心肌
こっかくきん　　おうもんきん　　しんきん

N2 ヨーガ ①【名】瑜伽

ヨーガが最終的に求めているのは、瞑想という至福の時間だ。
瑜伽最终要追求的是冥想的幸福时间。

同义词 瑜伽 瑜伽　　ヨガ 瑜伽
　　　　ゆが

★瑜伽的种类：
ハタヨーガ→哈达瑜伽　ラージャヨーガ→胜王瑜伽　ギャーナヨーガ→智慧瑜伽　バクティヨーガ→至善瑜伽
カルマヨーガ→行动瑜伽

N2 コーチ ①【名】教练，指导

あの人は家庭生活や地域生活を豊かにする文化活動の**コーチ**、先生である。
那个人是丰富家庭、地区生活文化活动的教练和老师。

同义词 指導 教练
　　　　しどう

★与コーチ相关：
バッティングのコーチを受ける→接受击球指导　野球チームをコーチする→训练棒球队
　　　　　　　　　う　　　　　　　　　　　やきゅう

N1 ボディビル ⓪【名】健身，健美

ボディビルの筋肉は機能美とは違うってことだね。
健身练出的肌肉和催出来的肌肉是不一样的。

同义词 フィットネス（fitness） 锻炼，健身

★ボディビルとフィットネス的区别：
两者都是"健身"的意思。不同之处在于，前者的重点在于锻炼肌肉，注重形体美。后者则以身体健康和养生为主，追求健康的生活。

日本学生都在用的分类词汇书

N1 鍛える ③【动】锻炼
ヨガは呼吸を調節しながら体を鍛える運動だ。
瑜伽是边调节呼吸边锻炼身体的运动。

同义词 トレーニングする（training） 锻炼

与鍛える相关：
心を鍛える→锻炼心灵　鉄を鍛える→锻铁

N1 体力 ①【名】体力，体质
体力の向上が教育の基盤であったといえよう。
应该说提高体质是教育的基础。

同义词 スタミナ（stamina） 体力

与体力相关：
体力を測る→测定体力　体力的に劣る→体质不好

N1 ウォーミングアップ ⑥【名】热身运动
試合前のウォーミングアップはとても大事だ。
比赛前的准备活动是很重要的。

同义词 足慣らし 热身

与ウォーミングアップ相关：
ウォーミングアップ来自于英语的 warming up，指"热身运动"，进而引申为"事前的准备"。

N1 腕立て伏せ ⓪【名】俯卧撑
最近毎日腕立て伏せを繰り返している。
最近我每天都在做俯卧撑。

同义词 プッシュアップ（push up） 俯卧撑

运动的相关表达：
シットアップ→仰卧起坐　スクワット→屈蹲　逆立ち→倒立　体前屈→体前屈

N1 エアロビクス ④【名】有氧运动，有氧训练
エアロビクスには心肺機能改善などの効果がある。
有氧运动对改善心肺功能有显著效果。

同义词 有酸素運動 有氧运动

常见的有氧运动：
ウォーキング→步行　ジョギング→慢跑　サイクリング→骑车　水泳→游泳

3 健身运动

·186·

Chapter 9 运动娱乐

N1 腕力(わんりょく) ①【名】臂力，腕力

腕力をふるってはいけない。
不能动武。

同义词 筋力(きんりょく) 臂力

★ 与腕力相关：
腕力(わんりょく)の強(つよ)い男(おとこ)→有力气的男人　腕力(わんりょく)に訴(うった)える→诉诸暴力

3 健身运动

N5 音楽 ⓪ ① 【名】音乐

音楽を聴きながら宿題をする。
边听音乐边写作业。

[同义词] ミュージック（music） 音乐

★ 与音乐相关：
クラシック音楽→古典乐　ポピュラー音楽→流行音乐　民族音楽→民乐

N5 音楽家 ③ 【名】音乐家

彼はポーランド出身の音楽家だ。
他是波兰籍的音乐家。

[同义词] ミュージシャン（musician） 音乐家

★ 与音乐家相关：
指揮者→指挥家　演奏者→演奏家　歌手→歌手　音楽作家→词曲家

N5 歌う ⓪ 【动】唱歌

彼女が歌った歌は自分が作ったのだ。
她唱的那首歌是她自己创作的。

[同义词] 唄う 唱　　詠う 咏唱　　謡う 唱　　謳う 讴歌

★ 几个うたう的区别：
唄う→同「歌う」　詠う→侧重咏诗、唱诗　謡う→侧重唱谣曲（日本一种传统文学形式）　謳う→侧重讴歌、赞颂

N5 歌声 ⓪ ③ 【名】歌声

暁を告げる鳥の歌声。
鸟儿报晓的歌声。

[同义词] サウンド（sound） 歌声

★ 歌声喫茶：
这是日本过去流行的一种传统饮食店。在店内会有人领唱，同时食客们也往往会跟着合唱，旁边还有乐器伴奏。现在日本仍然有一些这样的店铺，成为上了年纪的人们喜欢去的地方。

N5 歌 ⓪ 【名】歌，歌曲

最近の歌はますます分からなくなったんだ。
现在的歌越来越让人不知所云了。

[同义词] 曲 歌曲　　歌謡 歌谣

★ 与歌相关的惯用句：
歌と読み→唯利是图；比喻任何事物都有表里、得失两个方面　歌にばかり歌う→只说不干　歌は世に連れ世は歌に連れ→歌谣随世变，世变借歌谣。

Chapter 9 运动娱乐

N4 歌詞(かし) ①【名】歌词
歌詞に曲を付ける。
给歌词作曲。

同义词 リリック（lyric） 歌词

★ 日本的作词家：
秋元 康(あきもとやすし)→秋元康　加藤 健(かとうけん)→加藤健　野村 俊夫(のむらしお)→野村俊夫　浜田 省吾(はまだしょうご)→滨田省吾

N4 カラオケ ⓪【名】卡拉OK
今晩、カラオケに行かないか。
今晚上去卡拉OK吧。

同义词 カラOK 卡拉OK

★ 与カラオケ相关：
卡拉OK这个词是由「空(から)」和「オーケストラ」两个词组成的，但并不是指管弦乐团的伴奏，而是用录音来代替。现在歌厅「カラオケボックス」越来越多，还出现了许多「量販」式卡拉OK。

N2 ラップ ⓪①【名】说唱
私はラップがあまり好きじゃない。
我不太喜欢rap的歌。

同义词 ヒップホップ（hip-hop） 说唱

★ 与ラップ相关：
说唱是一种歌唱技巧，是带有节奏与押韵的说唱方式，为嘻哈等音乐形式的元素之一。其起源与美国非裔移民的传统演唱艺术以及蓝调音乐。日本的流行歌曲中也经常出现rap说唱形式。

N2 鼻歌(はなうた) ⓪【名】哼唱，哼歌
鼻歌を歌う。
哼着歌。

同义词 ハミング（humming） 哼歌

★ 与鼻歌相关：
鼻歌(はなうた)→可以指哼歌这种行为，也指哼出来的歌　鼻歌交(はなうたま)じり→形容边哼歌边做事

N2 リズム ①【名】节奏，韵律
足でリズムをとって歌う。
用脚打着拍子唱歌。

同义词 拍子(びょうし) 节拍

★ 与リズム相关：
リズム感(かん)→节奏感　リズム運動(うんどう)→节奏动作

唱歌

N2 アルバム ⓪【名】专辑，相簿
これは嵐のニューアルバム。
这是岚的新专辑。

同义词 コレクション（collection） 专辑

★ 专辑的种类：
オリジナルアルバム→原创专辑，也可以包含歌手之前发过的新曲　コンセプトアルバム→概念专辑，收录的歌曲都围绕同一主题　ベストアルバム→精选集，主要收录过去发行的名曲

N2 アイドル ①【名】偶像
アイドルの変わりは時代の変遷を映す。
偶像的变化反映了时代的变迁。

同义词 偶像(ぐうぞう) 偶像

★ 与アイドル相关：
アイドル歌手(かしゅ)→偶像歌星　アイドルグループ→偶像组合　ママドル→当妈妈的明星　スポドル→自称喜欢运动的明星

N2 歌手(かしゅ) ①【名】歌手
歌手になるのを目指して頑張る。
以成为歌手为目标而奋斗。

同义词 歌い手(うたいて) 歌手

★ 日本著名歌手：
浜崎(はまさき)あゆみ→滨崎步　宇多田(うただ)ヒカル→宇多田光　嵐(あらし)→岚　倉木麻衣(くらきまい)→仓木麻衣

N1 メロディ ①【名】旋律，曲调
このメロディは懐かしいよね。
这个旋律真令人怀念。

同义词 旋律(せんりつ) 旋律　節(ふし) 旋律

★ 与メロディ相关：
该词来源于英语的melody，指歌曲和音乐中的旋律。在日本，由这个词衍生出了不少新词，如「メロディアス」，形容有旋律的事物，在它后面加上「な」和「に」就可以当成形容动词和副词使用。

N1 ハーモニー ①【名】和声，和弦
美しいハーモニーを奏でる。
演奏出美妙的和声。

同义词 和声(わせい) 和声

★ 与ハーモニー相关：
和声是指两个以上不同的音按一定的法则同时发声而构成的音响组合、它包括和音、声部连结以及配置组合。和声有明显的浓、淡、厚、薄的色彩作用。

Chapter 9 运动娱乐

N1 アンコール ③ 【名】安可，再一次

歌い手は三回もアンコールされた。
歌手三次被要求再唱一首。

同义词 アンコール曲（きょく） 安可曲

★ 与アンコール相关：
一般在歌手演唱会的最后，都会加入安可曲。所谓安可，就是歌迷们强烈要求歌手再唱一首。因此，安可一词的意义也有了扩展，可以表示事情再做一遍。

N1 音頭（おんど） ① 【名・动】领唱

音頭を取る。
领唱。

同义词 リーダー（leader） 领头

★ 与音头相关：
在唱歌的时候，把领唱的人叫作「音頭」。在宴席上，领头叫大家干杯庆贺的人也叫「音頭」。于是它还被人们用于形容领头人、发起人等。

N1 調べ（しら） ③ 【名】音调，乐曲，旋律，调子，音调

海鳴りの調べ。
涛声的旋律。

同义词 曲（きょく） 乐曲　メロディ（melody） 旋律

★ 与調べ相关：
楽（がく）の調（しら）べ→乐曲　妙（たえ）なる調（しら）べ→美妙的乐曲

日本学生都在用的分类词汇书

N5 踊り子 ⓪【名】舞女，女舞蹈演员

教授は踊り子に恋してしまった。
教授喜欢上了一名舞女。

同义词 踊子 舞女

★ 伊豆の踊子：
《伊豆的舞女》是日本作家川端康成的著名短篇小说。小说讲述高中生川岛前往伊豆去旅行，路上巧遇流浪艺人，与他们同行一程并在途中爱上了一名舞娘——薰的故事。旅行到了必须结束分开的时候，主人公感到自己寂寞的心境得到解脱，体会了人与人之间的可贵情感。

N4 歌舞伎 ⓪【名】歌舞伎

歌舞伎芝居を演じる。
演出歌舞伎剧。

同义词 歌舞伎芝居 歌舞伎剧

★ 歌舞伎的由来：
歌舞伎一词源于古日语中「傾く」的连用形「傾き」，原用来形容引人注目的舞姿和服装，后来改称为歌舞妓。由于妓字不雅，于是明治年间定名为歌舞伎。

N4 踊る ⓪【动】跳舞

歌を歌いながら踊る。
载歌载舞。

同义词 舞う 跳舞

★ 与る相关：
飛行機が踊る→飞机颠簸　お頭に踊らされる→受头儿的摆布

N3 舞踏 ⓪【名】舞蹈

今夜の舞踏会を楽しみしてる。
我很期待今晚的舞会。

同义词 舞踊 舞蹈　　ダンス（dance）舞蹈

★ 与舞踏相关：
舞踏会→舞会　舞踏場→舞场

N2 円舞 ⓪①【名】圆舞，华尔兹

雅な円舞を観る。
观赏优雅的圆舞。

同义词 ワルツ 华尔兹

★ 与円舞相关：
圆舞是华尔兹的日语翻译，俗称慢三步。其动作如流水般顺畅，象云霞般光辉。舞步潇洒自如、典雅大方，波浪起伏且接连不断的潇洒旋转。

Chapter 9 运动娱乐

N2 盆踊り ③ 【名】盂兰盆舞
(ぼんおど)

納涼盆踊り大会。

纳凉盂兰盆舞大会。

同义词 お盆 盂兰盆节
(ぼん)

★ 与盂兰盆舞相关：

盂兰盆节是日本的鬼节，在这一天要供奉死者。这一天人们只跳盂兰盆舞。住在附近的居民会集合起来，由一名音头领歌，其他人围绕他踏着拍子起舞。

N2 ダンサー ① 【名】舞者

ダンサーと聴衆をオーケストラがつないでいる。

管弦乐队把舞者和听众联系在了一起。

同义词 踊り手 舞者
(おど て)

★ ダンサーと舞踏家的区别：

一般来说，「ダンサー」指的是一切舞者，无论是街头跳舞还是舞台演出的舞者都可以这么称呼，并且不分男女。「舞踏家」一般是指舞台艺术层面上的舞蹈家，比一般的「ダンサー」更加正式。

N2 ステップ ② 【名】舞步

チャチャのステップを踏む。

迈着恰恰的舞步。

同义词 足運び 舞步
(あしはこ)

★ 与ステップ相关：

自転車のステップに足をかける→蹬着自行车的踏板　ステップを踏んで勉強する→阶段性学习
(じてんしゃ)　　　　　(あし)　　　　　　　　　　　　　　　(ふ)　(べんきょう)

N2 バレエ ① 【名】芭蕾舞

子供の頃からバレエの練習をしている。

从小时候就开始练习芭蕾舞。

同义词 バレー（ballet） 芭蕾

★ 芭蕾的风格流派：

クラシックバレエ→古典芭蕾　モダンバレエ→现代芭蕾　ロマンティックバレエ→浪漫芭蕾　宮廷バレエ→宫廷芭蕾
(きゅうてい)

N2 舞台 ① 【名】舞台
(ぶたい)

6才の時初めて舞台に出た。

6岁的时候第一次上舞台。

同义词 ステージ 舞台

★ 与舞台相关：

外交の舞台で活躍する→在外交界积极活动　初舞台→初次演出
(がいこう)(ぶたい)(かつやく)　　　　　　　　　(はつぶたい)

5 跳 舞

N2 社交ダンス ④【名】社交舞
しゃこう
社交ダンスを勉強中だ。
正在学习社交舞。

同义词 ソーシャルダンス（social dance） 社交舞

▽ 社交舞的舞步：
ワルツ→华尔兹舞步　タンゴ→探戈舞步　ルンバ→伦巴舞步

N1 舞う ⓪【动】舞蹈，飞舞
ま
音楽に合わせて舞う。
合着音乐起舞。

同义词 踊る 跳舞
おど

▽ 与舞う相关：
木の葉がひらひらと舞う→树叶随风飘荡　雪が舞う→飘雪
こ　は　　　　　　　ま　　　　　　　　ゆき　ま

N1 サルサ ①【名】莎莎舞，萨尔萨舞
サルサを踊りする。
跳一支莎莎舞。

同义词 サルサダンス（salsa dance） 莎莎舞

▽ 莎莎舞简介：
莎莎舞又称萨尔萨舞，起源于纽约的波多黎各移民。跳舞时，舞者通过移动脚步换重心，但上半身运动保持水平，不受重心转换的影响，重心转移带动臀部的运动，并辅以手臂和肩膀的运动。

N1 サンバ ⓪【名】桑巴
サンバはブラジル人の情熱を表している。
桑巴体现了巴西人的热情。

同义词 サンバダンス（sanba dance） 桑巴舞

▽ 桑巴舞简介：
桑巴舞原是非洲土著舞蹈，原是一种带有宗教仪式性的舞蹈。它趣味性强，生动活泼。每逢节日，巴西城镇盛行狂欢，人们会跳起豪放而又带点即兴发挥的桑巴舞蹈。

N1 フォークダンス ④【名】民族舞，集体舞
フォークダンスを紹介する。
介绍民族舞。

同义词 民族舞踏 民族舞
みんぞくぶとう

▽ 其他民族舞：
ヤンガー→秧歌　ケチャ→猴舞　バングラ→巴恩格拉　ベリーダンス→肚皮舞

· 194 ·

Chapter 9 运动娱乐

N1 ソロ ①【名】独舞，独演
ソロを踊る。
跳独舞。

同义词 独り 単人

★ 与ソロ相关：

「ソロ」源自意大利语 solo，意为"独自，一个人"。在日语中它可以泛指一切单人形式的东西，因此根据语境需要翻译为不同的意思。

N1 タップダンス ④【名】踢踏舞
タップダンスを練習している。
正在练习踢踏舞。

同义词 タップ（tap） 踢踏舞　　ステップダンス（stepdance） 踢踏舞

★ 踢踏舞简介：

踢踏舞一词有拍打敲击的意思，吸收了爵士乐节奏、即兴表演等元素，是一种非常有趣的运动，更具自娱性，也更加开放且富有挑战性，给人的感觉是轻快、活泼、自由与节奏感十足。日语中把踢踢踏踏叫作「ぱたぱた」。

N1 ストリートダンス ⑥【名】街舞
若者はストリートダンスに興味が持っているだろう。
年轻人应该喜欢街舞吧。

同义词 ヒップホップ（hip-hop） 街舞

★ 街舞简介：

街舞是 20 世纪 80 年代中在美国发展起来的一种舞蹈。因为其表演场地主要为马路边、广场上等非正式场合而得到了街舞的名称。

N1 ダンスシューズ ④【名】舞鞋
ダンスシューズを履いて踊る。
穿着舞鞋跳舞。

同义词 踊り靴 舞鞋

★ 舞鞋的种类：

根据舞蹈的不同，舞鞋也有多种多样，每种舞鞋都有各个舞蹈的特点。如：ジャズシューズ→爵士舞鞋，ラテンダンスシューズ→拉丁舞鞋，モダンダンスシューズ→摩登舞鞋。

5 跳舞

N5 持て成し ⓪【名】招待，款待

手厚い持て成しを受ける。
接受热情的款待。

同义词 接遇 接待　　接待 接待

与持て成し相关：
粗末な持て成し→简单的接待　手厚い持て成しを受ける→受到热忱的接待

N5 誕生日 ③【名】生日

お誕生日おめでとうございます。
生日快乐。

同义词 バースデー（birthday） 生日

与诞生日相关：
誕生日を祝う→祝贺生日　誕生日のプレゼント→生日礼物

N5 招待状 ⓪【名】请帖，邀请函

招待状を出す。
发出请帖。

同义词 招請 邀请　　招き 邀请

写招待状相关：
催事の趣旨→活动主题　日時→日期时间　会場→会址　会費→参加费

N5 パーティ ①【名】聚会，派对

一晩中パーティで盛り上がる。
整晚都沉浸在聚会中。

同义词 宴 宴会　　コンパ 聚会

聚会的种类：
合同パーティ→联合聚会　新歓パーティ→迎新会　追い出しパーティ→散伙聚会

N3 同窓会 ③【名】同学会

同窓会に出席する。
参加同学会。

同义词 クラスメイトパーティ（classmate party） 同学聚会

与同窓会相关：
定例の同窓会→定例同学会　同窓会名簿→同学会名册

Chapter 9 运动娱乐

N3 忘年会 ③【名】年终联欢会
ぼうねんかい

毎年の忘年会を楽しんでいる。
期待每年的年终联欢。

同义词 年末忘年会 年末的忘年会
ねんまつぼうねんかい

★ 与忘年会相关：
忘年会是日本组织或机构在每年年底举行的传统习俗，聚会中大家回顾过去一年的成绩、准备迎接新年的挑战。一般忘年会会以宴会形式在居酒屋举行，同事们一边喝酒，一边互相勉励并回顾过去的一年。

N2 乾杯 ⓪【名】干杯
かんぱい

新生活のために乾杯しよう。
为了新生活，干杯！

同义词 祝杯 干杯
しゅくはい

★ 与乾杯相关：
在聚会或者宴席上，大家为了助兴都会干杯。在日本，一般是大家先起立，拿起酒杯，这时候领头人「おんど」会简短地说两句祝酒词，之后大家碰杯说"干杯"，并尽量喝完杯子里的酒，最后拍手庆祝。

N2 祝う ②【动】庆祝，庆贺
いわ

友人の結婚を祝う。
庆祝朋友的婚礼。

同义词 祝する 祝福
しゅく

★ 与祝う相关：
結婚式に茶器セットを祝う→送茶具庆贺婚礼　門出を祝う→祝愿一路平安
けっこんしき　ちゃき　　いわ　　　　　　かどで　いわ

N2 宴席 ⓪【名】宴席，酒席
えんせき

盛大な宴席を張る。
大设酒席。

同义词 宴 宴席　　飲み会 酒席
うたげ　　　　　　の　かい

★ 与宴席相关：
宴席に列する→参加宴会　宴席を設ける→设宴
えんせき　れっ　　　　　　えんせき　もう

N2 娯楽 ⓪【名】娱乐，享受
ごらく

生活には娯楽が必要だ。
生活需要娱乐。

同义词 楽しみ 娱乐　　エンターテイメント（entertainment）娱乐
たの

★ 娱乐的其他方式：
スポーツ→运动　遊園地→游乐园　ゲーム→游戏　読書→阅读
　　　　　　　　ゆうえんち　　　　　　　　　どくしょ

・197・

N1 盛り上がる ④【动】狂欢,热情高涨

バースディパーティで盛り上がった。

在生日聚会上玩得很尽兴。

同义词 興奮する 兴奋

★ 与盛り上がる相关:

泡が盛り上がる→气泡冒上来　土が盛り上がっている→土鼓了起来

N1 寄り合う ③【动】聚集,集合

この近くは寄り合う場所がない。

这附近没有能聚会的地方。

同义词 会合する 会面　寄り集まる 集会

★ 寄り合う的义项:

①聚集,许多人聚到一起。②聚合。如主従駒をはやめて寄り合うたり→主从两路很快把马合流到了一队。

N1 集う ②【动】集会,聚会

若人が全国から集う。

全国的年轻人聚集在此。

同义词 会する 汇集　集まる 汇集

★ 集う的义项:

①聚会,集会。②会面,会和。如:いつものコフィで集う→在常去的咖啡厅见面。

6 聚会

Chapter 10
国际社会

1 国家

N4 アメリカ ⓪ 【名】 美国

アメリカから帰国した子女は、英語の勉強ではむろん有利だ。
从美国回来的子女，学英文当然占便宜。

相关词 ワシントン 华盛顿（美国首都）　アメリカ英語(えいご) 美国英语
アメリカ風(ふう) 美国式

★ 与アメリカ相关：

美国全称美利坚合众国，是一个由五十个州和一个联邦直辖特区组成的宪政联邦共和制国家。其东濒大西洋，西临太平洋，北靠加拿大，南接墨西哥。作为移民国家，其人口总量已超过三亿人，少于中国和印度。1776年7月4日，大陆会议在费城正式通过《独立宣言》，宣告美国诞生。

N2 中国(ちゅうごく) ① 【名】 中国

中国をおとずれる。
访华，到中国去旅行。

相关词 中国人(ちゅうごくじん) 中国人　中国服(ちゅうごくふく) 中国式服装　中国語(ちゅうごくご) 中文，汉语

★ 与中国相关：

中国即中华人民共和国，为世界文明古国之一，拥有五千多年的悠久文化与文明史。中国位于亚洲东部，是当之无愧的大国，交织着现代气息和古代文明，仿佛历经沧桑却又重新焕发青春的苍天古树，屹立在世界的东方。

N2 日本(にほん) ② 【名】 日本

『竹取物語』は日本でいちばん古い物語だといわれている。
据说《竹取物语》是日本最古老的传说。

相关词 日本人(にほんじん) 日本人　日本(にほん)びいき 亲日（的人）

★ 与日本相关：

日本是位于亚洲大陆东岸外的太平洋岛国。领土由北海道、本州、四国、九州四个大岛和3900多个小岛组成，日本的国家理念为立宪主义、国民主权、基本人权的尊重、和平主义，实行以君主天皇作为日本国家与国民象征的君主立宪政体。

N1 韓国(かんこく) ⓪ 【名】 韩国

朴さんは韓国人ですか。
朴先生是韩国人吗？

同音词 勧告(かんこく) 劝告　寒国(かんこく) 寒冷的地方

★ 与韓国相关：

大韩民国位于东北亚，是一个新兴的发达国家，于1948年8月15日独立。自20世纪60年代以来，韩国政府实行了"出口主导型"开发经济战略，推动了本国经济的飞速发展，在短短几十年里，由世界上最贫穷落后的国家之一，一跃成为中等发达国家，缔造了令世界瞩目的"汉江奇迹"。1992年8月24日与中国建立外交。

Chapter 10 国际社会

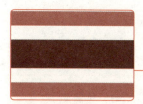

N1 タイ ① 【名】泰国

タイ王国。
泰王国。

相关词　タイ人　泰国人　　タイ語　泰语　　バンコク　曼谷（泰国首都）

★ 与タイ相关：

泰国全称泰王国，原名暹罗，位于东南亚。1949年5月11日，泰国人用自己民族的名称，把"暹罗"改为"泰"，主要是取其"自由"之意。大多数泰国人信奉上座部佛教。泰国乃东南亚国家联盟成员国之一，实行自由经济政策，在20世纪90年代经济突飞猛进，跻身成为"亚洲四小虎"之一。泰国是世界闻名的旅游胜地之一。

N1 インド ① 【名】印度

インドネシア共和国。
印度尼西亚共和国。

相关词　ニューデリー　新德里　　ジャカルタ　雅加达

★ 与インド相关：

印度共和国位于亚洲南部，是南亚次大陆最大的国家，国庆日为1月26日，独立日为8月15日，面积居世界第七位。古印度人创造了光辉灿烂的古代文明，作为最悠久的文明古国之一，印度是世界上人口第二大国。1950年4月1日与中国建交。

N1 カナダ ① 【名】加拿大

カナダの首都オタワ。
加拿大首都渥太华。

同义词　北アメリカ大陸北部　北美大陆北部

★ 与カナダ相关：

为北美洲最北的一个国家，领土面积达998万平方公里，为全世界面积第二大国家。加拿大一词源于美洲原住民语言易洛魁语中的"Kanata"，意为"村庄"。加拿大立国初期的官方全名为加拿大自治领，但从20世纪30年代起，联邦政府就停止使用全称。1967年，英国正式放弃"加拿大自治领"的称号，"Canada"成为官方国名。

N1 イギリス ⓪ 【名】英国

イギリスの首都ロンドン。
英国首都伦敦。

相关词　イギリスびいき　亲英派（的人）　　イギリスぎらい　仇英派（的人）
　　　　イギリスなまり　英国腔

★ 与イギリス相关：

大不列颠及北爱尔兰联合王国，简称联合王国或不列颠，通称英国，是由英格兰、苏格兰、威尔士和北爱尔兰组成的联合王国，统一于中央政府和国家元首，1649年5月19日宣布成立共和国。英国是世界上第一个工业化国家，是一个具有多元文化和开放思想的社会，在世界范围内拥有巨大影响力。

国家

日本学生都在用的分类词汇书

N1 フランス ⓪ 【名】 法国

あの人は英語も話せるし，フランス語も話せる。
他既会说英语、又会说法语。

相关词 フランス革命(かくめい) 法国资产阶级革命　フランス料理(りょうり) 法国菜

★ 与フランス相关：

法国全称是法兰西共和国，现在是法兰西第五共和国，是位于西欧的一个高度发达的资本主义国家，也是西欧国土面积最大的国家。三面临水：南临地中海，西濒大西洋，西北隔英吉利海峡与英国相望。地中海上的科西嘉岛是法国最大的岛屿。

N1 ドイツ ① 【名】 德国

その国はドイツとフランスを一緒にしたくらい大きい。
那个国家有德、法两国合起来那么大。

相关词 ドイツ語(ご) 德语

★ 与ドイツ相关：

德国全称是德意志联邦共和国，是位于欧洲中部的议会制和联邦制国家，由 16 个联邦州组成，首都和最大的城市都是柏林。国家政体为议会共和制，联邦总统为国家元首，联邦政府由联邦总理和联邦部长若干人组成，联邦总理为政府首脑。

N1 イタリア ⓪ 【名】 意大利

その映画は目下イタリアでロケ中です。
那部电影目前正在意大利拍摄外景。

相关词 イタリア・リラ 意大利里拉　イタリア・ルネッサンス 意大利文艺复兴

★ 与イタリア相关：

意大利共和国，简称意大利，是一个欧洲国家。1861 年 3 月 17 日意大利王国宣布成立，1946 年 6 月 2 日正式成为意大利共和国，主要由亚平宁半岛和两个位于地中海中的大岛西西里岛和萨丁岛组成，首都为罗马。意大利因其拥有美丽的自然风光和充满艺术气息的文化背景而被称为美丽的国度。1970 年 11 月 6 日同中国建交。

N2 ローマ ① 【名】 罗马

ローマは 1 日にしてならず。
罗马非朝夕建成，伟业非一日之功。

相关词 ローマ字(じ) 意大利　　　ラテン 拉丁

★ 与ローマ相关：

神聖(しんせい)ローマ帝国(ていこく)→神圣罗马帝国　すべての道(みち)はローマに通(つう)じる→条条道路通罗马

1 国家

Chapter 10 国际社会

N1 ロシア ① 【名】 俄罗斯

ロシアの正称はロシア連邦です。
俄罗斯的正式名称是俄罗斯联邦。

相关词　ロシア<ruby>帝国<rt>ていこく</rt></ruby> 沙俄　　ロシア<ruby>革命<rt>かくめい</rt></ruby> 俄国革命

★ 与ロシア相关：

俄罗斯联邦，是苏联最大加盟共和国俄罗斯苏维埃联邦社会主义共和国的继承国，联合国安理会常任理事国，是欧亚大陆北部的一个国家，地跨欧亚两大洲。俄罗斯是目前世界上疆域最大的国家。俄罗斯延伸于整个亚洲北部，横跨9个时区，涵盖广泛的环境和地形。

N1 ブラジル ⓪ 【名】 巴西

新開の土地を求めてブラジルへ渡る。
为了寻求新开垦地，到巴西去。

相关词　ブラジル<ruby>連邦<rt>れんぽう</rt></ruby> 巴西联邦共和国　　ブラジリア 巴西利亚（巴西首都）

★ 与ブラジル相关：

巴西，即巴西联邦共和国，1822年9月7日宣布独立，是拉丁美洲最大的国家。巴西拥有辽阔的农田和广袤的雨林，国名源于巴西红木。由于历史上曾为葡萄牙的殖民地，巴西的官方语言为葡萄牙语。足球是巴西人文化生活的主流。巴西是金砖国家之一。

N1 ベトナム ⓪ 【名】 越南

ベトナム北部は中国の広東、広西、雲南に隣接している。
越南北部邻接中国的广东、广西和云南。

相关词　ベトナム<ruby>社会主義<rt>しゃかいしゅぎ</rt></ruby><ruby>共和国<rt>きょうわこく</rt></ruby> 越南社会主义共和国　　ハノイ 河内（越南首都）

★ 与ベトナム相关：

越南，全称越南社会主义共和国，位于中南半岛东部。2001年越共九大确定建立社会主义市场经济体制。越南共产党是该国唯一合法的政党。越南是东南亚国家中历史上受中国文化影响最深的。越南也是东南亚国家联盟成员之一。越南1945年9月2日宣布独立，1950年1月18日与中国建交。

N1 フィリピン ① 【名】 菲律宾

フィリピンとかベトナムとかの東南アジアの国々はほとんど戦後独立した。
菲律宾、越南等东南亚各国战后几乎都独立了。

相关词　フィリピン<ruby>共和国<rt>きょうわこく</rt></ruby> 菲律宾共和国　　マニラ 马尼拉（菲律宾首都）

★ 与フィリピン相关：

菲律宾共和国，简称菲律宾，位于亚洲东部，由西太平洋的菲律宾群岛（7107个岛屿）组成。1898年6月12日菲律宾共和国成立，1942年被日本占领，第二次世界大战结束后再次沦为美国殖民地，1946年7月4日获得完全独立。

国家

日本学生都在用的分类词汇书

N1 マレーシア ② 【名】 马来西亚

マレーシアへ行きたいです。
想去马来西亚。

相关词 マレーシア連邦(れんぽう) 马来西亚联邦成员　ラルンプール 首都吉隆坡

★ 与マレーシア相关：

马来西亚于1957年8月31日独立，首都为吉隆坡，政治中心位于布城。马来西亚共分为两大部分，之间有南中国海相隔：一个是位于马来半岛的西马来西亚，北接泰国，南部隔着柔佛海峡；另一个是东马来西亚，位于婆罗洲岛上的北部。马来西亚是东南亚国家联盟的创始国之一，1974年5月31日与中国正式建立外交关系。

N1 エジプト ⓪ 【名】 埃及

古代エジプト文明の最盛期。
古埃及文明的极盛时期。

相关词 エジプト暦(れき) 埃及历　エジプト学(がく) 埃及学　カイロ 开罗（埃及首都）

★ 与エジプト相关：

阿拉伯埃及共和国，简称埃及，起源于古埃及孟斐斯城的埃及语名Hikuptah（意为普塔神灵之宫）。该国主要为阿拉伯人，信奉伊斯兰教，官方语言为阿拉伯语，首都开罗。埃及是人类文明的发源地之一，也是一个绝佳的旅游区域，拥有美丽的尼罗河畔、宏伟的金字塔、神秘的狮身人面像和大量宏伟的古代神庙。

N1 オーストラリア ⑤ 【名】 澳大利亚

カンガルーはオーストラリアにたくさんすんでいる。
袋鼠在澳洲有很多。

相关词 オーストラリア連邦(れんぽう) 澳大利亚联邦　キャンベラ 堪培拉（澳大利亚首都）　オーストラリア・ドル 澳元

★ 与オーストラリア相关：

澳大利亚是世界土地面积第六大的国家，是世界上唯一一个独占整个大陆的国家，也是大洋洲最大的国家。澳大利亚不仅国土辽阔，而且物产丰富。澳大利亚大陆是地球上最古老的大陆，也是地球上最大的海岛及单一国家的大陆。

N1 ニュージーランド ⑤ 【名】 新西兰

ニュージーランドは南太平洋にある国です。
新西兰是位于南太平洋的国家。

相关词 ウェリントン 惠灵顿（新西兰首都）　太平洋(たいへいよう) 太平洋

★ 与ニュージーランド 相关：

新西兰又译纽西兰，位于太平洋西南部，是个岛屿国家，1907年9月26日独立，首都惠灵顿，最大的城市是奥克兰。新西兰经济蓬勃，属于发达国家。鹿茸、羊肉、奶制品和粗羊毛的出口值皆为世界第一。

1 国家

Chapter 10 国际社会

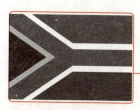

N1 南(みなみ) アフリカ ④ 【名】 南非

南アフリカの観光地。
南非的观光地。

相关词 プレトリア 比勒陀利亚　　イギリス連邦(れんぽう) 英国联邦的加盟国

★ 与南アフリカ相关：

南非共和国简称南非，有"彩虹之国"之誉。南非是世界上独一无二的拥有三个首都的国家：行政首都为茨瓦内，司法首都为布隆方丹，立法首都为开普敦。拥有完备的硬件基础设施和股票交易市场，黄金、钻石生产量均占世界首位。深井采矿等技术居于世界领先地位。

N1 スペイン ③ 【名】 西班牙

スペイン語はまるっきり話せません。
一点也不会讲西班牙语。

相关词 マドリード 马德里（西班牙首都）　　イベリア 伊比利亚

★ 与スペイン相关：

西班牙于1492年10月12日独立，是一个位于欧洲西南部的国家，西邻同处于伊比利亚半岛的葡萄牙，北濒比斯开湾，东北部与法国及安道尔接壤，南隔直布罗陀海峡与非洲的摩洛哥相望。境内多山，为欧洲高山国家之一。

1 国家

2 城市

N1 北京 ① 【名】北京

北京新国際空港。
北京新国际机场。

相关词 北京官話 北京话　　北京・ダック 北京烤鸭

★ 与北京相关：
北京有着三千余年的建城史和八百五十余年的建都史，最初见于记载的名字为"蓟"。民国时期称北平。新中国成立后，北京被定为是中华人民共和国的首都，简称"京"，现为中国四个中央直辖市之一，全国第二大城市及政治、交通和文化中心。

N1 東京 ⓪ 【名】东京

8月3日東京に発向の予定だ。
预计八月三日启程赴东京。

相关词 銀座 银座　　秋葉原 秋叶原

★ 与东京相关：
东京位于日本本州岛东部，是目前全球规模最大的巨型都会区，也是亚洲地区重要的世界级城市之一，是亚洲流行文化发源地。1979年3月14日与中国北京结为友好城市。2013年9月7日，东京被选为2020年夏季奥林匹克运动会主办城市，这也是东京继1964年之后第二次承办奥运会。

N1 大阪 ⓪ 【名】大阪

6月1日大阪発のお祝い電報。
六月一日由大阪发出的贺电。

相关词 てんしゅかく 天守閣　　おおまる 大丸（日本大型百货公司）

★ 与大阪相关：
大阪，位于日本本州中西部，是日本一级行政区，西南邻大阪湾，面积约1867平方公里，人口约870.6万（1990）。其包括31市、13町、村。首府大阪市，北、东、南三面为山地所围绕，北、东部海拔500～600米，南部较高，最高点岩涌山898米。中为大阪平原，淀川、大和川及其支流流贯此地。

N1 神戸 ① 【名】神户

神戸へ行きます。
前往神户。

同音词 こうべ 頭首 头　　こうべ 河辺 日本地名　　こうべ 首部 日本地名

★ 与神户相关：
日本国际贸易港口城市、兵库县首府神户，它的存在已有千年历史，而城市和海港建设的规模和速度跨入世界之冠则是近二三十年的事。神户地处绿茵葱郁的六甲山国立公园和碧波荡漾的濑户内海之间，背山面海，自然环境优越，气候温暖，四季分明。

Chapter10 国际社会

N1 奈良(なら) ① 【名】 奈良
この習慣は**奈良**朝時代に始まるといわれる。
据说这种风习起源于奈良朝时代。

同音词 なら 那么，要是，如果

★ 与奈良相关：

奈良县古称大和，是日本历史和文化的发祥地之一。奈良县土地面积约为3691平方公里，居住面积较少，人口集中在县北部的奈良盆地及其周边地区，是日本的人工高产林区，主要产业有纤维产品制造业、木材、木制品制造业等，畜牧业也较发达。

N1 京都(きょうと) ① 【名】 京都
この劇の場面は**京都**になっている。
这个戏的场景是京都。

同音词 凶徒(きょうと) 凶徒　教徒(きょうと) 教徒，信徒　兇徒(きょうと) 凶徒，暴徒

★ 与京都相关：

京都市为京都府府厅所在地，也是政令指定都市之一。长年的历史积淀使得京都市拥有相当丰富的历史遗迹，也是日本传统文化的重镇之一。京都的一些传统民俗，如葵祭、祇园祭等已举办超过千年，成为京都独有的风景。

N1 テンシン ① 【名】 天津
いま北京を出ると、**天津**を過ぎるのは3時ごろになる。
现在从北京开车出发，三点钟左右（驶）过天津。

同音词 天心(てんしん) 天空当中　天真(てんしん) 天真　点心(てんしん) 点心，茶点

★ 与テンシン相关：

天津，简称津，中华人民共和国直辖市，是中国古代唯一有确切建城时间记录的城市。历经600多年，造就了天津中西合璧、古今兼容的独特城市风貌。天津滨海新区被誉为"中国经济第三增长极"。天津是夏季达沃斯论坛常驻举办城市。

N1 シャンハイ ① 【名】 上海
1か月ぶりで**上海**に帰港した。
相隔一个月又重回到了上海港。

相关词 上海事変(シャンハイじへん) 上海事变　シャンハイの異称(いしょう) 上海的别称

★ 与シャンハイ相关：

上海，简称"沪"或"申"，中国第一大城市，中华人民共和国直辖市之一。江南的吴越传统文化与各地移民带入的多样文化相融合，形成了上海特有的海派文化。2010年上海成功举办了世界博览会。上海是中国的经济、交通、科技、工业、金融、贸易、会展和航运中心。GDP总量居中国城市之首。

2 城市

N1 クアラルンプール ⑥ 【名】 吉隆坡

クアラルンプールはマレーシアで一番大きい町です。
吉隆坡是马来西亚最大的城市。

相关词 マレーシア連邦(れんぽう) 马来西亚联邦　首都(しゅと)クアラルンプール 首都吉隆坡

★ 与クアラルンプール相关：

吉隆坡是马来西亚首都和第一大城市，是马来西亚政治、经济、金融、工业、商业和文化中心，也是马来西亚交通和电信枢纽。吉隆坡是马来西亚三个直辖区之一，坐落于吉隆坡市中心的吉隆坡石油双塔是其著名地标性建筑。

N1 ワシントン ② 【名】 华盛顿

ワシントンはアメリカ独立という偉業をなしとげた。
华盛顿完成了美国独立的伟大事业。

相关词 アメリカ合衆国(がっしゅうこく) 美利坚合众国　首都(しゅと)ワシントン 首都华盛顿

★ 与ワシントン相关：

华盛顿哥伦比亚特区简称"华盛顿""特区"或"华府"，是美利坚合众国的首都，由美国国会直接管辖的特别行政区划，因此不属于美国的任何一州。华盛顿是美国的政治中心。

N1 ロンドン ⓪ 【名】 伦敦

ロンドンの消印のある手紙。
盖有伦敦邮戳的信件。

相关词 ロンドン英語(えいご) 伦敦方言　ロンドンっ子(こ) 伦敦塔

★ 与ロンドン相关：

伦敦是大不列颠及北爱尔兰联合王国（简称英国）的首都，欧洲最大城市，也是全球最繁华的城市之一。伦敦是欧洲的经济金融贸易中心，与美国纽约并列为世界上最重要的金融中心。

N1 モスクワ ⓪ 【名】 莫斯科

パリから陸路でモスクワに至る。
由陆路从巴黎到莫斯科。

相关词 ロシア連邦(れんぽう) 俄罗斯联邦　首都(しゅと)モスクワ 首都莫斯科

★ 与モスクワ相关：

莫斯科，俄罗斯联邦首都，莫斯科州首府，是全俄最大的城市和经济、文化、金融、交通中心，以及最大的综合性城市。莫斯科也是独联体最大的商业中心，俄罗斯最大的商业和金融业办事机构都设在这里。俄罗斯还是世界著名古城、国际化大都市。

2 城市

Chapter10 国际社会

N1 パリ ① 【名】 巴黎

『インターナショナル』はパリコンミューンの革命精神を体現している。
《国际歌》体现了巴黎公社的革命精神。

相关词 パリコンミューン 巴黎公社　パリ祭(さい) 法国革命纪念日

★ 与パリ相关：

巴黎，是法兰西共和国首都和最大城市，法国的政治、经济、文化、商业中心，全球仅次于纽约、伦敦和东京的第四大国际大都市，素有"浪漫之都""时尚之都""世界花都"之美称。

N1 オタワ ① 【名】 渥太华

カナダの首都オタワ。
加拿大首都渥太华。

相关词 カナダ 加拿大　製造業(せいぞうぎょう) 制造业

★ 与オタワ相关：

渥太华是加拿大的首都和第四大城市。渥太华也是加拿大重要的经济中心，制造业、轻工业和旅游业较为发达。国内生产总值也名列加拿大前茅。

N1 プラハ ⓪ 【名】 布拉格

プラハは同国最大の都市である。
布拉格是该国最大的都市。

相关词 チェコスロバキア共和国(きょうわこく) 捷克斯洛伐克社会主义共和国　プラハの春(はる) 布拉格之春

★ 与プラハ相关：

布拉格是捷克共和国的首都和最大的城市，该市地处欧洲大陆的中心，在交通上一向拥有重要地位，与周边国家的联系也相当密切（特别是在地理上恰好介于柏林与维也纳这两个德语国家的首都中间）。气候为典型的中部大陆型气候。

N1 ベルリン ⓪ 【名】 柏林

空路でベルリンへおもむく。
乘飞机前往柏林。

相关词 ドイツ連邦(れんぽう) 德意志联邦　首都(しゅと)ベルリン 首都柏林

★ 与ベルリン相关：

柏林，德国首都，也称为柏林州，是德国最大的城市，和汉堡、不来梅三个城市同为德国的城市州。该市经济主要基于服务业，包括多种多样的创造性产业、传媒集团、议会举办地点。

2 城市

> 日本学生都在用的分类词汇书

N5 英語（えいご）⓪ 【名】 英语，英文

日本語を英語に訳す。
把日文翻成英文。

同音词 穎悟（えいご） 聪颖

★ 与英語相关：
英語で話す（えいごではなす）→用英语说　英語がぺらぺらだ（えいごがぺらぺらだ）→英文说得很流利。

N5 中国語（ちゅうごくご）⓪ 【名】 中文，中国话，汉语

中国語は難しい。
汉语很难。

同义词 普通話（プートンホワ） 普通话

★ 与中国語相关：
中文：书面语和口语都可用；中国话：是口语；汉语：中国的官方语言，一般指普通话；华文：海外的中国人使用的语言。

N5 日本語（にほんご）⓪ 【名】 日语，日本语，日文

日本語を話せますか。
会说日语吗？

同义词 日本の国語（にほんのこくご） 日本的国语

★ 与日本語相关：
古典日本語（こてんにほんご）→日文古语　きれいな日本語（きれいなにほんご）→好听的日文

N5 平仮名（ひらがな）③ 【名】 平假名

平仮名で書く。
用平假名写。

相关词 片仮名（カタカナ） 片假名

★ 与平仮名相关：
「平仮名」是假名的一种，平安初期产生的音节文字之一，是草假名的进一步简体化。开始时主要在女性中间使用，故又称「女手」、「女文字」等。

③ 语言

Chapter10 国际社会

N5 片仮名 (かたかな) ②③ 【名】 片假名

片仮名の読み方。
片假名的读法。

相关词 変体仮名 (へんたいかな) 变体假名　　送り仮名 (おくりがな) 送假名

★ **与片仮名相关：**
在日语中从外语引进的单词都用片假名书写，有时在文中为了强调某一个词，也会用片假名标记该词。

N5 言葉 (ことば) ③ 【名】 话，语言

言葉を濁す。
含糊其词。

相关词 話し言葉 (はなしことば) 口语，白话　　書き言葉 (かきことば) 书面语，文章语
田舎言葉 (いなかことば) 乡音，土话

★ **与言葉相关：**
言葉が過ぎる→说得过火；言辞过分　言葉に甘える→恭敬不如从命　言葉に余る→一言难尽　言葉を返す→回答，还嘴

N4 優しい (やさしい) ③ 【名】 优美，柔和，优雅

優しい言葉を使う。
使用易懂的语言。

同义词 親切 (しんせつ) 亲切

★ **与優しい相关：**
優しい声 (やさしいこえ)→柔和的话音　気立ての優しい子 (きだてのやさしいこ)→秉性温顺的孩子　優しい心づかい (やさしいこころづかい)→亲切的关怀；体贴入微

N4 はっきり ③ 【形】 清楚

遠くまではっきりと見える。
清清楚楚地看得很远。

同义词 明らか (あきらか) 清楚

★ **与はっきり相关：**
はっきりとつかむ→清楚了解　はっきりきこえない→听不清楚　頭がはっきりしない (あたまがはっきりしない)→头脑不清爽

3 语言

语言

N3 表現 ③ 【名】 表现，表达
作者の意図がよく表現されている。
作者的意图得到很好的表现。

同音词 評言 评论　氷原 冰原

☆ 与表现相关：
芸術的表現→艺术性的表现　表現力がある→很有表现力

N2 単語 ⓪ 【名】 语言，单词
単語を並べただけの英語。
只是英语单词的罗列，说蹩脚的英语。

同音词 タンゴ 探戈　端午 端午

☆ 与单语相关：
英単語→英语单词　重要単語→重要单词　単語を引く→查单词

N2 言語 ① 【名】 语言，言语
言語が粗暴である。
言语粗鲁。

同义词 言葉 语言

☆ 言语的相关词：
言語に絶する→难以形容，不可言状　言語学→语言学　言語障害→语言上的障碍，言语功能障碍，失语症

N2 仮名 ⓪ 【名】 假名
漢字に仮名を振る。
在汉字旁边标注假名。

同音词 かな 轻微的疑问　金 金属

☆ 与仮名相关：
片仮名→片假名　平仮名→平假名　仮名で書く→用假名写

N2 文字 ① 【名】 文字
文字の上だけで知っている。
只是在字面上懂得。

相关词 細かい文字 小号字　文字どおり 如字面那样，的的确确

☆ 与文字相关：
文字を解しない→不懂文字

Chapter10 国际社会

美味い湯豆腐 B
美味い湯豆腐 DB
美味い湯豆腐 M
美味い湯豆腐 R

N1 字体（じたい） ① 【名】 字体

字体を楷書にする。
字体定为楷书。

同音词 事態（じたい） 事态，局势　　自体（じたい） 本身，自身

☆ 与字体相关：
きちんとした書体（しょたい）→端正的字体　ぞんざいな書体（しょたい）→潦草的字体

N1 漢語（かんご） ⓪ 【名】 汉语，汉语词

日本語は漢語に倣って作ったものだ。
日语是模仿汉字造出来的。

同音词 看護（かんご） 护理

☆ 与漢語相关：
中国語（ちゅうごくご）→汉语　和製漢語（わせいかんご）→和制汉字　和語（わご）→固有的日语

3 语言

货币单位

N2 単(たん)位(い) ① 【名】 单位

月単位で給料を出す。
按月支付工资。

相关词 基本(きほん)単(たん)位(い) 基本单位　　重(じゅう)量(りょう)単(たん)位(い) 重量单位

▼ 与単位相关：
貨(か)幣(へい)単(たん)位(い)→货币单位　行(ぎょう)政(せい)単(たん)位(い)→行政单位　重(じゅう)量(りょう)単(たん)位(い)→重量单位

N2 造(つく)る ② 【动】 铸造，创造，建造

貨幣を造る。
铸（造硬）币。

同音词 作(つく)る 做，弄，搞

▼ 与造る相关：
専(せん)門(もん)語(ご)を造(つく)る→创造新的专用词汇　船(ふね)を造(つく)る→造船　学(がっ)校(こう)を造(つく)る→在镇上修建学校　大(たい)砲(ほう)を造(つく)る→铸造大炮

N2 物(ぶっ)価(か) ⓪ 【名】 物价，行市

価値を凍結する。
限定物价标准，冻结物价。

同音词 仏(ぶっ)家(か) 寺院，僧侣，尼姑

▼ 与物价相关：
物(ぶっ)価(か)を調(ちょう)節(せつ)する→调整物价　物(ぶっ)価(か)を安(あん)定(てい)させる→稳定物价　物(ぶっ)価(か)を上(あ)げる→提高物价　物(ぶっ)価(か)を下(さ)げる→降低物价

N2 元(げん) ① 【名】 元

元をドルに切り替える。
把人民币换成美元。

相关词 言(げん) 语言

▼ 与元相关：
2(に)元(げん)1(いち)次(じ)方(ほう)程(てい)式(しき)→二元一次方程式　人(じん)民(みん)元(げん)→人民币

N2 円(えん) ① 【名】 日元，圆形

1円もむだにしてはいけない。
一元也不要浪费。

同音词 縁(えん) 缘分，交情，血缘　艶(えん) 鲜艳，香艳　塩(えん) 食盐

▼ 与円相关：
半(はん)円(えん)→半圆　だ円(えん)→椭圆　円(えん)の下(げ)落(らく)→日元跌价

Chapter10 国际社会

N1 ドル ① 【名】 美元

現在のレートは1ドル何円か。
现在的汇率是一美元换多少日元？

相关词 ドル入れ 钱包　ドル地域か 美元区

★ 与ドル相关：
ドルが下落する→美元行市跌落　ドル立てで取引する→美元本位交易

N1 マルク ① 【名】 马克

マルクはドイツで使っている貨幣単位だ。
马克是德国用的货币单位。

相关词 ドイツ 德国

★ 与マルク相关：
1 人民币（CNY）= 0.2344 德国马克（DEM）　1 德国马克（DEM）= 4.2671 人民币（CNY）

N1 リラ ① 【名】 里拉

リラが下落した。
里拉贬值了。

相关词 イタリア 意大利　リラ 丁香

★ 与リラ相关：
1 意大利里拉（ITL）= 0.0043 人民币（CNY）　1 人民币（CNY）= 232.0093 意大利里拉（ITL）

N1 ペセタ ① 【名】 比塞塔

ペセタをドルに切り替える。
把比塞塔换成美元。

相关词 スペイン 西班牙　マドリード 马德里

★ 与ペセタ相关：
"比塞塔"是西班牙及安道尔在2002年欧元流通前所使用的法定货币。比塞塔于2002年3月1日停止使用，1欧元相等于166.386比塞塔。一欧元相等于10.29人民币，这样算来10比塞塔就是0.060欧元，也就是0.618元的人民币。

N1 香港ドル（ホンコン） ⑤ 【名】 港币

香港ドルは中国の特別行政区の香港で使っている。
港币用于中国香港特别行政区。

相关词 ホンコン・マカオの同胞 港澳同胞

★ 与香港ドル相关：
1 港币 = 0.7835 人民币　1 人民币 = 1.2763 港币

货币单位

· 215 ·

N1 ギルダー ① 【名】荷兰盾

ドルをギルダーに切り替える。
把美元换成荷兰盾。

相关词 オランダ 荷兰　ギルダー 盾

★ 与ギルダー相关：
1 荷兰盾(NLG) = 3.7871 人民币(CNY)　1 人民币(CNY) = 0.2641 荷兰盾(NLG)

N1 貨幣(かへい) ① 【名】货币，钱币

インフレで貨幣価値がさがる。
因通货膨胀货币贬值。

同音词 寡兵(かへい) 寡兵　花柄(かへい) 花柄

★ 与貨幣相关：
補助貨幣(ほじょかへい)→辅币　貨幣法(かへいほう)→货币法

N1 インフレ ⓪ 【名】通货膨胀，物价暴涨

ここ数年、日本は深刻なインフレに陥っている。
最近几年，日本深陷通货膨胀。

反义词 デフレ 通货紧缩

★ 与インフレ相关：
インフレが激化(げきか)する→通货膨胀日益严重　インフレが高進(こうしん)する→通货膨胀越发加剧

N1 偽造(ぎぞう) ⓪ 【动】伪造，假造

貨幣を偽造する。
私铸货币。

同义词 贋造(がんぞう) 伪造，假造

★ 与偽造相关：
ピカソの絵(え)を偽造(ぎぞう)する→仿制毕加索的画　印鑑(いんかん)を偽造(ぎぞう)する→伪造印鉴　偽造品(ぎぞうひん)→冒牌货　偽造紙幣(ぎぞうしへい)→假钞

N1 鋳造(ちゅうぞう) ⓪ 【动】铸造

これは唐金で鋳造した仏像だ。
这是青铜造的佛像。

相关词 銅貨(どうか) 铜币　鉄貨(てっか) 铁币

★ 与鋳造相关：
活字(かつじ)を鋳造(ちゅうぞう)する→铸铅字　貨幣(かへい)を鋳造(ちゅうぞう)する→铸币

Chapter 11
内心世界

日本学生都在用的分类词汇书

N5 うるさい ③ 【形】 讨厌的，烦躁的，爱唠叨的

彼 料理に煩い。
他对饭菜很挑剔。

同义词 喧しい 烦躁，吵闹

★ 与うるさい相关：
うるさい→表声音或物体总是缠绕不离，纠缠不休，使人不快；也形容对方善变，爱唠叨的场合
喧しい→指由于音量大而强烈产生不快的感觉；也用于言辞严厉的场合

N4 びっくり ③ 【副】 吃惊，吓一跳

びっくりして目をさます。
惊醒。

同音词 吃驚 吃惊　　喫驚 吃惊

★ 与びっくり相关：
あっと言わせる→令人吃惊　舌を巻く→非常惊讶　呆気にとられる→张口结舌

N4 驚く ③ 【动】 恐惧，惊讶

大いに驚く。
吓一大跳，大吃一惊。

同义词 愕く 惊吓　　駭く 惊吓

★ 与驚く相关：
ぎょっとする→大吃一惊　はっとする→因意外而吃惊的样子　息を呑む→喘不上气　肝をつぶす→魂不附体
度肝をぬく→吓破胆子

N4 怒る ② 【动】 生气，怒斥

ぶるぶる震えて怒る。
气得浑身发抖，哆嗦。

同音词 熾る 火着起来，火势旺　　興る 兴起，振兴，兴盛

★ 与怒る相关：
腹が立つ→生气发怒　腸が煮えくり返る→心里气得直闹腾

N4 楽しみ ③④ 【名】 乐趣，兴趣，期望

いい音楽を聞くのがわたしの楽しみです。
听好听的音乐是我的乐趣。

同义词 嬉しい 开心　　喜ぶ 快乐

★ 与楽しみ相关：
うれしい→表主观情感，一般用第一人称　喜ぶ→表客观动作，状态，一般用第三人称
楽しみ→表置身于某一环境，通过自己的行为感受到的幸福，快乐的感觉

感情表达

Chapter 11 内心世界

N3 退屈 ⓪ 【名】 无所事事，闲得无聊

退屈まぎれに絵を習う。
为排遣寂寞而习画。

同义词 しょざいない 无聊　　手持ち無沙汰 无聊
　　　　つまらない 无聊，没意思

☆ 与退屈相关：
退屈な日常生活→无聊的日常生活　退屈でしかたがない→厌倦得慌；闷得慌

N3 あきれる ⓪ ④ 【动】 吃惊

あきれて開いた口がふさがらない。
惊讶得目瞪口呆。

同义词 一泡ふかせる 使吓一跳　　寝耳に水 晴天霹雳，事出意外

☆ 与あきれる相关：
耳目を驚かす→耸人听闻　二の句がつげない→无言以对

N3 恐れる ③ 【动】 害怕，担心

なにものも恐れぬ気迫。
大无畏的气魄。

同音词 畏れる 害怕，恐惧　　怖れる 畏惧

☆ 与恐れる相关：
肝を冷やす→心惊胆战　心胆を寒からしめる→使心惊胆战　身の毛がよだつ→毛骨悚然　鳥肌が立つ→起鸡皮疙瘩

N2 悲しむ ③ 【动】 悲伤，悲痛

人の不幸を悲しむ。
为别人的不幸而感到悲痛。

同义词 悲しい 可悲，悲伤　　物悲しい 难过，悲伤　　物憂い 忧郁

☆ 与悲しむ意义相反的词：
嬉しい→开心　喜ぶ→高兴　楽しい→愉快

N2 不安 ⓪ 【名・形动】 不安

不安な一夜を明かす。
不安的一宿没睡。

同义词 心配 担心　　気がかり 挂念，担心　　憂い 担忧，隐患

☆ 与不安相关：
安心→安心　安らぐ→安乐，安稳，舒畅，平静

感情表达

· 219 ·

感情表达

N2 からかう ③ 【动】 嘲笑

ただからかって言っただけだ。
我只是开玩笑说说而已。

同义词 冷やかす 嘲笑

★ 与からかう相关：
からかう→以人或动物为对象；有做出过分举动的意思　冷やかす→以人或以卖东西的店铺为对象

N2 苦しい ③ 【形】 痛苦的，为难的，勉强的

家計が苦しい。
生活穷困。

同义词 つらい 辛苦

★ 与苦しい相关：
苦しい→表示局部的疼痛　つらい→表示全身的疼痛，多指精神上的痛苦和窘境。常有难以忍受又不得不做的意思

N2 羨む ③ 【动】 羡慕，嫉妒，眼红

人目もうらやむような生活。
令人眼热的好日子。

同义词 うらやましい 羡慕　羨望 羡慕　指をくわえる 羡慕

★ 与羨む相关：
人の成績をうらやむ→羡慕别人的成绩　他人の幸福を羨む→嫉妒他人的幸福

N2 恐怖 ① 【名・动】 恐惧，恐怖

恐怖と不安にかられる。
陷于惶恐不安。

同音词 教父 教父

★ 与恐怖相关：
生きた空もない→令人心惊肉跳　足がすくむ→两腿发软　身がすくむ→缩成一团　尻ごみをする→踌躇畏惧

N2 哀れ ① 【名・形动】 可怜

そぞろに哀れをもよおす。
不由得悲伤从中来。

同义词 かわいそうだ 可怜　気の毒 可怜可悲　不憫 可怜

★ 与哀れ相关：
見るに忍びない→目不忍睹　見る影もない→落魄不堪　尾羽うちからした→狼狈不堪

Chapter 11 内心世界

N1 短気(たんき) ① 【名】 急躁

短気なことをするな。
别急躁。

同音詞 単機(たんき) 单机，一架飞机　　単記(たんき) 单式，单记法
　　　　 単軌(たんき) 单线铁路　　　　　短期(たんき) 短期

★ 与短気相关：
短気を起こす→发脾气　短気な人→急性子　短気な男→性急的人

N1 腹立ち(はらだち) ③ 【名】 生气，愤怒

腹立ちを抑える。
抑制着愤怒。

同义词 腹(はら)が立つ 生气发怒　　腸(はらわた)が煮えくり返る 心里气得直闹腾

★ 与腹たち相关：
気に障(さわ)る→令人气愤　神経(しんけい)に障る→使……激动　小癪(こしゃく)に障る→令人恼火

N1 味気ない(あじけない) ④ 【形】 乏味的，无聊的，没意思

彼は味気ない生活を送っていた。
他一直过着凄凉的生活。

相关词 味(あじ)も素(す)っ気(け)もない 丝毫无趣　　砂(すな)を噛(か)むよう 味同嚼蜡

★ 与味気ない相关：
無味乾燥(むみかんそう)→枯燥无味　身(み)も蓋(ふた)もない→无遮无掩

N1 焦る(あせる) ② 【动】 焦躁，急躁，着急

あせって失敗する。
因急躁而失败。

同音詞 褪(あ)せる 褪色，衰退　　浅(あ)せる 掉色　　あせる 惨白，苍白

★ 与焦る相关：
いてもたってもいられない→焦躁，急躁　うずうずする→坐立不安，憋不住　待(ま)ちきれすぎに→迫不及待
矢(や)も楯(たて)もたまらない→迫不及待　業(ぎょう)を煮やす→急得发脾气

N1 焦れる(じれる) ② 【动】 焦急，不耐烦

相手の態度に焦れる。
被对方的态度弄得着急。

同义词 慌(あわ)てる 惊慌着慌　　うろたえる 惊慌失措

★ 与焦れる相关：
苛立(いらだ)つ→着急急不可待　狼狽(ろうばい)する→狼狈

1 感情表达

・221・

1 感情表达

N1 ほっと ⓪ ① 【副・动】 叹气，放心

ほっと胸をなでおろした。
放了心，松了一口气。

同音词 ホット 热的

☆ 与ほっとする相关：
胸（むね）をなでおろす→松了口气　息（いき）をつく→松口气　肩（かた）の荷（に）がおりる→放下包袱

N1 寛（くつろ）ぐ ③ 【动】 轻松愉快

どうぞごゆっくりくつろいでください。
请舒坦坦地休息吧。

同义词 愁眉（しゅうび）をひらく 展开愁眉　　落ち着く 平心静气

☆ 与寛ぐ相关：
膝（ひざ）をくずしてお寛（くつろ）ぎください→请随便坐，好好休息一下　寛（くつろ）いだ雰囲気（ふんいき）→宽松的气氛

N1 逆上（ぎゃくじょう） ⓪ 【名・动】 血冲上头，勃然大怒

余りの事に逆上する。
为了些小事勃然大怒。

同义词 頭（あたま）にくる 气得发昏　　頭（あたま）に血（ち）がのぼる 发怒　　とさかにくる 大为恼火
目（め）を剥（む）く 瞪眼

☆ 与逆上相关：
目（め）くじらを立（た）てる→吹毛求疵　目（め）に角（かど）を立（た）てる→怒目而视　血相（けっそう）を変（か）える→勃然变色

N1 憤（いきどお）り ⓪ 【名】 愤怒，气愤，愤慨

彼の非情なやり方に憤りを覚える。
对他那无情的做法感到气愤。

同义词 むくれる 生气动怒　　ふくれる 生气而撅嘴不高兴

☆ 与憤り相关：
立腹（りっぷく）→生气恼怒　怒気（どき）→怒气　業腹（ごうはら）→怒火填膺　向（む）っ腹（はら）→无缘无故生气

N1 怯（おび）える ⓪ ③ 【动】 害怕

子どもはなにに怯えたのか、わっと泣き出した。
孩子不知道是做了什么噩梦，哇的一声哭起来了。

同义词 脅（おび）える 害怕

☆ 与怯える相关：
怖（こわ）い→可怕　空恐（そらおそ）ろしい→不由得感到害怕　不気味（ぶきみ）→毛骨悚然　薄気味（うすきみ）が悪（わる）い→阴森，怪模怪样

Chapter 11 内心世界

N1 たまげる ③ 【动】 吃惊，吓一跳

おったまげた。
哎呀！我的天哪！

同义词 仰天（ぎょうてん）する 大吃一惊　　動転（どうてん）する 惊慌失措

☆ 与たまげる相关：
驚愕（きょうがく）する→惊愕　　驚嘆（きょうたん）する→惊叹

1 感情表达

N5 暗い ⓪ 【形】 阴沉的

暗い感じの男。
给人阴郁感的人。

同音词 暗い 黑暗, 沉重　　くらい 大约, 像……那样

☆ 与暗い相关:
暗い赤色→深红色　暗い前途→暗淡的前途　世事に暗い→不谙世故

N4 丁寧 ① 【形】 小心谨慎的, 周到的, 细心的

丁寧に説明する。
详细地解释一下。

相关词 本を丁寧に取り扱う　非常爱护书本
丁寧な看護を受ける　受到精心的护理

☆ 与丁寧相关:
丁寧な口をきく→说话很有礼貌　丁寧におじぎをする→恭恭敬敬地行礼　丁寧語→敬语

N3 そそっかしい ⑤ 【形】 冒失的, 草率的

自分の子どもを見間違えるなんてそそっかしい人だ。
连自己的孩子都弄错了, 真是马大哈。

同义词 あわて者　冒失鬼　おっちょこちょい　马虎

☆ 与そそっかしい相关:
几帳面→规规矩矩, 一丝不苟的　真剣→认真　真面目→认真

N3 性格 ⓪ 【名】 性格

性格だからしかたがない。
性格如此, 没有办法。

同音词 政客 政客, 政治家　　正格 正式规格　　正確 正确
精確 精确

☆ 与性格相关:
先天的性格→先天的性格　明るい性格→明朗的性格

N3 だらしない ④ 【形】 散漫的

彼女は男にだらしない。
她是个水性杨花的女人。

同义词 引っ込み思案 消极, 内向　　い加減 马虎

☆ 与だらしない相关:
金にだらしない→在金钱方面很马虎, 花钱大手大脚　だらしない負け方をする→遭到很不体面的失败

Chapter 11 内心世界

N3 細(こま)かい ③ 【形】 细心的
考えが細かい。
想得细致。

同义词 繊細(せんさい) 细腻

★ 与細かい相关：
細(こま)かい字(じ)を書(か)く→写蝇头小字 細(こま)かく述(の)べる→详细叙述 金(かね)のことに細(こま)かい→花钱仔细

N3 けち ① 【形】 吝啬的
けちに暮らす。
过着吝啬的生活。

同音词 鶏知(けち) 日本地名 ケチ 卑鄙，简陋

★ 与けち相关：
けちなやつ→吝啬鬼，小气鬼 けちな野郎(やろう)→下流的东西 けちがつく→有了不吉之兆

N2 ぼんやり ③ 【形】 马虎的，心不在焉的
ぼんやりするな。
不要发呆／别心不在焉。

同义词 ぼうっと 呆呆的 ぼさぼさ 发呆 ぼかんと 发呆

★ 与ぼんやり相关：
ぼんやりした記憶(きおく)→模糊的记忆 一日中(いちにちじゅう)ぼんやりして暮(く)らす→终日无所用心

N2 執着(しゅうちゃく) ⓪ 【形动】 执着
現在の地位には執着しない。
不留恋现在的地位。

同音词 収着(しゅうちゃく) 吸附 祝着(しゅうちゃく) 庆祝 終着(しゅうちゃく) 终点，最终到达

★ 与執着相关：
旧習(きゅうしゅう)に執着(しゅうちゃく)する→固守旧习 この世(よ)に執着(しゅうちゃく)する→贪恋人世 執着心(しゅうちゃくしん)→执著之念

N2 謙虚(けんきょ) ① 【形】 谦虚的，谦和的
謙虚に反省する。
谦虚反省。

同音词 検挙(けんきょ) 逮捕，拘留

★ 与謙虚相关：
謙虚(けんきょ)な態度(たいど)→谦和的态度 人(ひと)の話(はなし)を謙虚(けんきょ)に聞(き)く→谦虚地听别人的意见

2 性格特征

日本学生都在用的分类词汇书

2 性格特征

N2 わがまま ③ ④ 【形动】 任性的，放肆的

わがままを言う。
说话任性。

同义词 勝手（かって）任性　気まま（きまま）任性　気任せ（きまか）任性

★ 与わがまま相关：
反义词：利口（りこう）→乖巧　頭がいい（あたま）→聪明

N1 外向的（がいこうてき）⓪ 【形动】 外向的

彼は性格が外向的です。
他性格外向。

反义词 内向的（ないこうてき）内向

★ 与外向的相关：
外向型（がいこうがた）→外向型　外向性（がいこうせい）→外倾性

N1 几帳面（きちょうめん）⓪ ② 【形动】 规规矩矩的，一丝不苟的

几帳面に病人の世話をする。
很周到地照料病人。

同义词 真剣（しんけん）认真　真面目（まじめ）认真

★ 与几帳面相关：
反义词：ざっと→马马虎虎　いいかげん→马马虎虎

N1 根気（こんき）① 【名】 耐性

根気がなければ辞書の編集はできない。
没有毅力编写不了辞典。

同音词 今季（こんき）本季，这一季　今期（こんき）这期，本期　婚期（こんき）婚期

★ 与根気相关：
根気強く（こんきづよ）→百折不挠地　根気が続く（こんきつづ）→坚持不懈　根気がない（こんき）→没有耐性

N1 子供っぽい（こども）⑤ 【形】 孩子一般的，孩子气的，天真的

言うことが子供っぽい。
说话很幼稚。

同义词 幼稚（ようち）幼稚

★ 与子供っぽい相关：
反义词：成熟（せいじゅく）→成熟　しっかり→成熟

Chapter 11 内心世界

N1 ルーズ ① 【形动】 松懈的，散漫的
仕事がルーズだ。
工作吊儿郎当。

反义词 真剣(しんけん) 认真　　真面目(まじめ) 认真

★ 与ルーズ相关：
ルーズな生活(せいかつ)→散漫的生活　時間(じかん)にルーズ→不遵守时间

N1 頑固(がんこ) ① 【形动】 顽固的，固执的
彼は非常に頑固で忠告を受け入れない。
他很固执，不肯接受劝告。

同义词 頑(かたく)な 顽固　　片意地(かたいじ) 顽固　　意固地(いこじ) 顽固　　強情(ごうじょう) 顽固

★ 与頑固相关：
頑固(がんこ)なおやじ→顽固的老头　頑固に自説(じせつ)を主張(しゅちょう)する→固执己见　頑固(がんこ)をとおす→逞顽固

N1 愛想(あいそ) ③ 【形】 亲切的，和蔼的
愛想を言う。
恭维，说客套话。

同义词 愛想(あいそう) 亲切，和蔼

★ 与愛想相关：
愛想(あいそ)がいい→和蔼可亲　愛想(あいそ)が悪(わる)い→不招人喜欢，讨人嫌　愛想(あいそ)がない→冷淡

N1 己惚(うぬぼ)れ ⓪ 【形】 自满自大的
己惚れもいい加減にしろ。
不要太自大。

同义词 自慢(じまん) 自夸，自大，骄傲，得意

★ 与己惚れ相关：
己惚(うぬぼ)れの強(つよ)い人(ひと)→过于自负的人　己惚(うぬぼ)れ者(もの)→自负的人

N1 大雑把(おおざっぱ) ③ 【形】 草率的，粗枝大叶的
ねっからおおざっぱ人間だ。
天生是个马大哈的人。

同义词 大(おお)まか 大大咧咧的　　粗雑(そざつ) 粗枝大叶的　　疎(おろそ)か 不认真

★ 与大雑把相关：
大雑把(おおざっぱ)な書(か)き方(かた)→粗略的写法　仕事(しごと)が大雑把(おおざっぱ)だ→工作草率　大雑把(おおざっぱ)に読(よ)み終(お)わる→走马观花地读完

2 性格特征

日本学生都在用的分类词汇书

性格特征

N1 大まか ⓪ 【形】 大手大脚的，潦草的

パソコンは大まかに言ってデスクトップ型とノート型の二種類がある。
笼统地说，电脑有两种，一种是台式，另一种是笔记本电脑。

同义词 いい加減 敷衍，搪塞　疎略 大手大脚　粗末 潦草

★ 与大まか相关：
大まかな人間→粗率的人　大まかな計画を立てる→制订笼统的计划

N1 臆病 ③ 【形】 胆小的，胆怯的

彼は非常に臆病だ。
他胆子非常小，他是个胆小鬼。

同义词 気が弱い 胆小　ビクビクする 害怕

★ 与臆病相关：
臆病風に吹かれる→胆怯起来，感到害怕　ネズミのように臆病なのだ→胆小如鼠

N1 落ち着き ⓪ 【形】 沉着的

最近の子どもは落ち着きがない。
现在的孩子不稳重。

同义词 静まる 安静　治まる 平息　沈着 沉着

★ 与落ち着き相关：
落ち着きのある態度→沉着的态度，安详的态度　落ち着きのいい石→放得很稳当的石头

N1 活発 ⓪ 【形动】 活泼的

クラブ活動が活発である。
课外兴趣小组活动很活跃。

同义词 生き生き 生机勃勃　元気 精神　溌剌 活灵活现

★ 与活発相关：
活発な子ども→活泼的孩子　活発な性格だ→性格活泼

N1 沈着 ⓪ 【形】 沉着的

沈着さを欠く。
缺乏稳当劲，不够沉着。

同义词 静まる 安静　治まる 平息

★ 与沈着相关：
沈着な態度→沉着的态度　沈着に行動する→稳重从事　沈着さを欠く→缺乏稳当劲；不够沉着

N1 親善 ⓪ 【形】 友好的，和善的

国際親善。
国际友好。

同音词 浸染 侵染，感化　神前 神前

★ 与親善相关：
親善試合→友谊赛　親善訪問→友好访问　親善外交→友好外交，睦邻外交

· 228 ·

Chapter 11 内心世界

N5 嫌い ⓪ 【动】 嫌，不愿，厌烦，厌恶，嫌恶，讨厌

わたしはおべっかを使うことが大嫌いだ。
我最讨厌拍马屁。

同音词 帰来(きらい) 归来，回来，归来，回来　　機雷(きらい) 水雷
　　　　 きらい 饥饿的状态　　　　　　　　　喜来(きらい) 日本地名

★ 与嫌い相关：
いや→只能使用第一人称，表示特定的、一时的情感　きらい→无人称限制，表示持续的、倾向性的厌恶感情

N5 疲れる ③ 【动】 累，乏

へとへとに疲れる。
筋疲力尽/累透了。

同音词 憑(つ)かれる 附体，被……迷上了

★ 与疲れる相关：
体(からだ)が疲(つか)れる→身体疲倦　疲(つか)れた油(あぶら)→陈油，乏油

N5 難しい ④ 【形】 心绪不好的，不痛快的，不高兴的

あの人はいつも難しい顔をしている。
他总是哭丧着脸。

同义词 悲(かな)しい 悲伤

★ 与難しい相关：
難(むずか)しい文章(ぶんしょう)→难理解的文章　難(むずか)しい病気(びょうき)→难治好的病，疑难病　難(むずか)しい人(ひと)→好挑剔的人

N4 驚く ③ 【动】 吃惊

驚いてあいた口がふさがらない。
惊得目瞪口呆。

同义词 びっくり 吃惊

★ 与驚く相关：
驚く→说明客观状态，也可说明行为　びっくり→主要表状态，主观性较强

N4 すごい ② 【形】 惊人的，了不起的

この小説は凄い。
这部小说好得很。

同义词 ひどい 激烈，残酷

★ 与凄い相关：
凄(すご)い光景(こうけい)→骇人的情景　凄(すご)い雨(あめ)→大雨；暴雨　凄(すご)い腕前(うでまえ)→惊人的才干

N4 易しい ③ 【形】 容易的，简单的

言うのは易しいが、行うのはむずかしい。

说来容易做起难。

同义词　たやすい　简单的，朴素的　　　容易　容易，简单

★ 与易しい相关：

易しい問題→容易的问题　易しい文章→易懂的文章　やさしく言えば→简单来说

N3 容易 ⓪ 【形】 容易的，简单的

これをしあげるのは容易でなかった。

完成这项任务可不容易。

同音词　用意　准备，注意　　　妖異　怪事，妖怪

★ 与容易相关：

たやすい→形容某种行为很容易实现，对象只限于表行为的词语。

易しい→形容对象容易理解，易于掌握，或某种状态易于实现对象一般抽象，且行为规模较小，略含轻视，不看重的言外之意。

容易→对象只限于行为，但多用于影响范围广且程度复杂的行为。

N3 困難 ① 【名】 困难

打ち勝ち難い困難。

不易克服的困难。

同义词　難しい　难以

★ 与困难相关：

困難→可表示行为过程中的难题，或表行为、状态的艰难和困窘。

難しい→表示主题上难于理解、掌握，或形容行为动作难于实现，某种状态难以进展。

N3 ひどい ② 【名】 很严重

あいつの御陰でひどいめにあった。

都怪他我才吃了个大亏。

同义词　酷いめにあう　倒大霉　　　酷いめにあわせる　给他点厉害看看

★ 与ひどい相关：

ひどい→表示残酷、糟糕的程度，一般用于形容不理想的状态　すごい→表示令人吃惊的程度，可以是贬义或者褒义

Chapter 11 内心世界

N2 かわいそう ④ 【形动】 可怜的
そんなに猫をいじめては可哀相だ。
那么欺侮小猫可太可怜了。

同义词 気の毒 可怜

★ 与かわいそう相关：
かわいそう→一般用于比自己弱小，地位低下，应该受到保护的对象，主观性强。
気の毒→用于平辈乃至优越于自己的对象，客观意思浓厚。

N2 かわいらしい ⑤ 【形】 可爱的，讨人喜欢的
この子はほんそうにかわいらしい。
这孩子多可爱呀！

反义词 かわいそう 可怜的

★ 与かわいらしい相关：
かわいらしい→表主题美丽动人，令人喜爱的性质，状态。かわいい→主要表主观情感。

N2 幸せ ⓪ 【形】 幸福的，幸运的
ふたりは結婚して幸せな家庭をつくった。
两人结婚建立了一个幸福的家庭。

同义词 幸福 幸福

★ 与幸せ相关：
ありがたき幸せ→庆幸　幸せな日を送る→过幸福的日子

N2 幸福 ⓪ 【形】 幸福的
われわれはとても幸福だ。
我们非常幸福。

同音词 降伏 投降，降服

★ 与幸福相关：
幸福→用于恒常的，精神、物质得到满足的生活状态　幸せ→用于一时的、偶然的幸运感

N2 がたい ② 【形】 难以……，难于……，很难……，不容易……
いわく言い難い事情。
难言之隐。

同义词 にくい 难以　　づらい 辛苦

★ 与がたい相关：
にくい→表示在做某事，心理或物理上感到困难，可用于自己或他人或事物的行为。
づらい→表示在做某事，心理或物理上感到困难，只用于自己的行为。
がたい→只用于难以实现甚至无法实现的行为动作，多属于好的、抽象的行为。

3 感受体会

N2 にくい ② 【形】 困难的，不好办的

彼の前ではどうも切り出しにくかった。
在他面前实在难于开口。

同义词 憎い 可恨的，漂亮的，令人钦佩的
悪い 可恨的，漂亮的，令人钦佩的

★ 与にくい相关：
食べにくい→不好吃，难吃　読みにくい文章→难以读懂的文章

N2 豊か ① 【形】 丰富的，富裕的

あまり豊かでない生活。
不太富裕的生活。

同义词 豊富 丰富　　潤沢 富裕

★ 与豊か相关：
豊かな才能→丰富的才能　豊かに暮らしている→（生活）过得富裕　豊かな心→心怀宽大，丰富的心灵

N2 のんびり ③ 【形】 无忧无虑的，自由自在的

のんびりした田舎の生活。
悠闲自在的乡间生活。

同义词 悠悠 悠闲　　ゆったり 放松　　のびのび 无拘无束
呑気 自在　　自適 悠游自得

★ 与のんびり相关：
のんびり→主要表示精神松弛、气氛缓和、可悠然自得地做事；还可表不慌不忙、与世无争的性格。
悠悠→主要表示不急躁、从容不迫的状态，含有充满自信的意思。

N2 悠悠 ③ 【副・形动】 不慌不忙

悠悠と席に着いた。
不慌不忙地坐在位置上。

相关词 くよくよ 愁眉不展　　やきもき 担心　　いらいら 焦躁

★ 与悠悠相关：
悠悠と席に着いた→不慌不忙地坐在位置上　悠悠と間に合う→时间绰绰有余　悠悠たる大空→广阔的天空

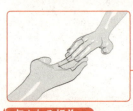

N1 触る ⓪ 【动】 触碰，参与

ぬれた手で電灯に触るとあぶない。
用湿手碰电灯可危险。

同音词 障る 妨碍，有害　　さわる 罐子，坛子

★ 与さわる相关：
触る→表示人或人的某一部分与外界的接触行为，意识性行为居多，且动作时间长，接触部分面积大。
触れる→不仅表示认得感知行为，还可表物物的接触，一般为轻微、偶然、短时的接触。

Chapter 11 内心世界

N1 労る ③ 【名】 安慰，怜悯，照顾

老人を労わる。
照顾老人。

同义词 ねぎらう 体贴　慰める 安慰

▼ 与労る相关：
年寄りを労る→关怀老年人　部下を労る→慰劳部下　病の身を労る→保养有病的身体

N1 空ろ ⓪ 【名・形动】 空洞，空虚

空ろな目。
呆滞的眼光。

同音词 虚ろ 空虚　窠 日本地名

▼ 与うつろ相关：
うつろな目つき→呆滞的眼光　慰めの言葉もうつろに響く→安慰的话也毫无影响

N1 惜しむ ② 【动】 珍惜，爱惜

わずかの時間も惜しんで外国語の勉強をする。
珍惜片刻时间学习外语。

同义词 大切にする 珍惜

▼ 与惜しむ相关：
命を惜しむ→惜命，珍惜性命　金を惜しむ→吝惜金钱

N1 後悔 ① 【动】 后悔

自分のしたことを後悔する。
后悔自己所做的事。

同音词 公海 公海　公開 公开，开放，上映　孔開（植）孔裂
更改 更改，更新，修改

▼ 与後悔相关：
後悔先にたたず→后悔莫及　後悔しても追いつかない→后悔也来不及了

③ 感受体会

Chapter 12
动物植物

十二生肖

N1 十二生肖(じゅうにせいしょう) ④【名】十二生肖
「十二生肖」という映画は目下上映中です。
电影《十二生肖》目前正在上映中。

同义词 十二属相(じゅうにぞくしょう) 十二生肖

★ 与十二生肖相关：
十二地支：是用子、丑、寅、卯、辰、巳、午、未、申、酉、戌、亥这12个类别来表示年、月、方位、时间。 十天干：是用甲、乙、丙、丁、戊、巳、庚、辛、壬、癸这10个类别来划分等级。

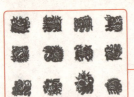

N1 十二属相(じゅうにぞくしょう) ④【名】十二属相
十二属相は英語でどういいますか。
十二属相用英语怎么说。

同义词 十二生肖(じゅうにせいしょう) 十二生肖

★ 与十二属相相关：
干支：是由"十二地支"与"十天干"组合而成的。以60个组合为一个周期，除了日历之外，还被用于时间、方位等的标识。

N5 犬(いぬ) ②【名】狗
犬がワンワンとほえてる。
狗汪汪地叫。

相关词 犬ころ(いぬ) 小狗，狗崽　犬掻き(いぬか) 狗刨式游泳法

★ 与犬相关：
犬の遠ぼえ(いぬ とお)→虚张声势　犬と猿の仲(いぬ さる なか)→水火不相容　犬に論語(いぬ ろんご)→对狗讲论语，对牛弹琴

N5 豚(ぶた) ⓪【名】猪
豚のように太る。
胖得像猪。

同义词 豚 野猪(いのしし)

★ 与豚相关：
子豚(こぶた)→小猪，猪崽　食用豚(しょくようぶた)→肉用猪　豚小屋(ぶたごや)→猪圈

N2 鼠(ねずみ) ⓪【名】鼠
鼠の穴。
鼠穴／耗子洞。

相关词 鼠色(ねずみいろ) 灰色　鼠取り(ねずみと) 捕鼠器

★ 与ネズミ相关：
ネズミが塩を引く(しお ひ)→积少成多；偷偷地做某事　袋の中のネズミ(ふくろ なか)→袋中之鼠，瓮中之鳖　家には鼠、国には盗人(いえ ねずみ くに ぬすびと)→家有家鼠，国有国贼。

Chapter 12 动物植物

N2 牛 ⓪【名】牛
牛の乳をしぼる。
挤牛奶。

同音词 うし 丑 丑时　　うし 羽枝 羽支　　うし 大人　　うし 齲歯 龋齿

★ 与牛相关：
牛に経文→対牛弹琴　牛の歩み→牛步，行动迟缓　牛のよだれ→又细又长，漫长而单调，冗长无味

N2 虎 ⓪【名】虎
虎は死して皮を残し、人は死して名を残す。
虎死留皮，人死留名。

同音词 とら 寅 寅时

★ 与虎相关：
虎狩り→猎虎　虎になる→喝醉

N2 兎 ⓪【名】兔
野兎。
野兔。

相关词 アンゴラ兎 安哥拉兔　　兎網 （捉）兔网

★ 与兎相关：
子兎→兔崽子　兎ごや→兔窝　兎穴→野兔穴

N2 馬 ②【名】马
馬に乗る。
骑马／上马。

相关词 馬面 马脸，长脸　　馬繋ぎ 拴马桩

★ 与马相关：
馬を駆る→驱马前进　馬を走らせる→赶马　馬から降りる→下马

N2 猿 ①【名】猴
猿が芸をする。
猴儿耍玩意儿。

同音词 さる 去る 离开，离去

★ 与猿相关：
猿まわし→耍猴儿　猿真似→瞎模仿　猿に烏帽子→沐猴而冠

十二生肖

· 237 ·

十二生肖

N1 竜 ①【名】龙
りゅう
竜を見たことがありません。
没见过龙。

同音词 流 等级，流派
りゅう

★ 与竜相关：
竜の雲を得たるが如し→如龙得云　竜は一寸にして昇天の気あり→杰出人物自幼就与众不同

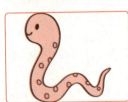

N1 蛇 ①【名】蛇
へび
蛇にかまれる。
被蛇咬。

相关词 蛇座 巨蛇星座　　蛇苺 蛇莓
へびざ　　　　　　　へびいちご

★ 与蛇相关：
蛇にかまれて朽ち縄に怖づ→一朝被蛇咬，十年怕井绳　蛇に足を添う→画蛇添足　蛇の生殺し→办事拖拖拉拉

N1 羊 ⓪【名】羊
ひつじ
羊の毛を刈る。
剪羊毛。

同音词 未　未，未时
ひつじ

★ 与羊相关：
羊飼い→养羊　羊の歩み→行将覆灭，临近死亡

N1 鶏 ⓪【名】鸡
にわとり
鶏を飼う。
养鸡。

相关词 鶏が卵を生む　（母）鸡下蛋　　鶏をしめる 杀鸡
にわとりたまご　う　　　　　　　　　　　にわとり

★ 与鶏相关：
鶏を割くにいずくんぞ牛刀を用いん→割鸡焉用牛刀，大材小用　鶏が時をつくる→鸡报晓

N1 陰暦 ⓪【名】阴历
いんれき
陰暦の正月を楽しみにしています。
期待过春节。

同义词 太陰暦 阴历　　旧暦 阴历
たいいんれき　　　　　きゅうれき

★ 与陰暦相关：
阴历在天文学中主要指按月亮的月相周期来安排的历法。以月球绕行地球一周（以太阳为参照物，实际月球运行超过一周）为一月，即以朔望月作为确定历月的基础，一年为十二个历月的一种历法。在历法发展衍变过程中，二十四节气的出现用于科学地指导农业生产，形成了农历。虽然，阴历、农历都俗称殷历、古历、旧历，但阴历和农历是有区别的。传统上使用的夏历实际上是一种阴阳历。

Chapter 12 动物植物

N1 **十二支** ① 【名】十二支，地支

十二支について知っていますか。
你知道十二支吗？

相关词 子鼠（ね）　丑牛（うし）　寅虎（とら）

★ 与十二支相关：
十二地支是子、丑、寅、卯、辰、巳、午、未、申、酉、戌、亥的总称。

1 十二生肖

2 鱼类

N5 魚(さかな) ⓪ 【名】鱼

魚を釣る。
钓鱼。

同义词 うお 鱼

★ 与魚相关：
背(せ)びれ→背鰭　尾(お)びれ→尾鰭　胸(むね)びれ→胸鰭

N1 鮫(さめ) ① 【名】鲨鱼

人間に危害を加える海の生物として知られてきたサメ。
鲨鱼被认为是对人类有危害的海洋生物。

相关词 鮫皮(さめがわ) 鲨鱼皮，鲨鱼革

★ 与鮫相关：
鲨鱼被一些人认为是海洋中最凶猛的鱼类之一，属于软骨鱼类。

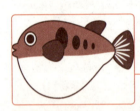

N1 河豚(ふぐ) ① 【名】河豚

河豚は食いたし命は惜しし。
又想吃，又怕烫；想吃老虎肉，又怕老虎咬。

同音词 不具(ふぐ) 不具备，残疾

★ 与河豚相关：
河豚为哺乳纲淡水豚科动物的统称，属鲸目。未成年的淡水豚为灰色，成熟后就会变为粉红色。特别注意：河豚为哺乳动物，无毒；有关同音而且有毒的鱼类，见"河鲀"。

N1 まぐろ ⓪ 【名】金枪鱼

まぐろの刺身。
金枪鱼的生鱼片。

同音词 鮪(まぐろ) 鲔鱼

★ 与まぐろ相关：
金枪鱼类属鲈形目鲭科金枪鱼属海鱼的总称，是大型洄游鱼，体形均为纺锤形，广泛分布于温带、热带海域。日本近海有黑金枪鱼、大眼金枪鱼、黄鳍金枪鱼、长鳍金枪鱼和青干金枪鱼，麦氏金枪鱼和大西洋金枪鱼在远洋渔获。

Chapter 12 动物植物

N1 鱈 ① 【名】鳕鱼
あいつの言うことは全部出鱈目だ。
他说的话全都是信口胡说。

同音词 たら 要是，如果

★ 与鳕相关：

鳕鱼，地方名称有大头青、大口鱼、大头鱼、明太鱼、水口、阔口鱼、大头腥、石肠鱼。纯正鳕鱼指鳕属鱼类，分为大西洋鳕鱼、格陵兰鳕鱼和太平洋鳕鱼。鳕形目下有鳕科，通常的鳕鱼概念扩大到鳕科鱼类，有50多种，它们中大多数分布于大西洋北部大陆架海域，重要鱼种有黑线鳕、蓝鳕、绿青鳕、牙鳕、挪威长臂鳕和狭鳕等。鳕鱼是全世界年捕捞量最大的鱼类之一，具有重要的食用和经济价值。

N1 鮭 ① 【名】大马哈鱼
塩鮭はおいしいです。
咸大马哈鱼很好吃。

相关词 鮭の切り身 大马哈鱼块　鮭のムニエル （法国式）黄油炸鲑鱼

★ 与鲑相关：

大马哈鱼属鲑科鱼类，又叫鲑鱼，是珍贵的经济鱼类，深受人们的喜爱，其卵也是著名的水产品，营养价值很高。该鱼素以肉质鲜美、营养丰富著称于世，历来被人们视为名贵鱼类。中国黑龙江畔盛产大马哈鱼，是"大马哈鱼之乡"。

N1 グチ ① 【名】黄花鱼
思わずグチが口をつく。
忍不住发牢骚。

同音词 愚痴　牢骚

★ 与グチ相关：

「グチ」又名黄鱼，生于东海中，鱼头上有两颗坚硬的石头，叫鱼脑石，故又名石首鱼。鱼腹中的白色鱼鳔可作鱼胶，有止血之效，能防止出血性紫癜。

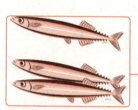

N1 秋刀魚 ⓪ 【名】秋刀鱼
塩焼秋刀魚。
盐烧秋刀鱼。

相关词 海産 海鲜　魚 鱼

★ 豆知识：

秋刀鱼在部分东亚地区的食物料理中是一种很常见的鱼种。体型细圆，呈棒状；背鳍后有5～6个小鳍，臀鳍后有6～7个小鳍；两颚多突起，但不呈长缘状，牙细弱；体背部深蓝色，腹部银白色，吻端与尾柄后部略带黄色。

鱼类

日本学生都在用的分类词汇书

N1 鯖 ⓪【名】鲐鱼，青花鱼

さばの生干し。
半干的青花鱼。

相关词 さばを読む 在数量上捣鬼，打马虎眼
さばけた人 开通的人；精于世故的人

☆豆知识：

「鯖」又名青花鱼、油胴鱼、鲭鱼、花池鱼、花巴、花鯷、青占、花鲱、巴浪、鲐鲅鱼，为海洋洄游性上层鱼类，游泳力强，速度快。分布于北太平洋西部，中国、朝鲜、日本及俄罗斯远东地区，最北可达鄂霍次克海。

2 鱼类

N1 鯉 ①【名】鲤鱼

鯉を釣る。
钓鱼。

同音词 恋 恋爱，爱情　故意 故意，存心　濃い 浓，烈，密　乞い 乞求

☆与鲤相关：

鲤鱼，中文别名：鲤拐子、鲤子。杂食性，掘寻食物时常把水搅浑，增大混浊度，对很多动植物有不利影响。因此，常被认为是不受欢迎的鱼，人们要花很大力量才能除掉它。

N1 鰻 ⓪【名】鳝鱼

鰻のかば焼き。
烤鳝鱼片。

相关词 鰻の寝床 比喻狭窄的房屋，胡同等
鰻登り 比喻事物以惊人的速度上升

☆与鳗相关：

「鰻」属黄鳝属，亦称黄鳝。鳝鱼在我国分布有两种，一种即为常见的黄鳝，还有一种为山黄鳝，目前只在云南陇川县有分布，国内其他地区没有分布。

N1 穴子 ⓪【名】海水鳗

穴子につける甘いたれのこと。
这是海鳝鱼上的甜味酱。

相关词 ウナギ 鳗鱼　海水魚 海水鱼

☆豆知识：

「穴子」是传统名贵鱼类，也是世界上最神秘的鱼类之一。它的生长过程极为奇特，先是在海水中产卵成苗，后又进入淡水成长。鳗鲡在"绝食"一年半后仍能生存，养殖的鳗鲡寿命可长达50年。

• 242 •

Chapter 12 动物植物

N1 車海老 くるまえび ③【名】对虾

魚は江戸前でとれたもので、アナゴ、鯖、こはだ、車海老といったものが中心だったらしい。

鱼从东京湾捕捞上来，其中以星鳗、鲭、对虾等为主。

| 同音词 | 車蝦 くるまえび 大虾，凤尾虾 | 車えび くるま 对虾，明虾 |

★ 与车海老相关：

「車海老」对虾，学名东方对虾，又称中国对虾、斑节虾。节肢动物门，对虾属个体大，通称大虾。雌性成长个体长，雄性较小。对虾为广温广盐性海产动物。腹部较长，肌肉发达，分节明显。

N1 烏賊 いか ⓪【名】墨鱼

烏賊は海に住んでいる。

乌贼生活在大海里。

| 同音词 | 以下 いか 以下 | 医家 いか 医生 | 医科 いか 医科 |

★ 与乌贼相关：

「烏賊」本名乌鲗，又称花枝、墨斗鱼或墨鱼。乌贼遇到强敌时会以"喷墨"作为逃生的方法，伺机离开，因而有"乌贼""墨鱼"等名称。其皮肤中有色素小囊，会随"情绪"的变化而改变颜色和大小。乌贼会跃出海面，具有惊人的空中飞行能力。

N1 サーモン ①【名】三文鱼

キング・サーモン。

大鳞大马哈鱼。

| 相关词 | サーモン・ステーキ 煎大马哈鱼 | サーモン・ピンク 鲑肉色，橙红色 |

★ 与サーモン相关：

「サーモン」也叫撒蒙鱼或萨门鱼，学名鲑鱼。鲑鱼肉质紧密鲜美，肉色为粉红色并具有弹性。鲑鱼以挪威产量最大，名气也很大。但质量最好的三文鱼产自美国的阿拉斯加海域和英国的英格兰海域。三文鱼是西餐较常用的鱼类原料之一。

N1 鰯 いわし ⓪【名】沙丁鱼

鰯油。

沙丁鱼油。

| 同义词 | マイワシ 沙丁鱼 |

★ 与鰯相关：

「鰯」在香港被人们称沙甸鱼，又称萨丁鱼，肉质鲜美，多用来制为罐头食品。最初在意大利萨丁尼亚捕获而得名。

2 鱼类

日本学生都在用的分类词汇书

N1 鮎（あゆ）① 【名】鲶鱼，香鱼

稚鮎。
小香鱼。

同音词 阿諛（あゆ） 阿諛奉承　年魚（あゆ） 香鱼　香魚（あゆ） 香鱼

★ 与鮎相关：

鲶鱼，即"鮎鱼"，俗称塘虱，又称怀头鱼。鲶的同类几乎是分布在全世界，多数种类是生活在池塘或河川等的淡水中，但部分种类生活在海洋里。鲶鱼嘴的周围有数条长须，利用此须能辨别出味道，这是它的特征。

N1 蟹（かに）⓪ 【名】螃蟹

蟹のはさみ。
蟹螯／螃蟹的钳子。

相关词 蟹の甲（かに きのえ） 蟹壳，螃蟹盖　蟹の横ばい（かに よこ） 螃蟹的横行

★ 与蟹相关：

「蟹」是甲壳类动物，它们的身体被硬壳保护着。螃蟹靠鳃呼吸。绝大多数种类的螃蟹生活在海里或靠近海洋，也有一些螃蟹栖于淡水或住在陆地。螃蟹是依靠地磁场来判断方向的。

N1 伊勢海老（いせえび）② 【名】龙虾

今日は伊勢海老、イカを盛り合わせたものです。
今天点的是龙虾和鱿鱼拼盘。

同义词 伊勢蝦（いせえび） 龙虾

★ 与伊勢海老相关：

龙虾又名大虾、龙头虾、虾魁、海虾等。重0.5公斤上下，无螯，是虾类中最大的一类。最重的龙虾能达到5公斤以上，人称龙虾虎。龙虾主要分布于热带海域，是名贵海产品。中国已发现8个品种。

N1 蛸（たこ）① 【名】章鱼

蛸足大学。
有许多分校的大学。

同音词 凧（たこ） 风筝　胼胝（たこ） 茧皮

★ 与蛸相关：

章鱼是八腕目头足类软体动物的通称，但严格意义上仅指章鱼属动物。因其头上长有八腕，且腕间有膜相连，长短不一，腕上具有两行无柄的吸盘，吸盘无柄，所以称作"八腕类"。

2 鱼类

244

Chapter 12 动物植物

N1 蛎 ① 【名】牡蛎
牡蠣フライを食べたい。
想吃炸蛎黄。

| 同音词 | 下記 下列，下述 | 垣 隔阂，界限 | 夏季 夏天 |

★ 与蛎相关：

牡蛎是富含锌元素的食物之一，属牡蛎科，双壳类软体动物，分布于温带和热带各大洋沿岸水域。海菊蛤属与不等蛤属动物有时亦分别称为棘牡蛎和鞍牡蛎。

N1 鲍 ⓪ 【名】鲍鱼
鮑の食べ方がわからない。
不知道鲍鱼怎么吃。

| 相关词 | 鮑の片思い 单相思，剃头的挑子一头儿热 |
| | 管鮑の交わり 鱼水之交，知己之交。 |

★ 与鲍相关：

鲍鱼是中国传统的名贵食材，位居四大海味之首。在古代，鲍鱼也用来指盐腌的鱼。此外，网络语言中，"鲍鱼"还有汽车金属制动卡盘等含义。

N1 海鼠 ⓪② 【名】海参
なまこの人気レシピをご覧ください。
请看海参的人气食谱。

| 相关词 | 海鼠板 生铁块板 | 棘皮動物 棘皮动物 |

★ 与海鼠相关：

海参属海参纲，是生活在海边至8000米的海洋棘皮动物，距今已有六亿多年的历史。海参以海底藻类和浮游生物为食，是世界八大珍品之一。现代研究表明，海参具有提高记忆力，延缓性腺衰老，防止动脉硬化、糖尿病以及抗肿瘤等作用。

2 鱼类

日本学生都在用的分类词汇书

N5 鳥 ⓪ 【名】鸟，禽
鳥が1羽木にとまっている。
有一只鸟停在树上。

| 相关词 | 鳥餌 鸟食 | 空飛ぶ鳥 飞禽 | さえずる鳥 鸣禽 |

★ 与鸟相关：
鳥疲れて枝を選ばず→倦鸟不择枝；饥不择食　鳥なき里のこうもり→山中无虎，猴子称王

N1 ひよこ ① 【名】小鸡
かもめの雛。
雏鸥。

| 相关词 | 幼稚 幼稚 | 未熟な者 不成熟的人 |

★ 与ひよこ相关：
ひよこ→黄口小儿　雛のくせに生意気な口をきくな→一个小毛孩子不要说狂妄的话　雛をかえす→孵小鸡

N1 家鴨 ⓪ 【名】鸭子
あひるの丸焼き。
烤鸭。

| 相关词 | みにくいあひるのこ 丑小鸭 | 家鴨の卵 鸭蛋 |

★ 与家鸭相关：
鸭子属脊索动物门，是由野生绿头鸭和斑嘴鸭驯化而来，是一种常见家禽。鸭是雁形目鸭科鸭亚科水禽的统称，或称真鸭。鸭的体型相对较小，颈短，一些属的嘴要大些。腿位于身体后方，因而步态摇摇摆摆。

3 鸟类

N1 鵞鳥 ⓪ 【名】鹅
鵞鳥を追う少女。
追逐鹅的少女。

| 同音词 | 画帳 画册 | 画調 画画的风格 |

★ 与鵞鳥相关：
鹅被认为是人类驯化的第一种家禽，它来自于野生的鸿雁或灰雁。中国家鹅来自于鸿雁，欧洲家鹅则来自灰雁。鹅是鸟纲雁形目鸭科动物的一种。

N1 鳩 ① 【名】鸽子
家鳩。
家鸽。

| 相关词 | 伝書鳩 信鸽 | 鳩に豆鉄砲 惊慌失措 |

★ 与鸠相关：
「鳩」是我们平常所说的鸽子，是鸽属中的一种，而且是家鸽。鸽子和人类伴居已经有上千年的历史了，考古学家发现的第一幅鸽子图像，来自于公元前3000年的美索不达米亚，也就是现在的伊拉克。

Chapter 12 动物植物

N1 白鳥 ⓪ 【名】天鹅
はくちょう
黒白鳥。
黑天鹅。

同音词 白鳥 日本地名
はくちょう

☆ 与白鸟相关：
「白鳥」指天鹅属的鸟类，共有7种，属游禽。除非洲、南极洲之外的各大陆均有分布。为鸭科中个体最大的类群。喜欢群栖在湖泊和沼泽地带，主要以水生植物为食，也吃螺类和软体动物。多数是一夫一妻制，相伴终生。

N1 孔雀 ⓪ 【名】孔雀
くじゃく
尾を広げた孔雀。
开屏的孔雀。

同义词 マクジャク 绿孔雀

☆ 与孔雀相关：
「孔雀」是鸡形目、雉科两种羽衣非常华美的鸟类的统称。孔雀属的两个种类：印度和斯里兰卡产的蓝孔雀即印度孔雀和分布自缅甸到爪哇的绿孔雀即爪哇孔雀。

N1 鷹 ⓪ 【名】鹰
たか
鷹を使う。
放鹰捕鸟。

同音词 多寡（数量上）多少　　高 提高，数量
たか　　　　　　　　　　　たか

☆ 与鹰相关：
能ある鷹は爪を隠す→真人不露相，露相不真人　鷹は飢えても穂を摘まず→节操之士，虽贫不取不义之财
のう　たか　つめ　かく　　　　　　　　　　　　　　たか　う　　　　ほつ

N1 雁 ① 【名】雁
がん
雁が鳴く。
雁鸣，雁叫。

同义词 雁 大雁
かり

☆ 与雁相关：
後の雁が先になる→后来居上　雁が飛べば石亀もじだんだ→不知自量
あと　がん　さき　　　　　　　　がん　と　　いしがめ

N1 すずめ ⓪ 【名】麻雀
雀が飛びまわっている。
麻雀在各处飞。

同音词 楽屋雀 戏剧界消息灵通人士
すずめ

☆ 与すずめ相关：
雀の涙→一点点，少许，微乎其微　雀百まで踊りを忘れず→幼时成习，终生难改；生性难改；禀性难移
すずめ　なみだ　　　　　　　　　　すずめひゃく　おど　わす

鸟类

N1 雲雀（ひばり）⓪【名】云雀

雲雀が囀る。

云雀啼。

同音词 戸破（ひばり） 日本地名

★ 与雲雀相关：

雲雀（ひばり）の口（くち）に鳴子（なるこ）→口若悬河。

N1 カナリア ③【名】金丝雀

カナリアがかごから抜け出した。

金丝雀从笼子里钻出去了。

相关词 カナリア色（いろ） 鲜黄色　　スズメ 麻雀

★ 与カナリア相关：

「カナリア」又名芙蓉鸟、芙蓉、白玉、白玉鸟、玉鸟、白燕，是雀目科食谷类鸟，是羽色和鸣叫兼优的笼养观赏鸟。目前有24个品种，在国内外皆被列为高贵笼养观赏鸟之一。

N1 燕（つばめ）⓪【名】燕子

燕の巣。

燕巢，燕窝。

相关词 若（わか）い燕（つばめ） 年轻的情夫　　小鳥（ことり） 小鸟

★ 与燕相关：

「燕」是雀形目燕科74种鸟类的统称。燕消耗大量时间在空中捕捉昆虫，是最灵活的雀形类之一，主要以蚊、蝇等昆虫为食，是众所周知的益鸟。燕子也是诸多文艺形式表现的重要对象。

N1 烏（からす）①【名】乌鸦

鴉が鳴く。

乌啼／乌鸦叫。

同音词 嗄（か）らす 使声音嘶哑　　枯（か）らす 枯干，枯萎

★ 与烏相关：

烏（からす）のおきゅう→小儿烂嘴疮　烏（からす）の行水（ぎょうずい）→像乌鸦点水般地（快速）洗澡　烏（からす）の雌雄（しゆう）→乌之雌雄（表示事物相似难以区别）

Chapter 12 动物植物

3 鸟类

N1 鸚鵡 ⓪ 【名】鹦鹉
おうむ

オウムはその特徴的な冠羽と湾曲したくちばしから、即座に見分けることができる。
鹦鹉有特征性的冠羽和弯曲的喙，能够立即区分开来。

同音词 雄武 日本地名
おうむ

★ 与鹦鹉相关：

「鹦鹉」是鹦形目，羽毛艳丽，爱叫，是典型的攀禽，常被作为宠物饲养。它们因善学人语技能的特点，更为人们所欣赏和钟爱。鹦鹉种类多，主要分布于热带森林。

N1 鴎 ⓪ 【名】海鸥
かもめ

かもめが海べに群れて飛ぶ。
海鸥在海边结群飞翔。

相关词 鴎の雛 雏鸥　背黒鴎 黑背鸥
かもめひな　　　　せぐろかもめ

★ 与鸥相关：

海鸥也称鸥鸟，是一种中等体型的鸥。海鸥是候鸟，分布于欧洲、亚洲至阿拉斯加及北美洲西部，迁徙时见于中国东北各省。

N1 白鷺 ⓪ 【名】白鹭
しらさぎ

白鷺はとてもきれいです。
白鹭非常漂亮。

同音词 白鷺 日本地名
しらさぎ

★ 与白鹭相关：

白鹭属共有13种鸟类，其中有大白鹭、中白鹭、白鹭（小白鹭）和雪鹭四种，体羽皆是白色，世通称白鹭。白鹭在繁殖期所生的冠羽和蓑羽可作装饰用，俗称白鹭丝毛，常远销欧美和其他世界各地。

N1 鴛鴦 ⓪ 【名】鸳鸯
おしどり

鴛鴦のちぎりを結ぶ。
订偕老之盟／结成夫妻。

相关词 鴛鴦夫婦 形影不离的夫妇　鴛鴦入選 夫妻同时当选
おしどりふうふ　　　　　　　おしどりにゅうせん

★ 与鸳鸯相关：

「鴛鴦」即中国官鸭，鸳指雄鸟，鸯指雌鸟，故鸳鸯属合成词，主要栖息于山地森林河流、湖泊、水塘、芦苇沼泽和稻田地中，属杂食性动物。鸳鸯为中国著名的观赏鸟类，之所以被看成爱情的象征，因为人们见到的鸳鸯都是出双入对的，也是经常出现在中国古代文学作品和神话传说中的鸟类。

N1 啄木鳥(きつつき) ② 【名】啄木鸟

啄木鳥は頑固だが、怖ろしくない。

啄木鸟很顽固，但不恐怖。

相关词 カラス 乌鸦　　森(もり)にすむ 居住在森林

★ 与啄木鳥相关：

「啄木鳥是著名的森林益鸟，除消灭树皮下的害虫如天牛幼虫等外，其凿木的痕迹可作为森林卫生采伐的指示剂。啄木鸟的别称是"森林医生"，它是常见的留鸟，在我国分布较广的种类有绿啄木鸟和斑啄木鸟。

N1 郭公(かっこう) ① 【名】布谷鸟

郭公が鳴く。

表示环境寂静，闲静。

同音词 格好(かっこう) 样子，装扮　　滑降(かっこう) 滑下，滑降　　恰好(かっこう) 形状

★ 与郭公相关：

布谷鸟的体形大小和鸽子相仿。芒种前后，几乎昼夜都能听到它那洪亮而多少有点凄凉的叫声，叫声特点是二声一度——"布谷布谷，布谷布谷""快快割麦！快快割麦""快快播谷！快快播谷"，所以俗称布谷鸟。

3 鸟类

Chapter 12 动物植物

N3 虫(むし) ⓪【名】虫子
虫(むし)が鳴く。
虫鸣／虫子叫。

同音词 夢死(むし) 虚度一生　無始(むし) 无始　無私(むし) 无私

☆与虫相关：
虫(むし)の音(ね)→虫鸣声　虫(むし)が起(お)こる→小孩子肚子痛；有欲望　本(ほん)の虫(むし)→书虫，书痴

N1 蟻(あり) ⓪【名】蚂蚁
蟻(あり)の塔(とう)。
蚁冢。

同音词 有(あ)り 有　あり 楔形接榫法，楔形榫头，与……吻合，用鸠尾榫接合

☆与蟻相关：
蟻(あり)の穴(あな)から堤(つつみ)も崩(くず)れる→千丈之堤溃于蚁穴　蟻(あり)のはい出(で)るすきもない→水泄不通，天罗地网　蟻(あり)の甘(あま)きにつくがごとし→如蚁附膻

N1 蝶(ちょう) ①【名】蝴蝶
ちょうが花のあいだを軽やかに飛びまわる。
花丛中蝴蝶翩翩飞舞。

同音词 町(ちょう) 城镇　腸(ちょう) 肠子　調(ちょう) 风格，调子

☆与蝶相关：
蝶(ちょう)よ花(はな)よ→娇生惯养　ちょう結(むす)び→蝴蝶结　バタフライ→蝶泳

N1 胡蝶(こちょう) ①【名】蝴蝶
胡蝶(こちょう)のように舞う。
像蝴蝶那样飞舞。

同音词 古調(こちょう) 古代的风趣　誇張(こちょう) 夸张，夸大

☆与胡蝶相关：
胡蝶(こちょう)の夢(ゆめ)→蝴蝶梦　胡蝶蘭(こちょうらん)→蝴蝶兰

N1 蚕(かいこ) ①【名】蚕
蚕(かいこ)を飼(か)う。
养蚕。

同音词 回顧(かいこ) 回顾，回忆　懐古(かいこ) 怀念往昔

☆与蚕相关：
お蚕(かいこ)ぐるみで育(そだ)った→在锦衣纨绔中长大，从小娇生惯养　お蚕(かいこ)ぐるみのくらし→奢侈的生活

昆虫类

日本学生都在用的分类词汇书

N1 蠅 ① 【名】苍蝇
はえ
蠅がたかったものを食べてはいけない。
不要吃落过苍蝇的东西。

同音词 映え 显眼，夺目　　栄え 光荣
　　　　　は　　　　　　　　　　　はえ

☆与蝇相关：
ハエを駆除する→驱除苍蝇　ハエ侍→令人讨厌的侍卫
　くじょ　　　　　　　　　　さむらい

N1 蝉 ⓪ 【名】蝉，知了
せみ
せみがじいじい鳴く。
蝉吱吱地叫。

同音词 セミ 半，部分，不完全的

☆与せみ相关：
蝉取り→逮知了　蝉の声→蝉声　蝉の抜け殻→蝉蜕
せみと　　　　　せみ こえ　　　　せみ ぬ がら

N1 お玉杓子 ④ 【名】蝌蚪
たまじゃくし
あの池にはおたまじゃくしがうじゃうじゃいる。
那池塘里蝌蚪满处乱游。

同音词 おたまじゃくし 圆勺，汤勺

☆与お玉杓子相关：
蝌蚪是蛙、蟾蜍、蝾螈、鲵等两栖类动物的幼体。刚孵化出来的蝌蚪，身体呈纺锤形，无四肢、口和内鳃，生有侧扁的长尾，头部两侧生有分枝的外鳃，吸附在水草上，靠体内残存的卵黄供给营养，以群居为主。

N1 蜜蜂 ② 【名】蜜蜂
みつばち
みつばちが花から花へ飛び移る。
蜜蜂从一朵花飞向另一朵花。

相关词 蜂蜜 蜂蜜　　蜜蝋 蜂蜡
　　　　　はちみつ　　　　　みつろう

☆与蜜蜂相关：
「蜜蜂」属膜翅目、蜜蜂科。蜜蜂过群居生活，蜜蜂群体中有蜂王、工蜂和雄蜂三种类型。蜜蜂是对人类有益的昆虫类群之一，因为蜜蜂为取得食物不停地工作，白天采蜜，晚上酿蜜，同时替果树完成授粉任务，为农作物授粉的重要媒介。

N1 蜻蛉 ⓪ 【名】蜻蜓
とんぼ
たんぼの上をとんぼが飛び違う。
蜻蜓在水田上来回乱飞。

同义词 ヤンマ 大蜻蜓

☆与蜻蛉相关：
とんぼがえり→翻筋斗，翻跟头　とんぼを切る→翻筋斗
　　　　　　　　　　　　　　　　　　　き

Chapter 12 动物植物

N1 蟷螂(かまきり) ①【名】螳螂

かまきりは共食いをする。
螳螂同类相残。

同音词 鎌切(かまきり) 日本地名

★ 与螳螂相关：

「蟷螂」亦称刀螂，无脊椎动物。在古希腊，人们将螳螂视为先知，因螳螂前臂举起的样子像祈祷的少女，所以又称祈祷虫。其中，中华大刀螳螂、狭翅大刀螳螂、广斧螳、棕静螳、薄翅螳螂、绿静螳等是中国农、林、果树和观赏植物害虫的重要天敌。

N1 蚤(のみ) ⓪【名】跳蚤

のみが跳んだ。
跳蚤跳跑了。

同音词 のみ 只，仅仅　　鑿(のみ) 凿子

★ 蚤的相关词：

蚤の夫婦(のみ ふうふ)→妻子身材大于丈夫的一对夫妻　蚤を取る(のみ と)→捉跳蚤

N1 蜘蛛(くも) ①【名】蜘蛛

蜘蛛が嫌い。
我讨厌蜘蛛。

同音词 雲(くも) 云

★ 蜘蛛的相关词：

蜘蛛の糸(くも いと)→蜘蛛丝，蛛丝　蜘蛛が巣をかける(くも す)→蜘蛛做网　蜘蛛の巣(くも す)→蜘蛛网

N1 ごきぶり ⓪【名】蟑螂

私はゴキブリが大嫌いだ。
我最讨厌蟑螂。

同义词 油虫(あぶらむし) 蟑螂

★ 与ごきぶり相关：

蟑螂体扁平，黑褐色，通常中等大小。头小，能活动。触角长丝状，复眼发达。翅平，前翅为革质后翅为膜质，前后翅基本等大，覆盖于腹部背面，有的种类无翅。不善飞，能疾走。不完全变态，产卵于卵鞘内，主要分布在热带、亚热带地区。

昆虫类

N1 飛蝗(ばった) ① 【名】蚱蜢，蚂蚱，蝗虫

飛蝗が草むらではね回る。
蝗虫在草丛里乱蹦。

同义词 蝗(いなご) 蝗虫，蚂蚱

★ 与飛蝗相关：

蚱蜢是蚱蜢亚科昆虫的统称。在中国常见的有中华蚱蜢，雌虫比雄虫大，体绿色。后足发达，善于跳跃，飞时可发出"札札"声。如用手握住，两条后足可作上下跳动。咀嚼式口器，危害禾本科植物。

N1 蛍(ほたる) ① 【名】萤火虫

小川のほとりに無数の蛍が光っていた。
小河边上，数不清的萤火虫在闪光。

相关词 蛍石(ほたるいし) 萤石　蛍狩り(ほたるがり) 捕萤

★ 与蛍相关：

蛍の光窓の雪(ほたるひかりまどのゆき)→荧光窗雪；指勤奋苦读　蛍合戦(ほたるがっせん)→许多萤火虫乱飞

N1 蝸牛(かたつむり) ⓪ 【名】蜗牛

カタツムリと遊んだり世話をしたあとは、かならずせっけんで手をあらいましょう。
跟蜗牛玩耍或者照顾完它们之后一定要用肥皂洗手。

相关词 蝸牛の角(かたつむりのつの) 蜗牛的触角　蝸牛の殻(かたつむりのから) 蜗牛壳

★ 与蝸牛相关：

蜗牛属于软体动物，腹足纲。取食腐烂植物质，产卵于土中。一般西方语言中不区分水生的螺类和陆生的蜗牛。蜗牛还具有很高的食用和药用价值。

昆虫类

Chapter 12 动物植物

5 哺乳动物

N5 猫(ねこ) ①【名】猫

猫を飼う。
养猫。

相关词 猫背(ねこぜ) 驼背的人　猫舌(ねこじた) 不能吃热食的人　どら猫 野猫

★ 与猫相关：

猫(ねこ)に小判(こばん)→投珠与豕，对牛弹琴；不起作用，毫无效果　猫(ねこ)の手(て)も借(か)りたい→忙得厉害，人手不足　猫(ねこ)の目(め)のように変(か)わる→变化无常

N5 豚(ぶた) ⓪【名】猪

まるで豚小屋同然。
简直像猪圈一样。

同义词 猪(いのしし) 野猪

★ 与猪相关：

豚足(とんそく)→猪蹄　豚(ぶた)の胃袋(いぶくろ)→猪肚子　ピーマンと豚肉(ぶたにく)の炒(いた)めもの→青椒肉丝　ふぐちり→河豚什锦火锅

N2 象(ぞう) ①【名】象

象の鼻が長いです。
象的鼻子长。

同音词 像(ぞう) 像，影像　増(ぞう) 増加，増多　蔵(ぞう) 收藏，所有

★ 与象相关：

アフリカ象(ぞう)→非洲象　象使(ぞうつか)い→驯象者

N1 パンダ ①【名】大熊猫

このパンダは仕込みがいい。
这个熊猫训练有素。

相关词 ジャイアント・パンダ 大熊猫　　レッサー・パンダ 小熊猫

★ 与パンダ相关：

大熊猫属于食肉目的一种哺乳动物，是世界上最可爱的动物之一。大熊猫已在地球上生存了至少800万年，被誉为"活化石"和"中国国宝"，世界自然基金会的形象大使，是世界生物多样性保护的旗舰物种。野外大熊猫的寿命为18～20岁，圈养状态下可以超过30岁，是中国特有物种，现存的熊猫主要栖息地是中国的四川、陕西和甘肃的山区。

日本学生都在用的分类词汇书

⑤ 哺乳动物

N1 チンパンジー ③【名】黑猩猩

京都大学霊長類研究所には「アイ」という有名なチンパンジーが飼われています。
京都大学灵长类研究所里饲养了一只叫"爱"的有名的黑猩猩。

相关词　チンパンジーにげいをおしえる　训练黑猩猩耍玩艺儿
　　　　　チンパンジーをかいならしてげいをしこむ　饲养熟黑猩猩，教它耍玩艺儿，搞杂技

★ **与チンパンジー相关：**

黑猩猩，四大类人猿之一，是现存与人类血缘最近的高级灵长类动物，也是当今除人类之外智力水平最高的生物。

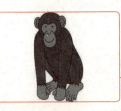

N1 类人猿（るいじんえん）③【名】类人猿

人類は類人猿から進化してきたのだ。
人是从类人猿进化而来的。

同义词　チンパンジー　黑猩猩　　ゴリラ　大猩猩

★ **与类人猿相关：**

「类人猿」简称猿，是灵长目中除了人以外最为高等、智力最高、最进化的动物，智力是人类的五分之二，主要生活在非洲和东南亚的热带森林。虽然人们常把猿猴并称，两者的主要区别在于猴有尾巴，而猿没有。在分类学上，人是猿的一种。

N1 ゴリラ ①【名】大猩猩

顔は一見ゴリラに似た。
脸一看像大猩猩一样。

同义词　チンパンジー　黑猩猩　　类人猿（るいじんえん）类人猿

★ **与ゴリラ相关：**

大猩猩是灵长目猩猩科大猩猩属类人猿的总称。大猩猩是灵长目中最大的动物，它们生存于非洲大陆赤道附近丛林中，食素。大猩猩92%～98%的脱氧核糖核酸排列与人一样，因此它是继黑猩猩属的两个种后与人类最接近的现存的动物。

N1 熊（くま）①【名】熊

熊は哺乳類動物です。
熊是哺乳动物。

同音词　隈（くま）隐蔽的角落　　曲（くま）阴暗处　　阿（くま）角落，阴影，隐衷

★ **熊的相关词：**

しろ熊→白熊，北极熊　あらい熊→浣熊　なまけ熊→懒熊

Chapter 12 动物植物

N1 豹 ① 【名】豹子

アメリカ豹。
美洲豹／美洲虎。

| 同音词 | 表　表格 | 雹　冰雹 |

★ 与豹相关：

「豹」是猫科豹属的一种动物，在四种大型猫科动物（其余三种为狮、虎及美洲豹）中体积最小。豹的颜色鲜艳，有许多斑点和金黄色的毛皮，故又名金钱豹或花豹。豹可以说是敏捷的猎手，身材矫健，动作灵活，奔跑速度快，既会游泳，又会爬树。

N1 河馬 ① 【名】河马

図体の大きなカバ。
肥大的河马。

| 同音词 | 樺　桦树 | 蒲　宽叶香蒲 |

★ 与河馬相关：

「河馬」是淡水物种中的最大型杂食性哺乳类动物，生活于非洲热带水草丰盛地区，胃三室，不反刍，性温顺，惧冷喜暖，善游泳，可沿着河底潜行5～10分钟。在交配季节，雄性间时有争斗，妊娠期约8个月，每胎1仔，哺乳期1年，4～5岁性成熟，寿命30～40年。

N1 縞馬 ⓪ 【名】斑马

しまうまの群棲地。
斑马群栖的地方。

| 同义词 | 斑馬　斑马 |

★ 与縞馬相关：

「縞馬」斑马是常见于非洲的马科动物，为非洲特产。每只斑马身上的条纹都不一样。

N1 駱駝 ⓪ 【名】骆驼

ひとこぶ駱駝。
单峰骆驼。

| 相关词 | 駱駝色　驼色 | 駱駝追い　赶骆驼的人 |

★ 与骆驼相关：

駱駝の毛→骆驼毛　駱駝のシャツ→驼绒毛衫，驼绒内衣

5 哺乳动物

5 哺乳动物

N1 驢馬 ① 【名】驴
ろばを飼う。
养头驴。

同义词 馬 马

☆ 与驢馬相关：
马和驴同属马属，又名二驴，但不同种，它们有共同的起源，体型比马和斑马都小，但与马属有不少共同特征：驴很结实，耐粗放，不易生病，并有性情温驯，刻苦耐劳，听从使役等优点。

N1 狼 ① 【名】狼
狼がほえる。
狼嚎。

相关词 狼の子 狼崽子　　狼の群 狼群，一群狼

☆ 与狼相关：
狼に衣→人面兽心，衣冠禽兽　町の狼→街头的流氓　羊の皮をかぶった狼→披着羊皮的狼，笑面虎

N1 狐 ⓪ 【名】狐狸
狐の襟巻き。
狐狸皮围巾。

相关词 キツネうどん 小狐狸乌东（汤面）　狐に化かされる 被狐狸迷住

☆ 与狐相关：
狐を落とす→驱狐除邪　狐とたぬきの化かし合い→尔虞我诈，乖乖骗乖乖

N1 狸 ① 【名】狸猫，狡猾的人
あいつはとうとうたぬきしっぽを出した。
他终于露出了狐狸尾巴。

相关词 狸じじい 狡猾的老头子　　狸おやじ 老奸巨猾，滑老头

☆ 与たぬき相关：
狸のはらつづみ→（相传）狸子鼓腹作乐　とらぬ狸の皮算用→打如意算盘　狸饂飩→油渣面条

N1 蝙蝠 ① 【名】蝙蝠
コウモリは夜えさをあさる習性がある。
蝙蝠有夜间觅食的习性。

同音词 古森 日本地名　　何守 日本地名

☆ 与蝙蝠相关：
鳥なき里のこうもり→山中无老虎，猴子称大王　コウモリ駆除→驱除蝙蝠

Chapter 12 动物植物

N1 セイウチ ⓪【名】海象

コスチュームの種類はステゴサウルスだけでなく、セイウチなどの動物もあり、本当に多種多様です。
COS 服种类不仅仅只有剑龙，还有海象等动物，实在是各种各样。

相关词 コウモリ 蝙蝠　象（ぞう）大象　亀（かめ）乌龟

★ 与セイウチ相关：
海象与陆地上肥头大耳、长长的鼻子、四肢粗壮的大象不同的是，它的四肢因适应水中生活已退化成鳍状，不能像大象那样步行于陆地上，仅靠后鳍脚朝前弯曲，以及獠牙刺入冰中的共同作用，才能在冰上匍匐前进。

N1 アシカ ⓪【名】海狮

アシカポケモン。
海狮小精灵。

相关词 ジュゴン　白海狮

★ 与アシカ相关：
海狮因脸部与狮子的脸相似而得名，是海中的哺乳动物。其中，北海狮是海狮中体形最大的一种海狮，素有"海狮王"的美称。

N1 アザラシ ②【名】海豹

年とったアザラシのような髭をつける。
像是上了年纪的海豹一样留了胡须。

相关词 アシカ 海狮　イルカ 海豚

★ 与アザラシ相关：
海豹是对鳍足亚目种海豹科动物的统称。海豹体粗圆呈纺锤形，毛色随年龄变化，幼兽色深，成兽色浅。

N1 イルカ ⓪【名】海豚

イルカの脳はサイズは大きい。
海豚大脑的体积很大。

相关词 哺乳（ほにゅう）哺乳

★ 与イルカ相关：
海豚是体型较小的鲸类，主要以小鱼、乌贼、虾、蟹为食。海豚是一种本领超群、聪明伶俐的海洋哺乳动物。有着看起来友善的形态和爱嬉闹性格的它们，在人类文化中非常受欢迎。

6 海底生物

6 海底生物

N1 鯨 ⓪【名】鯨鱼

鯨の潮吹き。
鲸鱼喷水。

同音词 久地楽 日本地名

与鲸相关：

マッコウクジラ→抹香鲸 ミンククジラ→小须鲸 ナガスクジラ→长须鲸 シロナガスクジラ→白长须鲸 ザトウクジラ→座头鲸 シャチ→虎鲸

N1 海亀 ⓪【名】海龟

海亀をつかまえる。
捕捉海龟。

相关词 亀 乌龟　オサガメ 棱皮龟

与海龟相关：

「海亀」是龟鳖目海龟科动物的统称，为国家二级保护动物。海龟寿命最大为150岁左右，主要以海藻为食，生活在大西洋、太平洋和印度洋中，到陆地上产卵，孵出幼体。雌龟将卵产在掘于沙滩的洞穴中。

N1 浮遊生物 ④【名】浮游生物

混濁物や浮遊生物の多少の差を考えねばならない。
必须考虑混浊物和浮游生物的数量差。

相关词 寄生 寄生的生物　水母 水母，海蜇

与浮遊生物相关：

浮遊生物泛指生活于水中而缺乏有效移动能力的漂流生物，可分为浮游植物及浮游动物。部分浮游生物具游动能力，但其游动速度往往比它自身所在的洋流流速来得缓慢，因而不能有效地在水中灵活游动。

N1 海藻 ⓪【名】海藻

海藻を観賞用で買う人もいる。
也有人将海藻买回来观赏用。

同音词 海草 海藻的俗称。

与海藻相关：

「海藻」是生长在海中的藻类，是植物界的隐花植物。藻类包括数种不同类以光合作用产生能量的生物。由于藻类的结构简单，所以有的植物学家将它跟菌类同归于低等植物的"叶状体植物群"。它们一般被认为是简单的植物。

Chapter 12 动物植物

N1 珊瑚(さんご) ① 【名】珊瑚

珊瑚は生き物ですか。
珊瑚有生命吗?

同音词 産後(さんご) 产后

★ 与珊瑚相关:
珊瑚珠(さんごじゅ)→珊瑚珠　珊瑚樹(さんごき)→珊瑚树

N1 貝殻(かいがら) ③⓪ 【名】贝壳

貝殻彫り。
贝雕。

相关词 貝殻島(かいがらじま) 贝壳岛(日本地名)

★ 与贝壳相关:
貝殻細工(かいがらざいく)→贝壳工艺品　貝殻で海(うみ)を測(はか)る→见识短浅

海底生物

日本学生都在用的分类词汇书

N2 まつ
松 ①【名】松树

松の実。
松子。

同音词 ま　　　　まつ
待つ 等待　　末 末尾

★ **与松相关：**
まつ き　　　　　まつ　　 す
松の木→松树　松が過ぎる→过了正月七日

N2 たけ
竹 ⓪【名】竹子

竹製品が好きです。
喜欢竹器。

同音词 たけ　　　　　　　　たけ　　　　　　　たけ
丈 身高，全部　　他家 别人家　　岳 山岳

★ **与竹相关：**
たけ わ　　　　　　　　　　　　　　　　いっぽん たけざお
竹を割ったよう→心直口快，干脆，性情直爽　1本の竹竿→一根竹竿儿

N2 もみじ
紅葉 ①【名】红叶

秋の野山は紅葉が美しい。
秋天山野的红叶很美。

同义词 こうよう
紅葉 红叶

★ **与紅葉相关：**
もみじ　　やまやま　　　　　　　　　　もみじ けんぶつ
紅葉した山々→满是红叶的群山　紅葉見物→观赏红叶

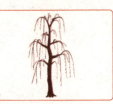

N1 やなぎ
柳 ⓪【名】柳树

柳が風になびいている。
柳树随风摇曳。

同音词 やなぎ いと　　　　　　やなぎ ねかた
柳の糸 柳丝　　柳の根方 柳树的根部

★ **与柳相关：**
ひと　　　　　　やなぎ かぜ う　 なが　　　　　　　　　　　　　　 わた と
人のいうことを柳に風と受け流す→把别人的话当耳边风　ヤナギの綿が飛ぶ→柳絮飞舞

N1 しらかば
白樺 ⓪【名】白桦

白樺の林。
白桦林。

相关词 しらかば じゅりん　　　　　　　らくようじゅ
白樺の樹林 白桦森林　　落葉樹 落叶树

★ **与白樺相关：**
白桦属桦木科，落叶乔木。白桦树是俄罗斯的国树，是这个国家的民族精神的象征。在中国的北方容易找到成片成片茂密的白桦林。

7 树木

• 262 •

Chapter 12 动物植物

N1 銀杏 ⓪【名】银杏
<ruby>銀杏<rt>いちょう</rt></ruby>

<ruby>銀杏</ruby>の高さは約 30 メートルに達する。
银杏树高约 30 米。

同音词 <ruby>胃腸<rt>いちょう</rt></ruby> 肠胃　<ruby>移調<rt>いちょう</rt></ruby> 调掉

与银杏相关：
银杏别名：白果，银杏属落叶乔木，叶扇形，在长枝上散生，在短枝上簇生。银杏是现存种子植物中最古老的孑遗植物，和它同纲的所有其他植物皆已灭绝，号称活化石，出现在几亿年前，现存活在世的银杏稀少而分散，上百岁的老树已不多见。

N1 桐 ⓪【名】梧桐
<ruby>桐<rt>きり</rt></ruby>

<ruby>桐</ruby>製品。
桐木制品。

同音词 きり 只，仅仅　<ruby>限<rt>き</rt></ruby>り 限度，段落　<ruby>霧<rt>きり</rt></ruby> 雾

与桐相关：
梧桐属梧桐科梧桐属落叶乔木，高 8～20 米，树干挺直，树皮绿色，平滑。原产中国，南北各省都有栽培，为普通的行道树及庭园绿化观赏树。

N1 ポプラ ①【名】白杨

ポプラ並木。
白杨林阴道。

同义词 <ruby>楊<rt>よう</rt></ruby>やなぎ 杨树

与ポプラ相关：
白杨是杨柳科植物的通称，原产北半球，较其他杨属植物分布于较北较高处，以叶在微风中摇摆而闻名。白杨多生长成林，罕见单株者，甚有益于自然景观。

N1 楡 ⓪①【名】榆树
<ruby>楡<rt>にれ</rt></ruby>

<ruby>楡</ruby>の<ruby>樹蔭</ruby>。
榆树的树叶。

相关词 ポプラ 杨树

与榆相关：
榆树属落叶乔木，高达 25 米。树干直立，枝多开展，树冠近球形或卵圆形。树皮深灰色，花两性，早春先叶开花或花叶同放，紫褐色，聚伞花序簇生，味道甜美，可生食或者蒸食。花期 3～4 月，果熟期 4～5 月。

树木

日本学生都在用的分类词汇书

N1 木犀 ⓪ ③ 【名】桂花
もくせい

金木犀。
金桂／丹桂。

同音词 木製 木制品
　　　　もくせい

🏆 与木犀相关：

桂花又名木犀、岩桂，是中国传统十大花卉之一，集绿化、美化、香化于一体的观赏与实用兼备的优良园林树种。桂花清可绝尘，浓能远溢，堪称一绝。以桂花做原料制作的桂花茶是中国特产茶。

N1 楠 ①② 【名】樟树
くすのき

彼は楠木正成の子孫だ。
他是楠木正成的后代。

同音词 久寿軒 日本地名
　　　　くすのき

🏆 与楠相关：

樟树属常绿大乔木，别名：木樟、桴树、香樟、乌樟、芳樟树、番樟、香蕊、樟木子。植物全体均有樟脑香气，可提制樟脑和提取樟油。木材坚硬美观，宜制家具、箱子，又为绿化树、行道树。因全株散发樟树的特有清香气息，故在民间多称其为香樟。

N1 ガジュマル ⓪ 【名】榕树

榕樹の林へ向っていた。
在榕树林的方向。

相关词 楠 樟树　　木犀 桂花
　　　　くすのき　　もくせい

🏆 与ガジュマル相关：

榕树为乔木，高达25米。树冠广展，老树常具锈褐色气根。雄花、雌花、瘿花同生于一榕果内，花间有少数刚毛。雄花散生内壁，花丝与花药等长。瘦果卵圆形，花期5～6月。

N1 椰子 ① 【名】椰子树
やし

やし油。
椰子油。

同音词 野史 野史　　香具師 江湖艺人
　　　　やし　　　　　やし

🏆 与椰子相关：

椰子树是热带海岸常见树种，常绿乔木。树干很高。约15～30m，果实叫椰子，内有汁可做饮料。果肉可以吃，也可榨油，营养丰富。果皮纤维可结网。树干可做建筑用材料。

7 树木

· 264 ·

Chapter 12 动物植物

N1 高木（こうぼく） ⓪【名】乔木

高木林に入った。
走入了乔木林。

| 同音词 | 公僕（こうぼく） 公仆，公务员 | 耕牧（こうぼく） 农耕畜牧 |

★ 与高木相关：
乔木高3m以上，是具有明显直立的主干和广阔树冠的木本植物，如杨树、槐树、杉木。按其大小又可分为大乔木（高20m以上）、中乔木（高10～20m）、小乔木（高3～10m）。

N1 潅木（かんぼく） ⓪【名】灌木

潅木林。
灌木林。

| 同音词 | 簡朴（かんぼく） 简朴 | 灌木（かんぼく） 灌木 |

★ 与潅木相关：
「潅木」无明显主杆，植株高度较矮，一般在3米以下，是分枝极多的一类植物。

7 树木

N5 花 ② 【名】花
はな
花が咲く。
开花。

同音词 鼻 鼻子
はな

★ 花的相关词：
花に嵐→好事多磨　花のかんばせ→花容, 貌美如花　花の雲→樱花盛开, 樱花烂漫　花の都→花团锦簇的都市, 繁花似锦的都市, 繁华的城市

N5 牡丹 ① 【名】牡丹
ぼたん
ボタンの花が開く。
牡丹花开。

同音词 ボタン 纽扣

★ 与ボタン相关：
牡丹刷毛→粉扑儿　牡丹雪→鹅毛大雪
ぼたんはけ　　　　ぼたんゆき

N2 桜 ⓪ 【名】樱花
さくら
桜が咲いた。
樱花开了。

同音词 さくら 托儿, 捧场人

★ 与桜相关：
桜粥→小豆粥　桜の花びら→樱花花瓣　桜色→樱花色, 淡红色
さくらがゆ　　　さくら　はな　　　　さくらいろ

N2 梅 ⓪ 【名】梅花
うめ
梅の花が好きです。
喜欢梅花。

相关词 梅と桜 互相媲美　梅にうぐいす 相得益彰
うめ さくら　　　　　　　うめ

★ 与梅相关：
梅花冬末春初先叶开放, 是有名的观赏植物, 花蕾能开胃散郁、生津化痰、活血解毒；根研末可治黄疸。梅花花语为"坚强, 忠贞, 高雅", 与兰、竹、菊并称为"四君子"。还与松、竹并称为"岁寒三友"。

N2 桃 ⓪ 【名】桃花
もも
あでやかな桃の花。
娇艳的桃花。

同音词 股 大腿
もも

★ 与桃相关：
桃の花→桃花　桃の実→桃子
もも はな　　　　もも み

8 花草

Chapter 12 动物植物

N1 バラ ⓪ 【名】玫瑰
女性はだいたいバラがすきでしょう。
女性大多都爱玫瑰吧。

| 相关词 | 荊棘 荆棘 | 輩輩，们 | 散 散装 |

★ 与バラ相关：
「バラ」属薔薇目，薔薇科落叶灌木，枝杆多针刺。玫瑰原产于中国，在日本称为浜梨、浜茄子，在朝鲜称为海棠花。玫瑰作为农作物时，其花朵主要用于食品及提炼香精玫瑰油，玫瑰油应用于化妆品、食品、精细化工等工业。

N1 向日葵 ② 【名】向日葵
ヒマワリの花言葉は何。
向日葵的花语是什么？

| 同义词 | 日回り草 向日葵 |

★ 与向日葵相关：
向日葵油→葵花籽油　向日葵の種→葵花子

N1 百合 ⓪ 【名】百合花
歩く姿は百合の花。
走起路来像百合那么优美。

| 同音词 | 岬 日本地名 | 由利 日本姓氏 |

★ 与百合相关：
百合の根→百合球茎　百合樹→美国鹅掌楸〈植〉　百合鴎→赤味鸥

N1 ススキ ⓪ 【名】狗尾草，芒草
ある地方ではススキを屋内に飾ると火事を出す。
在某个地方，因为在室内用狗尾草装饰，引起了火灾。

| 同义词 | オバナ 狗尾草 |

★ 与ススキ相关：
狗尾草属一年生草本植物。根为须状，高大植株具支持根。秆直立或基部膝曲，高10～100厘米，边缘具较长的密棉毛状纤毛。狗尾草还有祛风明目、清热利尿的作用。

N1 菊 ②⓪ 【名】菊花
菊見に行く。
去赏菊。

| 同音词 | 利く 机灵 | 効く 有效 | 聞く 听 |

★ 与菊相关：
菊花是菊科，菊属，多年生菊科草本植物，是中国十大名花之一，在中国有三千多年的栽培历史，大约在明末清初菊花传入欧洲中国人爱菊花，从宋朝起民间就有一年一度的菊花盛会。中国历代诗人画家以菊花为题材吟诗作画众多，因此有大量历代歌颂菊花的文学艺术作品和艺菊经验被保留下来，并将其流传久远。

N1 タンポポ ① 【名】蒲公英

タンポポの綿毛がふわふわしている。
蒲公英的绒毛蓬松松的。

同义词 カントウタンポポ 蒲公英

★ 与たんぽぽ相关：

蒲公英在江南被叫作华花郎，菊科，是一种多年生草本植物。蒲公英植物体中含有蒲公英醇、蒲公英素、胆碱、有机酸、菊糖等多种健康营养成分，有利尿、缓泻、退黄疸、利胆等功效。蒲公英同时还含有蛋白质、脂肪、碳水化合物、微量元素及维生素等，有丰富的营养价值，可生吃、炒食、做汤，是药食兼用的植物。

N1 チューリップ ⓪ ① 【名】郁金香

チューリップの早咲き種。
郁金香的早开品种。

相关词 花畑（はなばたけ）花圃　香り（かお）香气

★ 与チューリップ相关：

郁金香是属于百合科郁金香属的草本植物，是荷兰的国花，荷兰把最接近5月15日的星期三定为全国一年一度的郁金香节。但在500多年前因中亚地区的人所戴的头巾与郁金香花形相似，其原名Tulipa就是土耳其语"头巾"之意，故有的专家认为它的原产地大概是在土耳其和地中海一带，于1863年传至荷兰。

N1 コスモス ① 【名】波斯菊

家の庭にコスモスを植えようと考えている。
想在我家院子里种波斯菊。

同音词 コスモス 宇宙

★ 与コスモス相关：

波斯菊又名秋英、格桑花、张大人花，草本植物，细茎直立，单叶对生，头状花序着生在细长的花梗上，顶生或腋生。花是期夏季、秋季。

N1 藤（ふじ）⓪ 【名】紫藤

藤が木の幹に絡まる。
紫藤绕在树干上。

同音词 不時（ふじ）不时，意外

★ 与藤相关：

藤だな（ふじ）→藤萝架　藤づる（ふじ）→藤蔓　藤色（ふじいろ）→淡紫色

8 花　草

Chapter 12 动物植物

N1 ライラック ③【名】紫丁香
ライラックの花が匂う。
紫丁香散发出芬芳。

同义词 リラ 丁香

★ 与ライラック 相关：
「ライラック」丁香属又称紫丁香属，落叶灌木或小乔木，大部分供观赏用，有些种类的花可提制芳香油，亦为蜜源植物，木材供建筑和家具用。在法国，"丁香花开的时候"意指气候最好的时候。5月17日或者6月12日出生的人的幸运花是丁香花。在西方，该花象征着"年轻人纯真无邪，初恋和谦逊"。

N1 水仙（すいせん）⓪【名】水仙
このスイセンの鉢をあちらの机の上に置きなさい。
请你把这盆水仙摆在那边桌子上。

同音词 垂線(すいせん) 垂直线　推薦(すいせん) 推荐　推選(すいせん) 推选

★ 与水仙相关：
水仙又名多花水仙、凌波仙子、金盏银台、洛神香妃、玉玲珑、金银台、雪中花等，属石蒜科水仙属，多年生草本植物，在中国已有一千多年栽培历史，为中国传统名花之一。

N1 椿（つばき）①【名】山茶
椿の花が好きです。
喜欢山茶花。

同音词 唾(つばき) 唾液

★ 与ツバキ相关：
椿油(つばきあぶら)→山茶油　椿桃(つばきもも)→油桃

N1 朝顔（あさがお）②【名】牵牛花
あさがおのつるが塀に這い上がる。
牵牛花的蔓攀墙而上。

相关词 朝顔形(あさがおがた) 漏斗形

★ 与朝顔相关：
斑(ぶち)のある朝顔(あさがお)→有斑纹的牵牛花　朝顔(あさがお)の花一時(はないちじ)→昙花一现，好景不常

N1 サルスベリ ③【名】紫薇花
サルスベリは猿滑とも言います。
紫薇花也叫百日红。

同义词 猿滑(さるすべり) 百日红

★ 与サルスベリ相关：
紫薇又称痒痒花、痒痒树、紫金花、紫兰花、蚊子花、西洋水杨梅、百日红、无皮树，系千屈菜科落叶灌木或小乔木，产于亚洲南部及澳洲北部，花期极长，由6月可开至9月，故有"百日红"之称。

花　草

Chapter 13
生活家居

日本学生都在用的分类词汇书

N5 テレビ（television） ① 【名】电视机

テレビの放送を行う。
进行电视广播。

相关词 白黒テレビ（しろくろ）黑白电视　　カラー・テレビ 彩色电视

★ 与テレビ相关：
テレビ教育（きょういく）→电视教育　テレビ・カメラ→电视摄影机　テレビ塔（とう）→电视塔　視聴者（しちょうしゃ）→电视观众　スタジオ→摄影棚

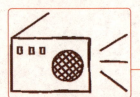

N5 ラジオ ① 【名】收音机

忙しくてついラジオの特別番組を聞きそびれた。
太忙了，以至于错过了广播的特别节目。

相关词 アナウンサー 播音员　　時報（じほう）报时

★ 与ラジオ相关：
ラジオ・インタビュー→广播采访　ラジオ解説者（かいせつしゃ）→广播解说员　ラジオ・ステーション→无线电台，广播电台　ラジオ体操（たいそう）→广播体操　ラジオ・ドラマ→广播剧

N5 掃除機（そうじき） ③ 【名】吸尘器

掃除機をかける。
用吸尘器清扫。

相关词 キャノン 佳能　　クラリオン 歌乐　　ケンウッド 建伍

★ 与掃除機相关：
洗濯機（せんたくき）→洗衣机　乾燥機（かんそうき）→干衣机

N5 洗濯機（せんたくき） ④ 【名】洗衣机

洗濯機が壊れた。
洗衣机坏了。

同义词 電気洗濯機（でんきせんたくき）洗衣机

★ 与洗濯機相关：
サンヨー（Sanyo）三洋　シャープ（Sharp）夏普　ゼロックス（Xerox）施乐

N5 電話（でんわ） ⓪ 【名】电话

くだらないことで電話をかける。
为区区小事打电话。

相关词 携帯電話（けいたいでんわ）手机　　スマホ 智能机　　アイフォン 苹果机

★ 与電話相关：
電話に出る（でんわ・で）→接电话　電話が遠い（でんわ・とお）→电话听不清楚　電話を切る（でんわ・き）→挂电话上

Chapter 13 生活家居

N4 でんとう
電灯 ⓪ 【名】电灯

この村はまだ電灯が引かれていない。
这个村庄还没有安上电灯。

相关词 けいこうとう
蛍光灯 荧光灯　スタンド 台灯　シャンデリア 枝形吊灯

★ 与電灯相关：
かいちゅうでんとう　　　でんとう　　　　でんき　け　　　　でんき
懐中電灯→手电筒　電灯のかさ→灯罩　電気を消す→关灯　電気をつける→开灯

N4 **パソコン** ⓪ 【名】电脑

パソコン関係の仕事をしている。
做与计算机相关的工作。

同义词 コンピューター 电脑

★ 与パソコン相关：
マウス→鼠标　キーボード→键盘　ファックス→传真　スキャナー→扫描仪

N2 でんち
電池 ① 【名】电池

電池を取り替える。
换电池。

同义词 バッテリ 电池

★ 与電池相关：
ちくでんち　　　　　　　　かんでんち　　　　　　　でんち　い
蓄電池→蓄电池，电瓶　乾電池→干电池　電池を入れる→装上电池

N2 **コンセント** ③ 【名】插座

プラグをコンセントにいれる。
把插销插入插座。

相关词 プラグ 插头　コード 电线

★ 与コンセント相关：
う　こ　　　　　　　　　　　　　せいきょく　　　　ふきょく
埋め込みコンセント→嵌入式插座　正極→正极　負極→负极

N2 **スイッチ**（switch） ② 【名】开关

スイッチをぱちりとやる。
啪哒一声扭动开关。

相关词 スイッチ・オフ 关上开关　スイッチ・オン 打开开关

★ 与スイッチ相关：
　　　　　　い　　　　　　　　　　　　　　き
スイッチを入れる→接通电路　スイッチを切る→切断开关

家用电器

日本学生都在用的分类词汇书

家用电器

N2 アイロン（iron） ⓪ 【名】电熨斗

アイロンでシーツにぴんときれいにする。
用熨斗把床单熨得平平整整。

同义词 電気アイロン 电熨斗，电烙铁　　スチーム・アイロン 喷汽电熨斗

★ 与アイロン相关：
アイロンでしわを伸ばす→用熨斗把衣服褶熨开　ワイシャツにアイロンをかける→熨衬衫　アイロン台→熨台

N1 家庭用電気製品 ⑨ 【名】家用电器

スーパーは食料品だけでなく、家庭用電気製品なども売っている。
超市里不仅卖食品，还有家用电器等。

相关词 アイワ 爱华　　オムロン 欧姆龙　　カシオ 卡西欧

★ 与家庭用電気製品相关：
電気に触れて死ぬ→触电而死　電気をつける→开电灯，开灯　電気を消す→关灯

N1 ミシン ① 【名】缝纫机

これは手縫いですか、ミシン縫いですか。
这是手工缝的，还是用缝纫机缝的呢？

相关词 アーム 机头　　ベッド 台板

★ 与ミシン相关：
家庭用ミシン→家（庭）用缝纫机　足踏みミシン→脚踏缝纫机　電動ミシン→电动缝纫机

N1 炊飯機 ③ 【名】电饭煲

新しい炊飯器がほしい。
想要一个新的电饭煲。

同义词 お米をたく 蒸饭

★ 与炊飯機相关：
電気炊飯器→电饭锅　ガス炊飯器→煤气锅

N1 電子レンジ ④ 【名】微波炉

電子レンジでチンすれば食べられる。
放在微波炉里热一下就可以吃了。

相关词 ガス・レンジ 煤气灶　　電子レンジ 电灶

★ 与電子レンジ相关：
レンジが広い→范围很宽　レンジ・ファインダー→测距计，测远仪

Chapter 13 生活家居

N1 湯沸し ② 【名】烧水壶

湯沸かしで出した熱湯をやかんに入れます。
把用烧水器烧好的水倒入水壶。

同音词 湯沸器（燃气）烧水壶

☆ 与湯沸し相关：
お湯を沸かす→烧开水

N1 オーブン ① 【名】电烤箱

オーブンでケーキを焼く。
用烤箱烤蛋糕。

同义词 天火 电烤箱

☆ 与オーブン相关：
トースター→微波炉　電子レンジ→微波炉

N1 トースター ① 【名】面包炉

トースターでパンを焼く。
用烤面包器烤面包。

相关词 パン 面包　　ヒーター 电热器

☆ 与トースター相关：
システムコンポ→组合音响　ヘッドホン→头载式耳机

N1 火燵 ⓪ 【名】被炉

こたつに入る。
把腿伸进被炉里取暖。

同音词 暖房 暖气　　スチーム 暖气

☆ 与火燵相关：
じっとこたつにばかり屈みこむ→一动不动地蜷身趴在暖炉上　こたつぶとん→被炉的被子

家用电器

日本学生都在用的分类词汇书

N5 ベッド ① 【名】床

子どもをベッドに寝かしつける。
让孩子躺在床上睡觉。

相关词 二段(にだん)ベッド 两层床　三段(さんだん)ベッド 三层床
マルチベッド 组合床，床头柜

☆ 与ベッド相关：
サイドフレーム→床侧　ヘッドボード→床头　フットボード→床尾

N5 机(つくえ) ⓪ 【名】书桌

机に向かって仕事をする。
伏案工作。

同义词 テーブル 桌子　円卓(えんたく) 圆桌

☆ 与机相关：
机(つくえ)を並(なら)べて共(とも)に働(はたら)く→并着桌子一同工作　椅子(いす)→椅子

N5 椅子(いす) ⓪ 【名】椅子

椅子に腰かける。
坐在椅子上。

相关词 長椅子(ながいす) 长椅　揺(ゆ)り椅子(いす) 摇椅

☆ 与椅子相关：
安楽椅子(あんらくいす)→沙发椅　車椅子(くるまいす)→轮椅子　寝椅子(ねいす)→躺椅

N5 時計(とけい) ⓪ 【名】钟，表

時計が壊れた。
钟坏了。

相关词 腕時計(うでどけい) 手表　電子時計(でんしどけい) 电子表

☆ 与時計相关：
目(め)ざまし時計(とけい)→闹钟　時計台(とけいだい)→钟楼　ベルト→表带　文字盤(もじばん)→表盘

N5 花瓶(かびん) ⓪ 【名】花瓶

花を花瓶にさす。
把花插在花瓶里。

同音词 過敏(かびん) 过敏

☆ 与花瓶相关：
造花(ぞうか)→假花　鉢植(はちう)え→盆花　盆栽(ぼんさい)→盆景

家具家装

Chapter 13 生活家居

N4 畳 ⓪ 【名】榻榻米
部屋は畳の形になっています。
房间装修成了榻榻米风格。

相关词 畳表 草席面　畳み椅子 折叠椅

★ 与畳相关：
畳の上で死ぬ→善终　畳の上の水練→纸上谈兵

N4 カーテン ① 【名】窗帘
カーテンを開ける。
打开帘子 / 揭幕。

相关词 窓 窗户　　窓のカーテン 窗帘

★ 与カーテン相关：
入口のカーテン/门帘，门帘子　カーテンをおろす/放下帘子，下幕　カーテンを引く/拉帘子，拉幕　竹のカーテン/竹帘，竹幕

N4 押し入れ ⓪ 【名】壁橱
押し入れを改造しよう。
一起改造壁橱吧。

同义词 戸棚 橱，柜

★ 与押し入れ相关：
在日式房间中设计制作的放被褥等物品的空间。

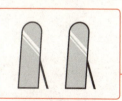

N4 鏡 ③ 【名】镜子
鏡に映る姿。
照到镜子里的容貌。

相关词 化粧鏡 化妆镜　お化け鏡 哈哈镜

★ 与鏡相关：
鏡に姿を映す→照镜子　鏡を抜く→打开酒桶盖　万世の鏡→万世之鉴

N4 引出し ⓪ 【名】抽屉
机の引き出しにノートを入れる。
把笔记本放进桌子抽屉里。

相关词 サイドボード 酒柜　下駄箱 鞋柜

★ 与引出し相关：
貯金の引き出し→提取存款　引き出しをあける→拉开抽屉　生徒の才能を引き出す→发挥出学生的才能

② 家具家装

2 家具家装

N3 腰掛け ③【名】凳子

昔は露地に腰掛はなく、客は来次第、直接に茶席に入っていました。

从前没有露天凳，客人来后直接依次进入茶室。

同义词 ベンチ 长凳　ソファー 沙发

★ 与腰挂け相关：

玄関腰掛→玄关处的椅子　結婚までの腰掛け就職→结婚前当作临时栖身的职业

N2 屋根 ①【名】屋顶，房顶

屋根にのぼる。

爬上房顶。

相关词 丸屋根 圆屋顶　とがった屋根 尖屋顶

★ 与屋根相关：

一つ屋根の下で暮らす→生活在同一屋檐下　屋根裏→阁楼，顶楼　自動車の屋根→汽车顶

N2 ソファー ①【名】沙发

ソファーに横になる。

躺在沙发上。

相关词 テーブル 桌子　ブラインド 百叶窗

★ 与ソファー相关：

座布団→座垫　畳→草垫，草席　アクセサリ→装饰用品

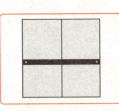

N2 障子 ⓪【名】拉门

障子をはる。

糊纸拉窗。

同音词 商事 商务，商业　小事 小事，小节

★ 与障子相关：

障子紙→窗户纸　壁に耳あり、障子に目あり→隔墙有耳

Chapter 13 生活家居

N1 よくしつ
浴室 ⓪ 【名】浴室，洗澡间

浴室用マット。
浴室用的垫子。

同义词 ふろば 風呂場 浴室　　ゆどの 湯殿 洗澡间

★ 与浴室相关：
トイレ→卫生间　せんめんじょ 洗面所→漱洗室　だいどころ 台所→厨房

N1 わしつ
和室 ⓪ 【名】日式房间

お宅は**和室**ですか、洋室ですか。
您家是和式房间，还是西式房间？

同义词 にほんま 日本間 日式房间

★ 与和室相关：
ベランダ→阳台　にわ 庭→院子　やね 屋根→屋顶，房顶　プスト→信箱　ガレージ→车库，汽车房

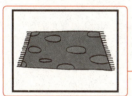

N1 じゅうたん
絨毯 ① 【名】地毯

この**じゅうたん**がこの部屋にとても似合います。
这个地毯很配这房间。

同音词 じゅうたん 獣炭 兽炭，骨炭

★ 与絨毯相关：
ペルシャ絨毯→波斯毛毯　絨毯爆撃→地毯式轰炸　赤い絨毯を踏んだ→走向光明的前途

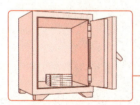

N1 きんこ
金庫 ① 【名】保险柜

帳簿を**金庫**に入れる。
把账簿放在保险柜里。

同音词 きんこ 禁固 禁锢，监禁　　きんこ 近古 近古

★ 与金庫相关：
きんこやぶ 金庫破り→撬开保险柜（的窃盗）　かしきんこ 貸し金庫→出租保险箱　てさげきんこ 手提げ金庫→手提钱匣

N1 けしょうだい
化粧台 ② 【名】梳妆台

化粧台として、押し入れが華麗に変化してます。
壁橱华丽地变身为化妆台。

相关词 すがたみ 姿見 穿衣镜　　さんめんきょう 三面鏡 三面镜

★ 与化粧相关：
けしょうがみ 化粧紙→化妆纸　けしょうした 化粧下→搽粉前敷的底子

家具家装

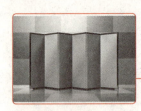

N1 屏風 ⓪ 【名】屏风

屏風で仕切る。
用屏风隔开。

相关词 屏風を立てる 立屏风　　衝立　屏障

☆ 与屏风相关：
カーテン→窗帘　ブラインド→百叶窗　簾→帘子

N1 ゴミ箱 ⓪ ③ 【名】垃圾箱

ゴミ箱をあちこちに置く。
多处设置垃圾箱。

同音词 芥箱　果皮箱

☆ 与ゴミ箱相关：
洗面所→漱洗室　台所→厨房　居間→起居室

Chapter 13 生活家居

N5 皿(さら) ⓪【名】盘子

食(た)べ物(もの)を皿(さら)に盛(も)る。
把食物盛在盘子里。

同音词 新(さら) 新，崭新的　沙羅(さら) 〈植〉娑罗树

★ 与皿相关：
大皿(おおざら)→大盘子　取(と)り皿(ざら)→分菜用的小碟　ひざの皿(さら)→膝盖骨

N5 箸(はし) ①【名】筷子

箸(はし)をとる。
拿筷子（开始吃饭）。

相关词 とり箸(ばし) 公用筷　箸箱(はしばこ) 筷子盒

★ 与箸相关：
箸(はし)に目鼻(めはな)→瘦猴儿，瘦干儿　箸(はし)にも棒(ぼう)にも掛(か)からぬ→无法对付，软硬不吃　箸(はし)のあげおろしにも小言(こごと)を言(い)う→（对一点点儿小事也）挑毛病，鸡蛋里头挑骨头　箸(はし)を持(も)って食(く)うばかり→饭来张口。照料得无微不至

N5 ナイフ ①【名】餐刀

このナイフでは役(やく)に立(た)たないので、スコップを探(さが)してきて掘(ほ)ることだ。
这把小刀不管用，得找一把铲子来挖。

相关词 ジャック・ナイフ 大折刀
ナイフとフォーク （西餐用的）刀叉，餐刀和叉子

★ 与ナイフ相关：
ストロー→吸管　スプーン→匙　フォーク→叉子

N3 秤(はかり) ③【名】秤

秤(はかり)のおもり。
砝码，秤砣。

同音词 測(はか)り 称，量　計(はか)り 计量，目标，限度

★ 与秤相关：
ばね秤(ばかり)→弹簧秤　さお秤(ばかり)→杆秤　台秤(だいばかり)→台秤；磅秤　標準秤(ひょうじゅんはかり)→标准秤；公平秤　秤(はかり)ざお→秤杆

N2 鍋(なべ) ①【名】锅

鍋(なべ)を火(ひ)にかける。
把锅坐在火上。

相关词 片手鍋(かたてなべ) 长把锅　両手鍋(りょうてなべ) 两把锅

★ 与鍋相关：
すきやき鍋(なべ)→日式牛肉火锅　中華鍋(ちゅうかなべ)→（中式）炒勺　鍋(なべ)で煮(に)る→用锅煮　鳥鍋(とりなべ)→鸡肉锅

3 厨房

· 281 ·

N2 湯呑み ③【名】茶盅

プレゼントとして、妻にきれいな湯飲みを送った。
送给妻子一个很漂亮的茶杯作为礼物。

同音词 湯飲み 茶杯，茶碗　湯のみ 茶杯

★ 与湯呑み相关：
ティーカップ→茶碗　マグカップ→茶杯　コーヒーカップ→咖啡杯　デミタスカップ→小咖啡杯　茶托→杯碟儿

N2 瓶 ①【名】瓶

おじいさんはこの一対の花瓶を自分の命のように大事にしている。
老大爷把这对花瓶看成是自己的命根子一样。

同音词 便 方便，消　敏 聪明，灵敏

★ 与瓶相关：
ビール瓶→啤酒瓶　瓶の栓→瓶塞子　瓶に詰める→装入瓶内　瓶をすすぐ→涮瓶子

N2 碗 ⓪【名】碗

碗にみそ汁をよそう。
碗里盛上酱汤。

同音词 湾 海湾　椀 碗

★ 与碗相关：
碗が割れた→碗被打碎了　一碗の汁→一碗酱汤

N2 包丁 ⓪【名】菜刀

包丁で切る。
用菜刀切/下刀。

相关词 まな板 切菜板

★ 与包丁相关：
肉に包丁を入れる→用菜刀切肉　包丁目を入れる→（用刀）剞（花纹）　包丁のさえを見せる→施展高超的刀工技术

N2 ボール(bowl) ⓪【名】碗

ボールにサラダを盛る。
把沙拉盛入碗里。

同音词 ボール(ball) 球

★ 与ボール相关：
サラダ・ボール→色拉碗，生菜钵　フィンガー・ボール→（餐后的）洗指钵

Chapter 13 生活家居

N2 蛇口(じゃぐち) ⓪【名】水龙头
蛇口をひねって開ける。
拧开水龙头。

[同音词] じゃぐち 索端结扣眼圈，环结索眼

★ 与蛇口相关：
水槽(すいそう)→水箱　シンク→水槽，洗涤盆

N2 洗剤(せんざい) ⓪【名】洗涤剂
どんな洗剤を使っていますか。
现在用哪种洗涤剂啊？

[同音词] 前栽(せんざい) 庭木，庭前种植的花草树木　　千載(せんざい) 千载，千古

★ 与洗剂相关：
中性洗剤(ちゅうせいせんざい)→中性洗衣粉　台所洗剤(だいどころせんざい)→硷水，去污粉

N1 まな板(いた) ⓪ ③【名】菜板
中国式まな板。
菜墩子。

[相关词] 真名(まな) 汉字，楷书　　マナ 神馔，天降食物，超自然的灵力、咒力等观念

★ 与まな板相关：
包丁(ほうちょう)→菜刀　出刃包丁(でばぼうちょう)→厚刃菜刀　缶切(かんき)り→罐头刀

N1 麺棒(めんぼう) ⓪【名】擀面杖
こねた小麦粉をめん棒で伸ばす。
擀面。

[相关词] 面貌(めんぼう) 面貌

★ 与めん棒相关：
水切(みずき)りボール→控水器　泡立(あわだ)て器→打蛋器　ざる→笸箩

N1 魔法瓶(まほうびん) ②【名】热水瓶
魔法瓶が壊れた。
开水瓶破了。

[近义词] 電気(でんき)ポット 电热水瓶

★ 与魔法瓶相关：
やかん→烧水壶　コーヒー沸(わ)かし器→咖啡壶

3 厨房

N5 狭い ② 【形】狭窄的

うちのリビングは狭いので、大きなソファーは置けないんです。

我家的客厅很小，所以放不下大的沙发。

同音词 施米 施舍的米

★ 与狭い相关：
狭い庭→狭小的院子　狭い部屋→窄小的屋子　視野が狭い→视野狭隘

N5 置く ⓪ 【动】放，搁，置

ぬれたもの、熱いものを机の上におかぬこと。

不要把湿东西、热东西放在桌子上。

同音词 億 亿

★ 与置く相关：
霜が置く→降霜　下宿人を置く→留住房客　家を抵当に置く→把房子做抵押

N5 灰皿 ⓪ 【名】烟灰缸，烟灰碟

灰皿でたばこの火をもみ消す。

在烟灰碟内把纸烟掐灭。

同义词 たばこぼん （装火柴、烟火碟等的）烟具盘

★ 与灰皿相关：
たばこ入れ→纸烟盒　たばこ屋→烟铺　ヘビースモーカー→烟筒子　紙巻きたばこ→纸烟，烟卷儿

N4 壁 ⓪ 【名】墙壁

壁に耳あり。

隔墙有耳。

相关词 壁掛け 壁挂　壁紙 糊墙纸　壁隣 隔壁，紧邻

★ 与壁相关：
壁を塗る→刷墙，泥墙　壁をつくる→砌墙　れんがの壁→砖墙

N3 掃除 ⓪ 【名】打扫

掃除が行き届いている。

打扫得很彻底。

同音词 相似 相似

★ 与掃除相关：
大掃除→大扫除　掃除屋→粪便清洁工　社会の大掃除→对社会的大清理

Chapter 13 生活家居

N2 埃 ほこり ⓪ 【名】灰尘

埃がもうもうとしている部屋。
灰尘飞腾的屋子。

同音词 誇り ほこ 自豪，骄傲

★ 与埃相关：
埃だらけになる→弄得满是灰尘　埃をかぶる→落上尘土　埃が収まった→飞尘平息了

N2 天井 てんじょう ⓪ 【名】天花板

この部屋は天井が低い。
这间屋子天花板低。

同音词 天上 てんじょう 升天，死去　　天壌 てんじょう 天地　　添乗 てんじょう 陪同旅游

★ 与天井相关：
飾り天井 かざてんじょう→藻井　天井を張る てんじょう は→天花板　天井知らずの暴騰 てんじょうし ぼうとう→上限难卜的暴涨

客厅

N1 リビング ① 【名】起居室，客厅

リビングがその役目を果たすのだ。
他们会在客厅完成这些事。

同义词 応接間 おうせつま 客厅

★ 与リビング相关：
モダンリビング→现代生活　リビングルーム→起居室

N2 居間 いま ⓪② 【名】起居室，内客厅

テレビを居間に備える。
把电视机放在起居室。

同音词 今 いま 现在

★ 与居間相关：
応接間 おうせつま→客厅　客間 きゃくま→客厅

N2 座布団 ざぶとん ② 【名】坐垫

客に座布団をすすめる。
请客人垫上坐垫。

同义词 クッション 靠垫，坐垫　　座蒲団 ざぶとん 棉坐垫

★ 与座布団相关：
座布団をしく ざぶとん→铺坐垫　座布団を選択する ざぶとん せんたく→选择坐垫

N1 カーペット ① ③ 【名】地毯

カーペットを買いに行きます。
去买地毯了。

同义词 絨毯(じゅうたん) 地毯

★ 与カーペット相关：
階段(かいだん)のカーペット→梯毯　カーペットを敷(し)く→铺地毯

N1 装飾(そうしょく) ⓪ 【名】装饰，点缀

装飾に用いる。
用于装饰。

同义词 飾(かざ)る 装饰

★ 与装飾相关：
装飾(そうしょく)を施(ほどこ)す→加以装饰　装飾をこらす→讲究装饰　室内(しつない)装飾(そうしょく)→室内装饰

N1 洋室(ようしつ) ⓪ 【名】西式房间

洋室をリザーブする。
预订西式房间。

相关词 和室(わしつ) 日式房间　部屋(へや) 房间

★ 与洋室相关：
洋室(ようしつ)→室内铺设地板的房间　和室(わしつ)→室内铺设榻榻米的房间

Chapter 14
交通出行

🏆 日本学生都在用的分类词汇书

N5 自動車（じどうしゃ）②⓪ 【名】 汽车
友だちと何台も自動車を連ねてドライブに行く。
和朋友开几辆汽车去兜风。

相关词 ボロ自動車（じどうしゃ） 破旧的汽车　貸し自動車（かしじどうしゃ） 出租汽车

★ 与自动车相关：
自動車で運ぶ（じどうしゃではこぶ）→用汽车搬运　自動車を乗り回す（じどうしゃをのりまわす）→坐汽车兜圈子　自動車を駆る（じどうしゃをかる）→驾驶汽车

N5 タクシー ① 【名】 出租车
ここでタクシーを待つよりも、むしろ地下鉄で行ったほうがよい。
与其在这儿等出租汽车，倒不如去坐地铁。

相关词 タクシーをひろう 打、叫出租汽车
　　　　　タクシーをとばす 驾驶出租汽车飞跑

★ 与タクシー相关：
乗用車（じょうようしゃ）→小客车　ワゴンバン→旅行轿车　流しのタクシー（ながしのタクシー）→流动出租汽车

N5 自転車（じてんしゃ）②⓪ 【名】 自行车
自転車で遊びに出かけた。
骑自行车玩儿去了。

相关词 競走用自転車（きょうそうようじてんしゃ） 赛车　ふたり乗り自転車（ふたりのりじてんしゃ） 双人自行车

★ 与自转车相关：
自転車に乗る（じてんしゃにのる）→骑自行车　自転車をこぐ（じてんしゃをこぐ）→蹬自行车　自転車を押していく（じてんしゃをおしていく）→推自行车走

N5 電車（でんしゃ）⓪① 【名】 电车
新宿で電車を小田急に乗りかえる。
在新宿下车换乗小田急线。

相关词 電車賃（でんしゃちん） 电车费　電車の運転手（でんしゃのうんてんしゅ） 电车司机

★ 与电车相关：
汉语的"电车"泛指以电力为能源的交通工具，坊间所说的"电车"一般指无轨电车或有轨电车。而火车虽然在电气化方面也有所进步，但"电力机车""内燃机车"等的命名与能源无关，统称"火车"。

N5 地下鉄（ちかてつ）⓪ 【名】 地铁
この地下鉄は北京駅を通りますか。
这条地铁通过北京站吗？

相关词 地下鉄の駅（ちかてつのえき） 地铁站

★ 与地下铁相关：
私鉄（してつ）→私营铁路　機関車（きかんしゃ）→机车

1 交通工具

Chapter 14 交通出行

N5 飛行機 ② 【名】 飞机
ひこうき

飛行機の爆音が聞こえる。
听见飞机的轰鸣声。

[相关词] 貨物飛行機 货机　　旅客機 客机
　　　　 かぶつひこうき　　　　　りょかくき

▶ 与飛行機相关：
飛行機が飛んでいる→飞机在飞　飛行機に乗る→乘飞机　飛行機に酔う→晕机　飛行機のエンジン→飞机引擎

N5 バス ① 【名】 公共汽车

2番線のバスに乗り換える。
换乘二路公共汽车。

[同音词] バス 男低音　　バス 浴室

▶ 与バス相关：
長距離バス→长途汽车　市営バス→市营公共汽车　遊覧バス→游览车　スクール・バス→校车

N4 オートバイ ③ 【名】 摩托车

オートバイの遠乗り。
骑摩托车到远处兜风。

[同义词] モーター・サイクル 摩托车

▶ 与オートバイ相关：
スクーター→踏板式摩托车　原付→机器脚踏车　スノーモービル→雪地摩托车　オート三輪→三轮摩托车

N4 汽車 ② 【名】 火车
きしゃ

汽車に乗りおくれる。
没赶上火车／误了火车。

[同音词] 喜捨 布施，施舍　　記者 记者
　　　　 きしゃ　　　　　　　 きしゃ

▶ 与汽車相关：
汽車に乗る→坐火车，乘火车　汽車を降りる→下火车　汽車の時間表→列车时刻表

N4 急行 ⓪ 【名】 快车
きゅうこう

急行に乗る。
坐快车。

[同音词] 休校 停课　　休航 停止航行

▶ 与急行相关：
現場に急行する→奔赴现场　急行で行く→坐快车去　急行券→快车票

交通工具

交通工具

N4 普通 ⓪ 【名】 慢车

列車の延着はこの路線ではほとんど普通のことである。
列车误点在这条线上几乎是家常便饭／常见的。

同音词 不通 不通，断绝

▶ 与普通相关：
普通の人間→一般人，普通人，正常的人　普通の状態にもどる→恢复正常状态　普通語→普通语言

N4 特急 ⓪ 【名】 特快

特急で東京へたつ。
坐特快去东京。

同音词 特級 特级，特等

▶ 与特急相关：
特急の停車駅→特快列车停车站　特急券→特快车票

N4 船 ① 【名】 船

船が港を出る。
船出航。

同义词 舟 船

▶ 与船相关：
船をこぐ→打盹儿　船に乗る→乘船　船をこぐ→划船

N2 観光バス ⑤ 【名】 游览车

観光バスに乗り遅れる。
被观光车落下了。

相关词 バス・ガイド 旅游车导游　バス・レーン 班车专用路
バス・ツアー 用大轿车团体旅游

▶ 与バス相关：
二階建バス→双层公共汽车　ミニバス→小巴

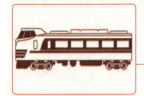

N2 列車 ⓪① 【名】 列车

9時発東京行きの列車。
九点开往东京的列车。

同义词 汽車 列车，火车

▶ 与列車相关：
上り列車→上行列车　普通列車→慢车　急行列車→快车

Chapter 14 交通出行

N2 夜行 ⓪ 【名】 夜车

夜行バスの予約。
夜行巴士的预约。

[同音词] 夜光 夜光

★ 与夜行相关：
夜行列車→夜行列车，夜车　夜行動物→夜行动物

N1 客車 ⓪ 【名】 客车

客車に乗って故郷へ帰ります。
乘客车回家乡。

[同音词] 客舎 旅店

★ 与客车相关：
客車便→小包裹　客車便で送る→随同客车发送

交通工具

日本学生都在用的分类词汇书

2 交通信号

N5 青 ① 【名】 绿灯，青色

青になったら横断しよう。
绿灯亮了才过马路。

近义词 青色 浅蓝色，蔚蓝色　　青い 青，蓝

★ 与青相关：
青二才→黄口孺子　青くさい議論→幼稚的争论　青は藍より出でて、藍より青し→青，取之于蓝，而青于蓝

N5 赤 ① 【名】 红灯

信号の赤は「とまれ」という意味です。
信号灯的红色是"停止"的意思。

同音词 垢 污垢

★ 与赤相关：
赤はだか→赤条条，赤裸裸　赤の他人→毫无关系的人，陌生人

N3 交通 ⓪ 【名】 交通

交通事故紛争。
交通事故纠纷。

相关词 交通事故 交通事故　　交通安全 交通安全

★ 与交通相关：
交通の不便な所→交通闭塞的地方　交通の流れ→行人和车流　交通をとめる→断绝交通，隔绝交通

N2 歩道 ⓪ 【名】 人行道

バスが歩道に乗り上げる。
公共汽车开上人行道。

同音词 舗道 铺过的道路　　補導 辅导

★ 与歩道相关：
横断歩道→人行横道　歩道と車道→人行道和车道　歩道橋→人行（过街）天桥，天桥

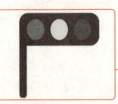

N2 信号 ⓪ 【名】 信号灯

船は遭難信号を発した。
船发出遇难信号。

同义词 合図 信号　　シグナル 信号

★ 与信号相关：
非常信号→警报信号　安全信号→安全信号　危険信号→危险信号，危险的征兆

• 292 •

Chapter 14 交通出行

N2 標識 ⓪ 【名】 标志，标识
ひょうしき
交通標識。
交通标识。

同义词　めじるし　标志

★ 与標識相关：
道路標識→路标　航路標識→航标　標識灯→信号灯

N5 東 ⓪③ 【名】 东
ひがし
ここから東へ3キロの地点。
从这里向东三公里的地方。

同音词　干菓子 日本式点心　　日貸し 当日借当日还的高利贷

★ 与東相关：
東から吹く風→从东面刮来的风　東を向く→向东

N5 西 ⓪ 【名】 西
にし
私の家の西には山がある。
我家西边有座山。

同音词　二死 两人出局　　螺 螺蛳

★ 与西相关：
西向きのへや→朝西的房间　西に向かって進む→向西前进　西にまがる→向西拐

N5 南 ⓪ 【名】 南
みなみ
南向きの建物。
朝南的房子。

反义词　北　北

★ 与南相关：
南よりの風→偏南风　南へ行く→往南走　南を受ける→刮南风

N5 北 ⓪ 【名】 北
きた
家が北側にあって南向きである。
房子坐北朝南。

反义词　南　南

★ 与北相关：
北向きのへや→朝北的屋子　北アメリカ→北美洲

② 交通信号

日本学生都在用的分类词汇书

N5 ひだり
左 ⓪ 【名】 左

左寄りの思想。
左倾思想。

反义词　みぎ
　　　　右　右

> 与左相关：
> いちばん左の人→最左边的人　左で投げる→用左手投　左が利く→左撇子

N5 ひだりがわ
左側 ⓪ 【名】 左側

右へ曲がって左側の3軒目です。
向右拐弯左边的第三家就是。

反义词　みぎがわ
　　　　右側　右側

> 与左側相关：
> ひだりがわつうこう　　　　　　　　ひだりがわ　すわ
> 左側通行→靠左边走　左側に座る→坐在左侧

② 交通信号

N5 みぎ
右 ⓪① 【名】 右

左から右へ書いていく。
从左向右写。

反义词　ひだり
　　　　左　左

> 与右相关：
> みぎ　て　　　　　　　みぎおれい　　　　　　　　みぎ　で　もの
> 右の手→右手　右御礼まで→谨此致谢　右に出る者がない→没有比他强的

N5 みぎがわ
右側 ⓪ 【名】 右側

彼の右側に座る。
坐在他的右側/边。

反义词　ひだりがわ
　　　　左側　左側

> 与右側相关：
> みぎがわ　とお　　　　　　　　　みぎがわつうこう
> 右側を通る→靠右边走　右側通行→右側通行

N5 む
向こう ②⓪ 【名】 那边，对側

こちら側だけでなく、向こう側の話も聞く必要がある。
不光需要听自己一方的，也需要听听对方的话。

同音词　むこう
　　　　無効　无效

> 与向こう相关：
> む　しょうめん　　　　　　　　む　　きし
> 向こう正面→舞台正面　向こうの岸→对岸

· 294 ·

Chapter 14 交通出行

N5 後ろ ⓪ 【名】 后，后面

後ろを見せる。
败走。

反义词 前 前面

☆ 与後ろ相关：
後ろから押す→从背后推　後ろへ回る→绕到后面

N5 前 ① 【名】 前面

家の前を電車が通る。
电车驶过我家前面。

反义词 後ろ 后，后面

☆ 与前相关：
前を向く→向前　前へ進む→前进　前後ろをよく見る→瞻前顾后

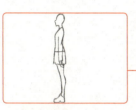

N5 横 ⓪ 【名】 横，侧面，旁边

人込みの中を体を横にして進む。
在人群中侧身走。

同义词 隣 旁边

☆ 与横相关：
首を横にふる→摇头，不同意　かにの横歩き→螃蟹横行

N5 そば ① 【名】 旁边

テーブルの側にいすを置く。
在桌子旁边放把椅子。

同音词 岨 悬崖　　稜 棱角　　蕎麦 荞麦

☆ 与そば相关：
父母の側を離れる→离开父母身边　駅の側の郵便局→车站附近的邮局　側から口をはさむ→从旁插嘴

N5 隣 ⓪ 【名】 旁边

事務室は教室のすぐ隣です。
办公室就紧挨着教室。

同义词 すぐそば 旁边

☆ 与隣相关：
隣の宝を数える→白费，徒劳　隣の花は赤い→别人家的花香

・295・

> 日本学生都在用的分类词汇书

N4 手前 ⓪ 【名】 前面，跟前，本事
その家は警察の先ですか、手前ですか。
那所房子是在警察局的那面，还是这面？

同义词 手元 身边，手头，跟前

★ 与手前相关：
手前に引く→拉到面前　川の手前→河的这边　手前勝手→只顾自己的方便

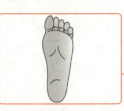

N4 裏 ② 【名】 背面
彼のことばの裏には暗黙の了解が読まれた。
看得出他的话里面有默认的意思。

相关词 手の裏 手掌　裏の通り 后街

★ 与裏相关：
裏へ回る→往后门绕　裏山→后山　裏をつける→挂上衣服衬里

N4 隅 ① 【名】 角落
この辺は隅から隅まで知っている。
这一带的情况一清二楚。

同音词 墨 墨汁　済み 完结，付清

★ 与隅相关：
隅から隅まで捜す→找遍了各个角落　都会の片隅→大城市里的一个角落　隅に置けない→有些本领

N3 周り ⓪ 【名】 周围，附近
家の周りをうろつく。
在房子附近徘徊。

同音词 回り 旋转，走访

★ 与周り相关：
周りの人々→周围的人们　身の周り→身边

N3 正面 ③ 【名】 正面
正面切って挨拶する。
郑重地问候。

反义词 側面 侧面

★ 与正面相关：
正面玄関→正门　正面を見つめる→凝视前面

交通信号

Chapter 14 交通出行

N2 南北 ① 【名】 南北
南北を縦断する。
贯穿南北。

同音词 軟木 软材

★ 与南北相关：
南北戦争→南北战争　南北朝→南北朝　南北問題→南北问题

N2 東北 ⓪ 【名】 东北
東北に流れる川。
向东北流的河。

同义词 北東 东北

★ 与東北相关：
東北弁→东北方言　東北の風→东北风

N2 西南 ⓪ 【名】 西南
西南よりの風が吹く。
刮西南风。

同义词 南西 西南

★ 与西南相关：
西南端→西南端　西南学派→西南学派

N2 東南 ⓪ 【名】 东南
ここは上海の東南に当たる。
这里是上海的东南方。

同义词 南東 东南

★ 与東南相关：
東南アジア→东南亚　南東風→东南风

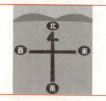

N2 東西 ① 【名】 东西
日本は東西に長く伸びた国だ。
日本是东西延伸的国家。

同音词 糖剤 糖果剂

★ 与東西相关：
東西を失う→迷失方向，不知如何是好　東西を弁ぜず→不辨东西，不懂事理

2 交通信号

日本学生都在用的分类词汇书

N2 向(む)かい ⓪ 【名】 对面
先生はわたしの家の向かいに住んでいます。
老师住在我家的对门。
同义词 向(む)こう 对面

★ 与向かい相关：
向(む)かい波(なみ)→逆浪　向(む)かいどなり→对面的邻居，对门街坊　はす向(む)かい→斜对面

N2 辺(あた)り ① 【名】 附近
王府井辺りに売っているだろう。
大概王府井一带会有卖的吧。
同义词 付(ふ)近(きん) 附近　近(きん)所(じょ) 附近　近(ちか)く 很近

★ 与辺り相关：
辺(あた)りを見(み)まわす→环顾周围　威(い)风(ふう)辺(あた)りをはらう→威风凛凛

N1 西(せい)北(ほく) ⓪ 【名】 西北
中国の西北部はまだ発達していません。
中国西北部还并不发达。
同义词 北(ほく)西(せい) 西北

★ 与西北相关：
北(ほく)西(せい)の風(かぜ)→西北风　西(せい)北(ほく)部(ぶ)→西北部

N1 東(ひがし)口(ぐち) ③ 【名】 东口
場所は東京池袋の東口から、徒歩7分の場所にある。
地点是从东京池袋的东口开始走路七分钟的地方。
反义词 西(にし)口(ぐち) 西口

★ 与東口相关：
東(ひがし)口(ぐち)改(かい)札(さつ)→东检票口　東(ひがし)口(ぐち)から入(にゅう)場(じょう)→从东口入场

N1 左(さ)折(せつ) ⓪ 【动】 左转
もう10メートル行ったら左折してください。
再走十米就向左拐。
同义词 左(ひだり)へ曲(ま)がる 左拐

★ 与左折相关：
左(さ)折(せつ)禁(きん)止(し)→禁止左转弯　左(さ)折(せつ)する→左转弯

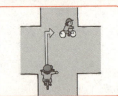

N1 右(う)折(せつ) ⓪ 【动】 右转
次の角を右折してください。
下个转角处请右拐。
同义词 右(みぎ)へ曲(ま)がる 右转

★ 与右折相关：
右(う)折(せつ)禁(きん)止(し)→禁止向右转弯　右(う)折(せつ)する→右转弯

Chapter 14 交通出行

3 搭乘飞机

N5 荷物(にもつ) ① 【名】 行李

みんなのお荷物になりたくない。
不想成为大家的累赘。

相关词 荷物入れ(にもつい) 货仓　荷物だな(にもつ) 货架

☆ 与荷物相关：
荷物一時預かり所(にもついちじあずかりしょ)→物品寄存处　荷物を運ぶ(にもつをはこぶ)→运行李　荷物を預ける(にもつをあずける)→寄存行李

N5 飛ぶ(とぶ) ⓪ 【动】 飞翔，飞行

今どの辺を飛んでいますか。
现在是在什么地方起飞?

同音词 跳ぶ(とぶ) 跳

☆ 与飛ぶ相关：
デマが飛ぶ(とぶ)→谣言传开　飛ぶように売れる(とぶようにうれる)→畅销，卖得飞快

N5 締める(しめる) ② 【动】 系

シートベルトを締めてください。
请系好安全带。

同音词 占める(しめる) 占据，占领　　湿る(しめる) 湿，潮湿，心情郁闷

☆ 与締める相关：
縄を締める(なわをしめる)→勒紧绳子　ネクタイを締める(しめる)→系领带

N4 遅れる(おくれる) ⓪ 【动】 耽误，推迟，延迟

天候があまりないので、30分間ほど遅れて離陸いたします。
由于天气不好，飞机将会推迟30分钟起飞。

同义词 ひまどる 误，耽误

☆ 与遅れる相关：
汽車に遅れる(きしゃにおくれる)→没赶上火车，误了火车　進歩に遅れる(しんぽにおくれる)→停步不前　夫に遅れる(おっとにおくれる)→丈夫先死

N4 予約(よやく) ⓪ 【动】 预约，预订

2月19日10時の成田発上海行きのチケットを予約したいですが。
我想预订JAL2月19日从成田机场开往上海的机票。

相关词 予約席(よやくせき) 预订的座位　　予約金(よやくきん) 预订费，订购费

☆ 与予約相关：
予約(よやく)をキャンセルする→取消预约　早めに予約する(はやめによやくする)→及早订购

N3 非常ひじょう ⓪ 【形】 紧急，紧迫，非常

非常口を付ける。
安装安全门。

同音词 非情 无情

☆ 与非常相关：
非常電話（ひじょうでんわ）→紧急电话　非常ベル（ひじょう）→警铃　非常階段（ひじょうかいだん）→太平梯，疏散梯

N3 禁煙きんえん ⓪ 【名】 禁止吸烟

禁煙のサインが消えますまで、しばらくご遠慮ください。
禁止吸烟的信号熄灭之前，请暂时忍耐一下。

相关词 タバコ 香烟　吸う 吸

☆ 与禁煙相关：
場内禁煙（じょうないきんえん）→场内不准吸烟　体に悪いので禁煙する（からだ わる　きんえん）→因为对身体不好而戒烟

③ 搭乘飞机

N3 預けるあず ③ 【动】 存，寄存

すみません、荷物はどこで預けるか。
对不起，在哪儿寄存行李？

同义词 まかせる 托付，拜托

☆ 与預ける相关：
荷物を預ける（にもつ　あず）→寄存行李　金を銀行に預ける（かね ぎんこう　あず）→存钱　けんかを預ける（あず）→劝架

N2 満員まんいん ⓪ 【名】 满员

船室は満員です。
舱位已满。

同义词 満席（まんせき） 满座，满员

☆ 与満席相关：
満員御礼（まんいん お れい）→客满道谢　満員札止め（まんいんさつど）→客满停止售票

N2 到着とうちゃく ⓪ 【名】 到达

手紙が到着次第ご連絡下さい。
收到这封信请立刻回信（跟我联系）/请见函即复。

同义词 到達（とうたつ） 到达

☆ 与到着相关：
定時に到着した（ていじ　とうちゃく）→准时抵达　到着順にならぶ（とうちゃくじゅん）→按到的顺序排队　到着駅（とうちゃくえき）→到达站

Chapter 14 交通出行

N2 こうくう
航空 ⓪ 【名】 航空

航空券を忘れると飛行機に乗れないよ。
飞机票忘了的话就不能乘飞机了。

同音词 こうくう
高空 高空

★ 与航空相关：
こうくうしゃしん　　　　　　　　　　こうくうがく　　　　　こうくうゆそう
航空写真→航空照相，航空摄影　航空学→航空学　航空輸送→空运

N1 り りく
離陸 ⓪ 【动】 起飞

ヘリコプターが離陸する。
直升机起飞。

同义词 と あ
飛び上がる 起飞

★ 与離陸相关：
りりくかっそう　　　　　　　　ひこうき　　りりく　　ひがし　と　さ
離陸滑走→起飞滑行　飛行機は離陸して東へ飛び去った→飞机起飞后向东飞去

N1 げんち
現地 ① 【名】 当地时间

映画祭は、現地時間4月19日から27日まで開催。
动漫节在当地时间4月19日至27日举办。

同音词 げんち
言質 许诺，诺言

★ 与現地相关：
げんちちょうさ　　　　　　　　げんちほうこく
現地調査→实地调査　現地報告→现场报告

N1 じ さ
時差 ① 【名】 时差

北京と東京とでは1時間の時差がある。
北京和东京的时差是一个小时。

同音词 じ さ
自差 偏差

★ 与時差相关：
じ さ　　　　　　　　　じ さつうがく
時差ぼけ→时差症　時差通学→错开时间上课

N1 ていこく
定刻 ⓪ 【动·形】 正点，准时

定刻が過ぎたので会を始める。
因为规定时间已过，现在开会。

同音词 ていこく
帝国 帝国

★ 与定刻相关：
ていこく　しゅうごう　　　　　　　ていこく　とうちゃく
定刻に集合する→准时集合　定刻に到着する→准时到达

搭乘飞机

· 301 ·

N1 着陸 ⓪ 【动】 着陆，降落

パラシュートで着陸する。
用降落伞着陆。

同义词 降りる 下降

☆ 与着陆相关：
無着陸飛行→不着陆飞行　飛行機が着陸す→飞机着陆　強制着陸をさせる→迫降

N1 搭乗券 ③ 【名】 登机牌

搭乗券をご用意ください。
请准备好登机证。

相关词 座席番号 座位号

☆ 与搭乘券相关：
搭乗員→乘务员　搭乗手続き→登机手续

N1 チケット ②① 【名】 票

広島発仙台行きのチケットはありますか。
有从广岛到仙台的票吗？

相关词 切符 票　乗車券 车票

☆ 与チケット相关：
チケット制の食堂→用饭票的食堂　ダンスホールのチケット→舞厅的票　先にチケットをおもとめください→请先买票

Chapter 14 交通出行

N5 切符(きっぷ) ⓪ 【名】 车票
東京までの切符を1枚ください。
请给我一张到东京去的票。

相关词 往復切符(おうふくきっぷ) 往返票　　片道切符(かたみちきっぷ) 单程票

★ 与切符相关：
通し切符(とおしきっぷ)→通票；联运票　当日限りの切符(とうじつかぎりのきっぷ)→当天有效的票　飛行機の切符(ひこうきのきっぷ)→飞机票

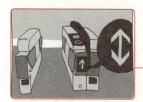

N3 改札(かいさつ) ⓪ 【动】 检票
改札口で会いましょう！
在检票口见面吧！

同音词 開札(かいさつ) 开标，投标

★ 与改札相关：
改札口(かいさつぐち)→检票口　改札窓口(かいさつまどぐち)→剪票口　改札用パンチ(かいさつよう)→剪票的剪子

N2 直通(ちょくつう) ⓪ 【名】 直达
この電話は外線に直通している。
这个电话直通外线。

同义词 経由なしに(けいゆ) 直达

★ 与直通相关：
直通列車(ちょくつうれっしゃ)→直达列车　直通電話(ちょくつうでんわ)→直通电话

N2 乗客(じょうきゃく) ⓪ 【名】 乘客
バスの乗客が増加する。
乘坐公共汽车的人不断增加。

同音词 上客(じょうきゃく) 好顾客　　常客(じょうきゃく) 常客，老主顾

★ 与乗客相关：
乗客数(じょうきゃくすう)→乘客人数　乗客名簿(じょうきゃくめいぼ)→旅客名单

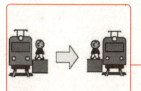

N2 乗り換え(のりかえ) ⓪ 【名】 换乘
乗り換えのとき汽車をまちがえた。
换车时搭错了火车。

相关词 乗り換え駅(のりかええき) 换乘车站　　乗り換え切符(のりかえきっぷ) 换车票

★ 与乗り換え相关：
乗り換えが多い(のりかえがおおい)→换车次数多　乗り換えなしに(のりかえ)→直达

火车地铁

日本学生都在用的分类词汇书

N2 片道 ⓪ 【名】 单程

往復ですか、片道ですか。
是往返呢，还是单程呢？

反义词 往復(おうふく) 往返

☆ 与片道相关：
片道切符(かたみちきっぷ)→单程车票　片道貿易(かたみちぼうえき)→单边贸易

N2 往復 ⓪ 【动】 往返

あの人はしじゅう北京と上海のあいだを往復している。
他经常往返京沪之间。

反义词 片道(かたみち) 单程

☆ 与往復相关：
往復(おうふく)とも歩(ある)く→来回都步行　手紙(てがみ)の往復(おうふく)がひんぱんだ→来往通信很多

N2 定期券 ③ 【名】 月票

私は定期券を家に忘れてしまったので、切符を買って乗らざるを得ない。
我把月票忘家里了，只得买票坐车。

相关词 全線通用定期券(ぜんせんつうようていきけん) 通用月票　公用定期券(こうようていきけん) 公用月票

☆ 与定期券相关：
定期券(ていきけん)で通(かよ)う→用月票上班　定期券入(ていきけんい)れ→月票夹子

N2 ホーム ① 【名】 站台

プラットホームで乗車を待つ。
在站台等候上车。

相关词 ホームをでる 走出站台　ホームへいく 去站台

☆ 与ホーム相关：
ホームなふんいき→舒适的气氛　トラホームにかかる→害沙眼

N1 時刻 ① 【名】 时刻

彼はいつも時刻に遅れる。
他经常迟到。

相关词 時刻表(じこくひょう) 时刻表

☆ 与時刻相关：
約束(やくそく)の時刻(じこく)→约定的时间　時刻(じこく)に遅(おく)れる→迟到　時刻到来(じこくとうらい)→时机到了

火车地铁

Chapter 14 交通出行

N1 運賃（うんちん）① 【名】 票价

国鉄の旅客運賃が改正された。
国铁的旅客车费调整了。

相关词 運賃表（うんちんひょう）运费表　運賃協定（うんちんきょうてい）运费协定

★ 与运费相关：
運賃支払い済み（うんちんしはらいずみ）→运费付讫　運賃前払い（うんちんまえばらい）→运费预付

N1 券売機（けんばいき）③ 【名】 售票机

路上にある駅の表示にも、券売機の上の路線図にも、車両にも決まった色が使用されているのだ。
每个车站、售票机上的线路图以及地铁车身都会用不同颜色标明。

同义词 自動券売機（じどうけんばいき）自动售票机

★ 与券売機相关：
前売券（まえうりけん）→预售票　定期券（ていきけん）→月票　回数券（かいすうけん）→套票，联票　特急券（とっきゅうけん）→加快票

火车地铁

N1 路線 ⓪ 【名】 线路，交通线
路線バスを利用してください。
请利用公共汽车。

相关词 バス路線 公共汽车路线 自主路線 自主路线

★ 与路線相关：
高成長路線を修正する→修正高速增长路线 平和路線を踏襲する→继承和平路线

N5 出口 ① 【名】 出站口
出口はこちらです。
出口在这儿。

反义词 入り口 入口

★ 与出口相关：
非常出口→太平门 出口が分からない→找不到出口 水道の出口をとめる→关上自来水龙头

N5 入口 ⓪ 【名】 入口
入り口がわからない。
找不着门。

反义词 出口 出口

★ 与入口相关：
公園の入り口→公园的入口 入り口をふさぐ→堵死入口

N4 売り場 ⓪ 【名】 售票处
切符売り場はどこですか。
售票处在哪儿？

同义词 カウンター 柜台

★ 与売り場相关：
切符売り場→售票处 いまが売り場だ→现在是出售的好机会

N4 空く ⓪ 【动】 空置
ここは空いていますか。
这个座位有人吗？

同音词 剥く 切成薄片 好く 喜欢

★ 与空く相关：
道路がすいている→路上人很少 おなかがすいた→肚子饿了 手がすく→闲着

Chapter 14 交通出行

N4 出発 ⓪ 【动】 出发
何時に出発ですか。
几点开车？

近义词 出かける 出门

★ 与出発相关：
出発の準備をする→做出发准备　出発間際に→临出发时，临走的时候　再出発→重新开始

N4 席 ① 【名】 位置
ここは私の席です。
这是我的座位。

同音词 石 岩石，钻　咳 咳嗽

★ 与席相关：
指定席→对号入座　自由席→散座，非对号入座　来賓席→来宾席

N5 タクシー ① 【名】 出租汽车，的士，计程车
タクシー代を吹っ掛ける。
出租汽车多要车钱。

同义词 営業用自動車 出租车

★ 与タクシー相关：
タクシーをひろう→（在路上）叫出租汽车　タクシーをとばす→驾驶出租汽车飞驰

N5 乗る ⓪ 【动】 坐，上，搭乘
エレベーターに乗って上がり下りする。
坐电梯上下。

同音词 載る 放，载

★ 与乗る相关：
馬に乗る→骑马　屋根に乗る→上屋顶　話に乗る→接受提议

N1 高速道路 ⑤ 【名】 高速公路
高速道路で100kmの渋滞が起きたら所要時間はどれくらいになりますか。
在高速公路上发生100千米的交通堵塞所需要的时间大概是多少？

同义词 ハイウエー 高速公路　弾丸道路 高速公路

★ 与高速道路相关：
自動車道国道→汽车车道国道　首都高速道路→首都高速公路

· 307 ·

> 日本学生都在用的分类词汇书

N1 道路 ⑤ 【名】 公路
どうろ
道路里程標。
(从起点起)标注距离的牌子/里程标。

反义词 ハイウエー 高速公路　　高速道路 高速公路
こうそくどうろ
弾丸道路 高速公路
だんがんどうろ

★ 与道路相关：
道路元標→站牌，路标　道路標識→路牌　道路交通法→公路交通管理规则
どうろげんぴょう　　　　　どうろひょうしき　　　どうろこうつうほう

N3 乗車 ⓪ 【动】 乘车，上车，搭车
じょうしゃ
2列に並んで順序よくご乗車ください。
请排成两队按顺序上车。

同音词 じょうしゃ 誉清，繕写（件）

★ 与乘车相关：
乗車賃→车费　乗車口→乗车口　乗車拒否→谢绝乘车
じょうしゃちん　　　じょうしゃぐち　　　　じょうしゃきょひ

N2 都心 ⓪ 【名】 市中心
としん
すみませんが、都心へはとのように行きますか。
请问去市中心怎么走？

同音词 兎唇 兔子的嘴唇
としん

★ 与都心相关：
都心に住んでいる→他住在市中心　都心へいく→去市中心
としんにすむ　　　　　　　　　としん

N2 搭乗 ⓪ 【动】 搭乘
とうじょう
旅客機に搭乗する。
搭乘客机。

同音词 凍上 冻土凸起　東上 向东去　登場 登场
とうじょう　　　　　　とうじょう　　　　とうじょう

★ 与搭乗相关：
搭乗員→乘务员　搭乗券→机票，船票　搭乗手続き→登机手续
とうじょういん　　　とうじょうけん　　　　とうじょうてつづき

N1 近道 ② 【名】 近道，捷径
ちかみち
教会堂へ行くにはどう行けばいちばん近道になりますか。
去教堂最近的路怎么走？

反义词 遠道 绕远，远道
とおみち

★ 与近道相关：
近道をする→抄近道　立身出世の近道→飞黄腾达的捷径
ちかみち　　　　　　りっしんしゅっせのちかみち

公交出租

Chapter 15
公共服务

在邮局

N5 手紙 ⓪【名】信，书信，函
着きましたらお手紙を下さい。
到了以后请来信。

同义词　書簡　信，书信

☆ 与手紙相关：
手紙を書く→写信　手紙を出す→寄信

N5 封筒 ⓪【名】信箱
封筒に切手を貼ってください。
请把邮票贴在信封上。

同义词　状箱　信箱

☆ 与封筒相关：
手紙を封筒に入れる→把信装进信封里　封筒をあける→拆开信封

N5 切手 ⓪【名】邮票，礼券，票据
ここに切手を貼ってください。
请在这里贴上邮票。

同义词　郵便切手　邮票　商品切手　购物券

☆ 与切手相关：
切手をはる→贴邮票　切手収集→集邮

N5 貼る ⓪【动】粘，贴，糊
窓に紙を貼る。
糊窗户纸。

同音词　春　春天

☆ 与貼る相关：
ビラを貼る→贴标语　ポスターを貼る→张贴宣传画

N5 絵葉書 ②【名】带图的明信片
絵葉書を一枚ください。
请给我一张带图的明信片。

同义词　葉書　明信片

☆ 与絵葉書相关：
絵葉書を出す→寄明信片　古い絵葉書→旧明信片

Chapter 15 公共服务

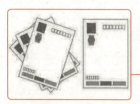

N5 葉書(はがき) ⓪ 【名】明信片

葉書を一枚ください。
请给我一张普通明信片。

【同音词】 羽搔き(はがき) 鸟用嘴啄理自己的毛　　端書(はがき) 便条

★ 与葉書相关：
絵葉書(えはがき)→风景明信片　往復葉書(おうふくはがき)→往返明信片

N5 郵便局(ゆうびんきょく) ③ 【名】邮局

郵便局は駅の向こうで、ここから近いです。
邮局在车站对面，离这里不远。

【相关词】 特定郵便局(とくていゆうびんきょく) 特定邮局

★ 与郵便局相关：
郵便振替貯金(ゆうびんふりかえちょきん)→邮政转帐存款　郵便業務(ゆうびんぎょうむ)→邮政业务　郵便集配局(ゆうびんしゅうはいきょく)→邮件分发邮局

N4 お釣り(おつり) ⓪ 【名】零钱

おつりはいいです。
不必找钱了。

【相关词】 おつりをうけとる 收到零钱　　おつりがくる 有零钱

★ 与お釣り相关：
おつりはいらない→不用找零了　千円出すとおつりがくる(せんえんだす)→拿出一千日元还有富余

N4 送る(おくる) ② 【动】寄，邮寄，汇寄

航空便で送るとなん日かかりますか。
寄航空件要多少天（能到）？

【同义词】 送付する(そうふ) 送，寄

★ 与送る相关：
商品を送る(しょうひんをおくる)→送货　兵を送る(へいをおくる)→派兵

N4 払う(はらう) ② 【动】付

いくら払いますか。
我要付多少钱?

【相关词】 支払う(しはらう) 支付

★ 与払う相关：
金を払う(かねをはらう)→付钱　現金で払う(げんきんではらう)→付现款

在郵局

・311・

日本学生都在用的分类词汇书

N3 重量（じゅうりょう）③【名】重量，分量

重量はいくらですか。
重量是多少？

同义词 重さ（おも） 重量

★ 与重量相关：
重量を量る（じゅうりょうはか）→量重量　重量級（じゅうりょうきゅう）→重量级　重量感（じゅうりょうかん）→重量感

N3 届く（とど）②【动】到达

いつ届きますか。
什么时候到达？

同义词 到着（とうちゃく） 到达

★ 与届く相关：
手が届かない（てとど）→够不着　忙しくて目が届かない（いそがめとど）→忙得不可开交

N2 小包（こづつみ）②【名】包裹

小包はどう送りますか。
包裹怎么寄？

同义词 小荷物（こにもつ） 小包裹　小さい包み（ちいつつ） 小包裹

★ 与小包相关：
小包を出す（こづつみだ）→寄包裹　小包で送る（こづつみおく）→用包裹寄去　小包郵便（こづつみゆうびん）→包裹邮件

N2 為替（かわせ）⓪【动】汇兑，汇款

為替で送りますか。
您想用信汇寄钱吗？

相关词 電報為替（でんぽうかわせ） 电汇　電信為替（でんしんかわせ） 电汇　郵便為替（ゆうびんかわせ） 邮政汇票，邮汇

★ 与為替相关：
為替で送金する（かわせそうきん）→汇出汇款，汇交，用汇票寄钱，汇钱　為替を組む（かわせく）→买汇票，结汇，汇寄，汇划
為替で支払う（かわせしはら）→汇付，汇款

N2 宛名（あてな）⓪【名】收件人姓名（住址）

この宛名のところへこの手紙を出してください。
请把这封信发往这个地址。

同音词 当て名（あてな） 收件人地址

★ 与宛名相关：
手紙の宛名がまちがっていた（てがみあてな）→信的地址写错了　宛名別に区分する（あてなべつくぶん）→按收件人姓名分类

在邮局

Chapter 15 公共服务

N2 用紙 ⓪ ① 【名】（特定用途的）纸张，专用纸

その**用紙**をください。
请给我那种表格。

|同音词| 夭死 夭折 | 容姿 姿容 | 容止 举止 |

▼ 与用紙相关：
原稿用紙→稿纸　投票用紙→选票　答案用紙→答卷纸；试卷；卷子

N2 便箋 ⓪ 【名】信封

便箋をすこしください。
请给我一些信纸。

|同音词| 便船 便船 |

▼ 与便箋相关：
何枚もの便箋を反古にした→废了好几张信纸　私用の便箋→私人用的信纸

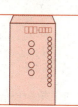

N1 封 ① 【名】信封

封をしてください。
把信封封好。

|同音词| 風 样子，态度，习惯 |

▼ 与封相关：
封をする→封上　封を切る→拆封　内証で封を開く→秘密启封　封をたしかめる→检查封条

N1 電報 ⓪ 【名】电报

電報用紙をすこしください。
请给我几张电报纸。

|同义词| 電報用紙 电报纸 |

▼ 与電報相关：
暗号電報→密码电报　海外電報→国外电报　至急電報→急电

N1 送金 ⓪ 【动·名】寄钱，汇款

送金手形にサインしてください。
请签收汇款。

|同音词| 走禽 走禽 |

▼ 与送金相关：
学費を送金する→寄学费　為替で送金する→汇钱，汇寄

在邮局

日本学生都在用的分类词汇书

N1 記入 ⓪【动】记上，填写

この紙に記入してください。
请填表格。

同义词 書きこむ 写上

★ 与记入相关：
ノートに記入する→记在本子上　記入もれ→漏记（的事项）　記入用紙→登记表

N1 至急 ⓪【形】火急，火速，赶快

彼は至急電報を打ちたがっていますが。
他想发份特快（国际）电报。

相关词 至急おいでください 请赶快来　至急入用 急用，等着用

★ 与至急相关：
至急集合→紧急集合　至急の用事→急事　至急電報→急电，快电，加急电报

N1 手形 ⓪【名】票据

私は電信手形で送金したいです。
我想用电汇寄钱。

相关词 手形を割り引く 贴现票据　手形の裏書き 票据的背书

★ 与手形相关：
約束手形→期票，本票　割引手形→贴现票据　不渡り手形→拒付票据

N1 普通郵便 ⓪【名】平信

普通郵便で出したいのですが。
我想发平信。

反义词 書留郵便 挂号信

★ 与郵便相关：
航空郵便→航空邮件　郵便がくる→寄来邮件

N1 郵便物 ③【名】邮件

郵便物は何時に発送しますか。
邮件几点发出？

相关词 航空郵便物 航空邮件　速達郵便 快递邮件

★ 与郵便物相关：
郵便物を区分する→分信　配達不能郵便物→无法投递的邮件

在邮局

Chapter 15 公共服务

N3 貯金 ちょきん ⓪【动】存，存钱，存款，储蓄

ボーナスの一部を郵便局に貯金する。
把一部分奖金存在邮局。

同义词 預金（よきん）存款

★ 与貯金相关：
郵便貯金（ゆうびんちょきん）→邮政储蓄　定額貯金（ていがくちょきん）→定额储蓄　貯金通帳（ちょきんつうちょう）→存折　普通貯金（ふつうちょきん）→活期存款

N3 定期 てい き ①【名】定期

定期口座を作る。
开定期账户。

相关词 定期貯金（ていきちょきん）定期存款　定期船（ていきふね）班轮

★ 与定期相关：
定期乗車券（ていきじょうしゃけん）→月票　定期航路（ていきこうろ）→定期航线

N2 通帳 つうちょう ⓪【名】存折，折子

銀行の預金通帳。
银行存折。

同音词 通牒（つうちょう）通告，通牒

★ 与通帳相关：
米穀通帳（べいこくつうちょう）→购粮本　酒屋の通帳（さかやのつうちょう）→赊购酒的折子

N2 引き出す ひ だ ③【动】提款，取钱

貯金から1万円引き出す。
从储蓄中提出一万日元。

反义词 預け入れる（あずけいれる）存入

★ 与引き出す相关：
話を引き出す（はなしをひきだす）→引出话题　貯金を引き出す（ちょきんをひきだす）→提取存款

N1 預金 よ きん ⓪【动・名】存款

彼は毎月の給料の半分を預金している。
他每月把工资的一半存入银行。

同义词 貯金（ちょきん）存款

★ 与預金相关：
預金口座（よきんこうざ）→存款户头　預金通帳（よきんつうちょう）→存折　定期預金（ていきよきん）→定期存款

2 在银行

· 315 ·

日本学生都在用的分类词汇书

N1 口座 ⓪【名】户头

口座番号を教えてください。
请告诉我你的银行账号。

同音词　講座 讲座　　高座 讲台，上座

☆ 与口座相关：
振替口座→转账户头　銀行に口座を開く→在银行开户头

N1 担保 ①【名】抵押，担保

じゅうぶんな担保をとって金を貸す。
取得充分的抵押后把钱借出。

同音词　たんぽ 棉团子，棉花球　　たんぽ 热水袋

☆ 与担保相关：
担保を入れる→交抵押　土地を担保とする→以土地为抵押

N1 残高 ① ⓪【名】余额

今月は5万元の残高があった。
本月结存五万元。

同义词　残額 余额

☆ 与残高相关：
現金残高→现金余额　手元残高→手头余额　残高勘定→结余账户

N1 満期 ⓪【名】到期日

この契約は今月の25日で満期になる。
这张合同本月二十五日到期。

同音词　慢気 傲慢，骄傲

☆ 与満期相关：
満期日→到期日　満期手形→到期票据

N1 暗証番号 ⑤【名】密码

この金庫を開けるには暗証番号が必要だ。
要想打开这个金库需要密码。

同义词　パスワード 密码

☆ 与暗証番号相关：
暗証番号を変更する→更改密码　また別の暗証番号が必要となる→还需要其他的密码

Chapter 15 公共服务

N1 取り引き ② 【动】交易

彼はこの銀行と取引関係を結んでいる。
他和这个银行有交易往来关系。

同义词 交易(こうえき) 交易

★ 与取引相关：
空取引(くうとりひき)→买空卖空　現金取引(げんきんとりひき)→现款交易　株式取引(かぶしきとりひき)→股票交易

N1 外貨(がいか) ① 【名】外币，外汇

外貨を獲得する。
赚外汇/外币。

同音词 凱歌(がいか) 凯歌

★ 与外货相关：
外貨収入(がいかしゅうにゅう)→外币收入　外貨貯金通帳(がいかちょきんつうちょう)→外币存款存折　外貨不足(がいかふそく)→外汇不足

N1 利息(りそく) ⓪ 【名】利息

金貸しが利息を取る。
放款人要利息。

同义词 利子(りし) 利息，利钱

★ 与利息相关：
利息(りそく)がよい→这种存款利息高　高い利息(たかいりそく)→高利息　安い利息(やすいりそく)→低利息

N5 銀行(ぎんこう) ⓪ 【名】银行

銀行に口座をつくる。
开户头/立户头/开户。

相关词 銀行預金(ぎんこうよきん) 银行存款　銀行割引(ぎんこうわりびき) 银行贴现

★ 与银行相关：
銀行ローン(ぎんこう)→银行贷款　人才銀行(じんさいぎんこう)→人才库

N1 年利(ねんり) ⓪ 【名】年息

4分の年利率で金を貸す。
按年利四厘(的利率)放款。

相关词 月利(げつり) 月息

★ 与年利相关：
金利引下げ(きんりひきさげ)→降息　元金と利息(がんきんとりそく)→本息

② 在银行

日本学生都在用的分类词汇书

N1 小切手(こぎって) ②【名】支票

小切手を現金に換える。
把支票兑成现款。

相关词 無記名(むきめい)小切手(こぎって) 不记名支票　線引(せんび)き小切手(こぎって) 画线支票
不渡(ふわた)り小切手(こぎって) 空头支票　送金(そうきん)小切手(こぎって) 即期汇票

★ 与小切手相关:
小切手(こぎって)で払(はら)う→以支票支付　小切手(こぎって)を振(ふ)り出(だ)す→开支票

2 在银行

Chapter 15 公共服务

N5 風邪 ⓪【名】感冒，伤风

風邪がなかなか抜けない。
感冒老也不好。

同音词 風 风

★ 与風邪相关：
風邪をひく→感冒，患感冒，着凉　風邪がなおる→感冒痊愈

N4 注射 ⓪【动】注射

ペニシリンを注射する。
注射青霉素。

同音词 駐車 停车

★ 与注射相关：
予防注射→打预防针　注射器→注射器

N3 目眩 ②【形】头晕眼花

目眩がするような高さまで登った。
登上了叫人头晕的高度。

同义词 眩暈 头晕眼花

★ 与目眩相关：
目眩がする→感到眩晕　目がくらくらする→眼花，目眩　目が回り頭がくらくらする→头晕目眩

N3 咳 ②【动・名】咳嗽

薬を飲んで、咳が治まる。
吃了药后不咳了。

同音词 席 位子，席位

★ 与咳相关：
から咳→干咳　咳が出る→咳嗽　咳を止める→止咳

N3 検査 ①【动】检查

いくつかの工事現場を抽出検査して、安全面での問題点を調べる。
抽查了几个施工现场，检查安全方面的问题。

同义词 調べる 检查

★ 与検査相关：
身体検査→身体检查；搜身　検査済み→验讫

③ 在医院

日本学生都在用的分类词汇书

3 在医院

N2 診察 ⓪ 【动】诊察
しんさつ

患者を診察する。
（给患者）看病。

同音词 新札 新币，新钞票
しんさつ

★ 与诊察相关：
診察室→诊室，门诊部　無料診察→免费看病　診察料→诊费
しんさつしつ　　　　　　むりょうしんさつ　　　　　しんさつりょう

N2 外科 ⓪ 【名】外科
げか

華佗は外科の元祖といわれる。
华佗被称为外科鼻祖。

相关词 整形外科 整形外科　　外科医 外科大夫，外科医生
せいけいげか　　　　　　　　　げかい

★ 与外科相关：
手術→手术　レントゲン→透视　尿検査→尿检　心電図→心电图
しゅじゅつ　　　　　　　　　　にょうけんさ　　　しんでんず

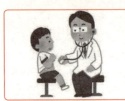

N2 内科 ⓪ 【名】内科
ないか

内科の医者に診てもらう。
请内科大夫看病。

反义词 外科 外科
げか

★ 与内科相关：
内科医→内科医生　内科病院→内科医院　内科病室→内科病房
ないかい　　　　　　ないかびょういん　　　　　ないかびょうしつ

N2 医師 ① 【名】医生
いし

その医師は診察がいいかげんだ。
这个大夫看病看得不仔细。

同音词 石 石头　意志 意志　意思 意思，想法，打算
いし　　　　　いし　　　　　　いし

★ 与医师相关：
医師免許状→医生执照　お抱えの医師→私人医生
いしめんきょじょう　　　　かかえ　いし

N2 薬局 ⓪ 【名】药房
やっきょく

薬局方によって調剤した薬。
根据药典配制的药。

相关词 薬局員 药剂员，调剂员　薬局方 药典
やっきょくいん　　　　　　　　　やっきょくほう

★ 与薬局相关：
薬を調剤する→配置药　薬局に寄る→顺便去下药店
くすり ちょうざい　　　　　　やっきょく よ

· 320 ·

Chapter 15 公共服务

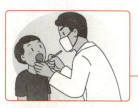

N1 歯科 ⓪【名】牙科

歯科医院に行く。
去牙科医院。

同音词 史家 史学家　　四価 (化) 四价　　私家 自己的家

☆ 与歯相关：
歯をみがく→刷牙　歯をほじくる→剔牙　歯を埋める→补牙　歯を入れる→镶牙

N1 眼科 ⓪①【名】眼科

眼科医になりたい。
想当眼科医生。

同音词 眼下 眼下，当下，眼睛下面　　眼窩 眼窝

☆ 与眼科相关：
点眼剤→眼药水　点眼水→眼药水

N1 皮膚科 ⓪【名】皮肤科

まず皮膚科を受診するのも方法です。
首先去看皮肤科也是一种方法。

相关词 湿疹 湿疹　　蕁麻疹 荨麻疹

☆ 与皮肤科相关：
軟膏→药膏　座薬→坐药　錠剤→药片　解熱剤→退烧药　鎮痛剤→镇痛药　消毒薬→消毒药　内服薬→内服药

N1 小児科 ⓪【名】儿科

あの医者は小児科が専門です。
那位大夫专看儿科。

相关词 小児科医 儿科医生，儿科大夫　　小児科医院 儿童医院

☆ 与小儿科相关：
小児病→儿科病　小児麻痺→小儿麻痹　脳性小児麻痺→大脑皮层小儿麻痹

N1 精神 ⓪【名】精神

精神が確かでない。
精神不正常／神志不清醒。

同音词 成心 成见

☆ 与精神科相关：
精神を集中させる→集中精力　精神がたるんでいる→精神松懈

③ 在医院

N1 神経科 ⓪ 【名】神经科

東大の神経科へ入院した。
在东大的神经科住院。

相关词 神経家 神经质的人

★ 与神经相关：
神経麻痺→神经原节　神経網→神经网

N1 嘔吐 ① 【动】呕吐

彼の言動には嘔吐をもよおす。
他的言行令人作呕。

同义词 吐く 吐

★ 与嘔吐相关：
嘔吐をもよおす→叫人恶心　嘔吐が止まらない→呕吐不止

N1 下痢 ⓪ 【名】拉肚子

生水を飲み過ぎて下痢をした。
喝生水过多，泻肚了。

同义词 腹下し 拉肚子

★ 与下痢相关：
下痢どめ→止泻药　腹を下す→拉肚子　下痢をする→拉肚子

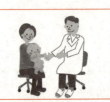

N1 初診 ⓪ 【名】初诊

初診の際には初診料を払う。
初诊时要付初诊费。

同音词 初審 初审，第一审　　初心 初衷，初愿

★ 与初诊相关：
初診料→初诊费　診察時間→诊察时间

N1 処方 ⓪ 【名】处方

この薬は医者の処方がなければ手にはいらない。
这个药没有医生的处方买不到。

同音词 諸方 各方，各处

★ 与处方相关：
薬を処方する→开药方　処方箋を出す→开药方　処方によって調剤する→按照处方配药

Chapter 15 公共服务

N1 麻酔（ますい）⓪【名】麻醉

麻酔をかけて手術を行う。
施行麻醉做手术。

相关词 電気麻酔（でんきますい）电麻　局部麻酔（きょくぶますい）局部麻醉

☆ 与麻醉相关：
全身麻酔（ぜんしんますい）→全身麻醉　はり麻酔（ますい）→针刺麻醉　麻酔から覚める（ますいからさめる）→从麻醉中苏醒过来

N1 投薬（とうやく）⓪【名】开药

日本はいつまでうつ病に投薬治療を行うつもりですか。
日本打算什么时候对抑郁症进行药物治疗呢？

同音词 当薬（とうやく）（中药）甘苦龙胆　騰躍（とうやく）腾跃　湯薬（とうやく）汤药

☆ 与投药相关：
病状に応じて投薬する（びょうじょうにおうじてとうやくする）对症下药　情況に応じて手当てをする（じょうきょうにおうじててあてをする）对症下药

③ 在医院

日本学生都在用的分类词汇书

在图书馆

N5 本① 【名】书
ほん

この**本**は借りられるんですか。
这本书可以借吗？

相音词 品 章，编，段
ほん

★ 与本相关：
本を読む→读书，看书　本を出版する→出版书
ほん よ　　　　　　　　　ほん しゅっぱん

N5 借りる⓪ 【动】借
か

借りた物は返さなければならない。
借来的东西必须还。

反义词 貸す 借出
か

★ 与借りる相关：
借りてきたねこ→像借来的猫一样老实　人の口を借りて言う→借别人的口说　家を借りる→租房子
か　　　　　　　　　　　　　　　　ひと くち か　　い　　　　　　　　　　　いえ か

N5 貸す⓪ 【动】借给，借出
か

ええ、**貸**し出ししています。
嗯，借出去了。

反义词 借りる 借入
か

★ 与貸す相关：
手を貸す→帮忙　知恵を貸す→代为策划，代出主意　土地を貸す→出租土地
て か　　　　　　ちえ か　　　　　　　　　　　　　　とち か

N5 図書館② 【名】图书馆
としょかん

5万冊を蔵する**図書館**。
图书馆有5万本藏书。

同义词 図書室 图书室
としょしつ

★ 与図書館相关：
閲覧室→阅览室　国立図書館→国立图书馆
えつらんしつ　　　　　こくりつ としょかん

N5 冊⓪ 【名】本，个，册，部
さつ

何**冊**までかりられるんですか？
可以借几本呢？

同音词 札 纸币，票子
さつ

★ 与冊相关：
数冊の本→几本书　ノート5冊→五个本子
すうさつ ほん　　　　　　　ごさつ

· 324 ·

Chapter 15 公共服务

N5 返す ① 【动】归还，退掉

再来週の水曜日までに返してください。
请在下下个星期三之前还。

同义词 返却する 归还，退掉

与返す相关：
借金を返す→还借款　贈り物を返す→退还礼物　挨拶を返す→回礼；致答词　恩を返す→报恩

N5 本棚 ① 【名】书架

本棚の上でこれらの本を見つけることができませんでした。
书架上找不到这些书。

同义词 書棚 书架　　書架 书架

与本棚相关：
本棚から辞書を取り出す→从书架上取出词典　本棚はほこりだらけだ→书架上都是灰

N3 続く ⓪ 【动】继续，连续，连绵

私はこの本を続けて借りることが出来ますか。
我可以续借这本书吗？

同义词 続ける 继续，连续

与続く相关：
雨が降り続く→阴雨连绵　不幸が続く→灾祸接连发生

N2 カード ① 【名】卡

貸し出しカードはお持ちですね。
带借书证了吧。

相关词 貸し出し券 借书证　　貸し出しカード 借书证

与カード相关：
登録カード→登记卡　会員カード→会员卡　カード索引→卡片索引

N2 開館 ⓪ 【动】开馆，开放，开门

10時開館。
10点开门。

同音词 会館 会馆　　快感 快感　　怪漢 歹徒

与開館相关：
開館式→开馆仪式　開館時間→开馆时间

在图书馆

在图书馆

N2 貸し出し ⓪ 【名】出借，出租

図書館の本はだれにでも貸し出しをします。
图书馆的书谁都能借。

相关词 貸し出し期間 借出时间　貸し出し数 借出数量

▼ 与貸し出し相关：
貸し出し用図書→出借用的图书　貸し出しを制限する→限制贷款

N1 返却 ⓪ 【名】还，归还，退还

図書の返却が遅れる。
还书误期。

同义词 返す 还，归还

▼ 与返却相关：
借金を返却する→还债　すっかり返却する→如数交还

N1 書庫 ① 【名】书库，藏书室

自分で書庫に探しに行ってもいいですか。
可以自己去书库找吗？

近义词 本棚 书架

▼ 与本棚相关：
本を書庫に入れる→把书放在书库里　本棚から辞書を取り出す→从书架上取出词典

Chapter 16
工作学习

日本学生都在用的分类词汇书

N4 医学（いがく）⓪ 【名】 医学
医学の実習をする。
在医院实习／当实习医生。

相关词 基礎医学（きそいがく） 基础医学　　社会医学（しゃかいいがく） 社会医学

▼ 与医学相关：
医学書（いがくしょ）→医书；医学书　　医学博士（いがくはかせ）→医学博士

N4 数学（すうがく）⓪ 【名】 数学
いま力を入れて数学を勉強しても決してむだにはならない、将来大いに役立つから。
现在下点功夫学数学是值得的，因为将来用处很多。

相关词 数量（すうりょう） 数量，数和量　　数理（すうり） 数学的理论，数理，计算

▼ 与数学相关：
数学的帰納法（すうがくてききのうほう）→数学归纳法　　数学が苦手（すうがくがにがて）→不擅长数学　　数学的論理学（すうがくてきろんりがく）→符号逻辑

N4 文学（ぶんがく）⓪ 【名】 文学
文学の素養がある。
有文学素养。

相关词 文学界（ぶんがくかい） 文学界，文学领域，文坛　　文学論（ぶんがくろん） 文学评论，文学理论
文学者（ぶんがくしゃ） 作家，文学家

▼ 与文学相关：
日本文学（にほんぶんがく）→日本文学　　文学ファン（ぶんがく）→文学爱好者　　文学博士（ぶんがくはかせ）→文学博士

N3 建築（けんちく）⓪ 【名】 建筑，修筑
洋風のれんが建築。
西式的砖瓦建筑。

同义词 建物（たてもの） 建筑物

▼ 与建築相关：
建築費（けんちくひ）→建筑费　　建築会社（けんちくかいしゃ）→建筑公司　　建築様式（けんちくようしき）→建筑形式

N3 政治（せいじ）⓪ 【名】 政治
政治にたずさわる。
从事政治。

相关词 独裁政治（どくさいせいじ） 独裁政治，专制政治　　官僚政治（かんりょうせいじ） 官僚政治

▼ 与政治相关：
政治スト（せいじ）→政治性罢工　　政治屋（せいじや）→政客　　政治ブローカー（せいじ）→政治掮客　　政治ごろ（せいじ）→政治骗子，政治流氓

学习科目

Chapter 16 工作学习

N3 化学 (かがく) ⓪【名】 化学
化学工業。
化学工业／化工。

相关词 応用化学（おうようかがく） 应用化学　　実験化学（じっけんかがく） 实验化学
化学エネルギー（かがく） 化学能

▼ 与化学相关：
化学元素（かがくげんそ）→化学元素　化学式（かがくしき）→化学式　化学製品（かがくせいひん）→化学制品　化学繊維（かがくせんい）→化学纤维，人造纤维

N2 経営 (けいえい) ⓪【动】 经营
経営よろしきを得て事業が発展した。
经营得当事业有了发展。

相关词 多角的経営（たかくてきけいえい） 多种经营　　大陸経営（たいりくけいえい） 开发大陆

▼ 与经营相关：
経営の才がある（けいえいのさい）→有经营的才干　経営学（けいえいがく）→经营学，企业管理学　経営資金（けいえいしきん）→经营资金，流动资金；周转资金

N2 物理 (ぶつり) ⓪【名】 物理（学）
物理天道の自然。
物理天道之自然。

同音词 ぶつり 突然地，噗嗤

▼ 与物理相关：
物理探鉱（ぶつりたんこう）→地球物理勘探　物理現象（ぶつりげんしょう）→物理现象

N2 電子 (でんし) ⓪【名】 电子
電子顕微鏡
电子显微镜。

相关词 電子論（でんしろん） 电子论　　電子音楽（でんしおんがく） 电子音乐

▼ 与电子相关：
電子産業（でんしさんぎょう）→电子工业　電子オルガン（でんし）→电子琴　電子レンジ（でんし）→电子烤箱，微波炉

N1 法学 (ほうがく) ⓪【名】 法学
彼は法学家としてすでに一家をなしている。
他作为法学家已自成一派。

同音词 方角（ほうがく） 方向

▼ 与法学相关：
法学博士（ほうがくはくし）→法学博士　法学家（ほうがくか）→法学家

学习科目 1

329

1 学习科目

N1 史学 ⓪ 【名】 历史学

彼は文学者であるばかりでなく史学者でもある。
他既是文学家，又是历史学家。

相关词 日本史学 日本历史研究，日本史学
史学界の先達 史学界的前辈

★ 与史学相关：
史学科→史学科 史学研究→研究史学 史学雑誌→史学杂志

N1 理学 ⓪ 【名】 理学

この問題は本来理学に属する。
按说这个问题是属于理学（范畴）的。

同义词 りがく 自然科学

★ 与理学相关：
理学博士→理学博士 理学療法→理学疗法

N1 土木 ⓪ 【名】 土木（工程）

彼は日本に留学した時は水利土木学を専攻した。
他在日本留学时是专攻水利工程学的。

相关词 土木建築業 土木建筑业 土木作業 土木工程作业

★ 与土木相关：
土木工学→土木工程学 土木工事→土木工程 土木機械→土木工程机械

N1 生物 ① ⓪ 【名】 生物

生物学が好きです。
我喜欢生物学。

反义词 無生物 无生物

★ 与生物相关：
生物学→生物学 生物化学→生物化学 生物兵器→细菌武器

Chapter 16 工作学习

N5 鉛筆 ⓪ 【名】 铅笔
硬い鉛筆。
硬铅笔。

同义词 色鉛筆 彩色铅笔　　シャーペン 自动铅笔
　　　　パステル 彩色粉笔

★ 与铅笔相关：
鉛筆のしん→铅笔芯　鉛筆を削る→削铅笔　鉛筆入れ→铅笔盒

N5 万年筆 ③ 【名】 钢笔
万年筆にインキを入れる。
给钢笔灌墨水。

相关词 シャープペン 自动铅笔　　ボールペン 圆珠笔
　　　　マジック 记号笔

★ 与万年筆相关：
自動式万年筆→自动吸水钢笔　カートリッジ式万年筆→换芯钢笔

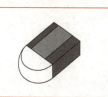

N4 消ゴム ⓪ 【名】 橡皮
デザインがとてもおもしろい消しゴムだった。
设计很有趣的橡皮擦。

相关词 消し去る 消除，去掉　　消す 消失，勾消，解除

★ 与消しゴム相关：
再生ゴム→再生胶　人造ゴム→人造橡胶　ゴム・タイヤ→橡胶轮胎

N2 筆 ⓪ 【名】 毛笔
彼女はなかなか筆が立つ。
她精于笔墨，她笔杆儿上有两下子。

相关词 筆頭 笔头，笔尖　　筆先 笔头，笔尖

★ 与筆相关：
筆に任せる→信手挥洒，运笔自如　筆を入れる→修改文章，增删

N2 絵の具 ⓪ 【名】 （绘画用）颜料，颜色，水彩
絵の具を塗る。
上颜色／着色。

相关词 日本画 日本画　　水彩画 水彩画

★ 与絵の具相关：
油絵の具→油画颜料　絵の具箱→颜料盒　絵の具ざら→颜料碟

2 文具用品

日本学生都在用的分类词汇书

N2 判子 ③ 【名】 图章
判子を押す。
按下印章。

同义词 印鑑　印章

★ 与判子相关：
スタンプだい→打印台　ブックエンド→书名　ナンバリング→号码机　カーボン紙→复写纸　クリップ→铁夹子
ゼムピン→回形针

N2 手帳 ⓪ 【名】 笔记本，杂记本
手帳に書きとめる。
写在笔记本上。

同义词 手帖　笔记本

★ 与手帳相关：
労働手帳→劳动手册　母子手帳→育婴手册　警察手帳→警察证件

N2 メモ用紙 ③ 【名】 便笺
買い物をメモ用紙につける。
把要买的东西记在便条上。

同义词 手帳 笔记，记录　　　ノート 备忘录，便条

★ 与メモ相关：
要点をメモしておく→把要点记下来　メモをとる→记笔记　メモ帳→杂记本，便条本

N2 算盤 ⓪ 【名】 算盘
こう値下がりしては算盤があわない。
价钱这么跌下去就不合算了。

相关词 算盤ずく 爱打小算盘　　算盤玉 算盘珠

★ 与算盤相关：
算盤が持てない→不合算，无利可图　算盤をはじく→打算盘，计较个人利益　算盤を置く→打算盘

N2 物差し ③ ④ 【名】 尺子
出版の量は文化の物差しだ。
出版量是衡量文化的尺度。

同音词 物指し 尺度，标准

★ 与物差し相关：
考え方の物差しが違う→想法的尺度不同　自分の物差しで他人を見る→以己度人

2 文具用品

Chapter 16 工作学习

N2 文房具 ③ 【名】 文具
<ruby>文房具<rt>ぶんぼうぐ</rt></ruby>
机の上にはいろいろな文房具や本が雑然と置かれている。
桌子上散乱地放着各种文具、书籍。

相关词 ペン 钢笔　　インク 墨水　　<ruby>鉛筆<rt>えんぴつ</rt></ruby> 铅笔　　ノート 本

★ 与文房具相关：
<ruby>文房具<rt>ぶんぼうぐ</rt></ruby>のセット→一套文具　<ruby>文房具屋<rt>ぶんぼうぐや</rt></ruby>→文具商店，文化用品商店，文具商人

N2 糊 ② 【名】 浆糊
<ruby>糊<rt>のり</rt></ruby>
これを糊で付けてほしい。
请把它给粘一下。

同音词 <ruby>乗<rt>の</rt></ruby>り 乘　　<ruby>法<rt>のり</rt></ruby> 法律，规章　　<ruby>海苔<rt>のり</rt></ruby> 紫菜

★ 与糊相关：
<ruby>ゴム糊<rt>のり</rt></ruby>→胶水　<ruby>糊付き封筒<rt>のりつ　　ふうとう</rt></ruby>→带胶的信封　<ruby>液体のり<rt>えきたい</rt></ruby>→液体胶水

N1 朱肉 ⓪ 【名】 印泥
<ruby>朱肉<rt>しゅにく</rt></ruby>
持ち運びに便利な朱肉。
非常方便携带的印泥。

同音词 <ruby>酒肉<rt>しゅにく</rt></ruby> 酒肉

★ 与朱肉相关：
<ruby>印肉<rt>いんにく</rt></ruby>→印泥　<ruby>速乾朱肉<rt>そっかんしゅにく</rt></ruby>→速干印泥

N1 画用紙 ② 【名】 图画纸
<ruby>画用紙<rt>がようし</rt></ruby>
画用紙にデッサンする。
往图画纸上画画稿。

相关词 ルーズリーフ 活页本　　バインダー 活页夹

★ 与画用紙相关：
パソコン→微型计算机　ワープロ→文字处理机

2 文具用品

日本学生都在用的分类词汇书

3 办公室

N5 仕事(しごと) ⓪ 【名】 工作，活儿，事儿

仕事を追うとも仕事に追われるな。
宁可让人赶工作，不要让工作赶人。

相关词　針仕事(はりしごと) 针线活儿　急ぎの仕事(いそぎのしごと) 急活儿，急需的工作

★ 与仕事相关：
仕事にかかる→开始工作　仕事を探している→正在找工作　仕事がない→失业中

N5 働く(はたらく) ⓪ 【动，名】 工作，劳动

彼はもう年を取って働けない。
他已年迈不能劳动（工作）。

相关词　勤める(つとめる) 工作

★ 与働く相关：
引力が働く→引力发生作用　盗みを働く(ぬすみをはたらく)→偷盗　不正を働く(ふせいをはたらく)→干坏事

N4 連絡(れんらく) ⓪ 【动，名】 联络，联系，彼此关联

外部と連絡を断たれている。
和外部的联系断绝了。

相关词　連絡員(れんらくいん) 交通员，通讯员，联络员　連絡をとる(れんらくをとる) 取得联系

★ 与連絡相关：
連絡をつける→建立联系，接上关系，接头　無電で連絡を保つ(むでんでれんらくをたもつ)→用无线电保持联系

N4 計画(けいかく) ⓪ 【名】 计划，谋划，规划

われわれは東南アジアへ行く計画です。
我们计划去东南亚。

相关词　授業計画(じゅぎょうけいかく) 教学计划　計画性(けいかくせい) 计划性

★ 与計画相关：
計画を立てる(けいかくをたてる)→（制）定计划　計画の裏をかく(けいかくのうらをかく)→钻计划空子，破坏计划　計画倒れ(けいかくだおれ)→计划落空

N2 出勤(しゅっきん) ⓪ 【动】 上班

毎日電車に乗って出勤する。
每天坐电车上班。

同音词　出金(しゅっきん) 出钱

★ 与出勤相关：
出勤時間だ(しゅっきんじかんだ)→该上班了　出勤ラッシュ(しゅっきんラッシュ)→上班时间的交通拥挤　時差出勤(じさしゅっきん)→时差出勤，错开时间上下班

Chapter 16 工作学习

N2 めいし
名刺 ⓪ 【名】 名片

名刺を出す／渡す。
拿出（递）名片。

同音词 めいし 名詞 名词

★ 与名刺相关：
めいし い　　　　　 めいし う
名刺入れ→名片夹　名刺受け→名片盒

N2 しゅっちょう
出張 ⓪ 【名】 出差

公用で中国へ出張する。
因公前往中国。

相关词 こうむしゅっちょう　　　　　　 しゅっちょうりょひ
公務出張 工作出差　出張旅費 出差（旅）费

★ 与出张相关：
しゅっちょう めい　　　　　　　かいがいしゅっちょう
出張を命ずる→派去出差　海外出張→出差到海外，被派到国外工作

N2 オフィス ⓪ 【名】 办公室

水道が止まり、オフィスでは空調設備を使うことができない。
自来水管道坏了，办公室的空调设备不能使用了。

同义词 じむしょ
事務所 办事处

★ 与オフィス相关：
　　　　 がい
オフィス街→办公区　オフィス・ガール→女职员　オフィス・ビル→办公大楼

N2 きゅうりょう
給料 ⓪① 【名】 工资，薪金，薪水

給料の銀行振り込み。
工资通过银行转发。

同音词 きゅうりょう　　　　　　　 きゅうりょう
休漁 停止出海捕鱼　旧領 旧领地

★ 与给料相关：
きゅうりょう　　　　　　　　 きゅうりょう　　　　　　 きゅうりょうと
給料をかせぐ→赚（挣）工资　給料をもらう→领工资　給料取り→挣工资者，薪水阶级

N2 きゅうか
休暇 ⓪ 【名】 休假

1週間の休暇をとって保養地に行く。
请一周假到疗养地去。

同音词 きゅうか　　　　　　　　 きゅうか
急火 突然发生的火灾　旧家 世家

★ 与休暇相关：
きゅうか　　　　　　 きゅうか あた　　　　　　 きゅうか す
休暇をとる→请假　休暇を与える→给假　休暇を過ごす→度假

③ 办公室

· 335 ·

N1 業績 ⓪ 【名】 业绩，成就

りっぱな業績をあげる。
取得杰出的成就。

同音词　行跡　行为，品行

☆ 与業績相关：
物理学上の業績→物理学上的成就　業績を残す→留下业绩

N1 ファイル ⓪ 【名】 文件

これらの資料をファイルにする。
把这些资料归档。

相关词　フォルダ　文件夹　フロッピーディスク　软盘　アイコン　图标

☆ 与ファイル相关：
ファイルを整理する→整理档案　ファイル・ブック→活页笔记本

N1 残業 ⓪ 【名】 加班

今日は残業する必要がありますか。
今天需要加班吗？

同义词　オーバータイム　加班

☆ 与残業相关：
仕事が多いので残業する→因为工作多而加班　残業手当→加班费

N1 ストレス ② 【名】 压力

スポーツをやってストレスを解消する。
做运动来消除紧张状态。

同义词　圧力　压力

☆ 与ストレス相关：
ストレス・マーク→重读符号　ストレス学説→应激反应学说　ストレスが溜まる→蓄积压力
ストレスを解消する→排解压力

・336・

Chapter 16 工作学习

N4 会議（かいぎ） ① ③ 【名】 会议，会
なかなか終わらない会議。
马拉松会议。

同义词 ミーティング 会议

★ 与会議相关：
会議の運営→主持会议　会議に出席する→出席会议　会議を開く→举行会议

N2 検討（けんとう） ⓪ 【动】 讨论，探讨，研究
政府筋は対策を検討中である。
政府当局正在研究对策。

同音词 見当 方位，估计　　賢答 贤明的回答

★ 与検討相关：
再検討→再加研讨，重新探讨　さらに検討を要する→需要进一步加以研讨

N2 提案（ていあん） ⓪ 【名】 议案，提案
憲法改正について提案する。
就修改宪法提出议案。

相关词 提案権 提案权　　提案者 提案者，建议人

★ 与提案相关：
提案はいれられなかった→建议未被采纳　提案制度→提案制度

N2 指示（しじ） ⓪ 【名】 指示
指示どおりに行う。
按照指示进行。

相关词 指示をあたえる 给予指示　　指示を受ける 接受指示

★ 与指示相关：
方向を指示した→指示方向　指示にそむく→违背指示　指示がおりない→命令（上级指示）没下来

N2 報告（ほうこく） ⓪ 【动】 报告，汇报，告知
課長に報告する。
向课长报告。

相关词 メモをとる 做笔记　　打ち合わせをする 商量，碰头

★ 与报告相关：
中間報告→中间报告　年次報告→年度报告　事件のいきさつを報告する→报告事件的经过

会議室

N1 特許 ⓪ 【名】 专利

商標の特許を取る。
取得商标的专利权。

相关词　特許庁 专利厅　特許権 特许权，专利（权）

★ 与特許相关：
特許出願中→正在申请专利　特許事務所→专利（特许）办事处

N1 提携 ⓪ 【动】 合作，协作，互相帮助

外国の会社と提携する。
和外国公司搞协作。

同音词　梯形 梯形　定型 定型，一定的规格

★ 与提携相关：
技術提携→技术合作　業務提携→业务协作

N1 経費 ⓪ 【名】 经费

会の経費がかさむ。
会议的开销增多了。

同音词　桂皮 桂皮

★ 与経費相关：
経費がかかる→需要（很多）经费　経費を節約する→节约开支

N1 議案 ⓪ 【名】 议案

議案をにぎりつぶす。
把议案搁置。

同义词　原案 草案

★ 与議案相关：
議案を提出する→提出议案　議案を採択する→通过议案

N1 決議 ⓪ 【名】 决议，决定

決議案を提出する。
提出决议案。

相关词　国会の決議 议会的决议

★ 与決議相关：
決議文を手渡す→亲手递交决议书　この決議に対して私は留保する点がある→我对这一决议有所保留

Chapter 16 工作学习

N1 定例 ⓪ 【名】 例会，惯例

こういった集会はほとんど定例になっている。
这样的集会差不多成了定例了。

相关词 定例会 例会

★ 与定例相关：
定例によって処理する→按惯例处理　定例を破る→打破常规（惯例）

会议室

日本学生都在用的分类词汇书

N3 管理 ⓪ 【动】管理
山林の管理がゆきとどく。
山林管理得很彻底（完善）。

同音词 官吏 官吏　　監理 监督，管理

★ 与管理相关：
品質管理→产品质量管理　管理能力→管理能力

N3 販売 ⓪ 【动】销售，出售
アイスクリームの販売を始める。
开始卖冰激凌。

相关词 販売員 售货员，推销员　自動販売器 自动售货机

★ 与販売相关：
販売を一手に引きうける→一手承办经销　販売独占権→独家销售权

N2 人事 ⓪ 【名】人事
彼はまったく人事にとんちゃくしない。
他对世事毫不关心。

相关词 社内人事 公司内的人事　人事異動 人事变动

★ 与人事相关：
人事を尽くして天命を待つ→尽人事以听天命，做事在人成事在天　人事にわずらわされる→为世事所烦扰

N1 企画 ⓪ 【动】企划
公害問題に関する番組を企画する。
计划制作有关公害问题的节目。

同音词 規格 规格　　棋客 下棋的人

★ 与企画相关：
企画がよい→计划得好　企画だおれになる→规划被束之高阁

N1 庶務 ⓪ 【名】庶务，总务，杂务
庶務に忙しい。
忙于总务。

同音词 処務 处理事务

★ 与庶務相关：
庶務課→总务科，庶务科　庶務係→总务股，总务人员

部
门

Chapter 16 工作学习

N1 購買 ⓪ 【动】 采购,购买
学校の購買部。
学校的小卖部。

同音词 光媒 光媒介　公売 公开拍卖

★ 与購買相关:
購買係→采购员　購買力が激増する→购买力激增

N1 経理 ⓪ 【名】 会计
経理に明るい人。
精通会计事务的人。

同音词 警吏 警官

★ 与経理相关:
経理に詳しい→懂会计　経理課→会计科

N1 法務 ⓪ 【名】 法律事务
法務委員会。
(日本国会的)法务委员会。

近义词 司法 司法

★ 与法務相关:
法務省→法务省,相当于中国的司法部　法務大臣→法务大臣

N1 本社 ⓪ 【名】 总公司
本社はどこにありますか。
总公司在哪儿?

相关词 本殿 神社的正殿

★ 与本社相关:
東京の本社→东京的总公司　本社づめとなる→调到总社工作

N1 支店 ⓪ 【名】 支店,分店
中国銀行上海支店。
中国银行上海分行。

同音词 始点 起点,端点

★ 与支店相关:
支店を開設する→开设分号　支店を出す→设支店

5 部門

日本学生都在用的分类词汇书

N3 値段 ⓪ 【名】价格，价钱

目の玉が飛び出るような値段。
贵得惊人的价格。

相关词 値段が高い 价钱贵　　値段が安い 价钱便宜

★ 与値段相关：
値段を上げる→提高价格　値段を下げる→降低价格　高い値段をつける→标上高价

N3 追加 ⓪ 【动】追加，再增加，添补，补上

ここにひとつ追加する。
这里追加（再增加）一个。

相关词 追加注文 追加订货，补充订货　　追加録音 重录，再录（音）

★ 与追加相关：
会費を追加する→追加会费　予算に追加する→追加在预算里

N3 見本 ⓪ 【名】样品，样本，货样

彼は親孝行の見本みたいな人だ。
他是个孝子的典型。

同义词 手本 样子，例子

★ 与見本相关：
実物大見本→与实物等大的样品　見本注文→凭样品订货　見本にやってごらん→做出个样子来看看

N2 注文 ⓪ 【动】订购，订货

新刊書を数冊中国へ注文する。
向中国订购几本新版书。

同音词 中門 中门

★ 与注文相关：
料理を注文する→订菜，叫菜，点菜　注文を取る→征求订户（货主），征集订货（户）

N2 包装 ⓪ 【动】包装，封套

みかんは厳重に包装してあった。
橘子包装得非常牢固。

同音词 奉送 恭送　　放送 广播，播出，播放

★ 与包装相关：
包装が良い→包装良好　包装がいいかげんだ→包装马马虎虎　包装を解く→解包，拆包

· 342 ·

Chapter 16 工作学习

N1 総額 ⓪ 【名】 总额，总数
そうがく
総額100万円に上る。
总额达一百万日元。

同音词 全額 全额
そうがく

★ 与总额相关：
予算総額→预算总额　農業生産総額→农业总产值
よさんそうがく　　　のうぎょうせいさんそうがく

N1 手形 ⓪ 【名】 票据
てがた
手形の支払いを引き受ける。
承兑票据。

相关词 約束手形 期票，本票　割引手形 贴现票据
やくそくてがた　　　　わりひきてがた

★ 与手形相关：
手形を割り引く→贴现票据　手形の裏書き→票据的背书　手形を振り出す→开出票据
てがた わ び　　　　　　　てがた うらが　　　　　　　てがた ふ だ

N1 小口 ⓪ 【名】 零星，小额，小批，少量。
こぐち
小口の取引。
小额（小批，小宗）交易。

相关词 現金注文 现金订货　小口注文 小额订货
げんきんちゅうもん　　こぐちちゅうもん

★ 与小口相关：
小口の寄付金→小额捐款　小口切り→（从一头）横切
こぐち き ふきん　　　　　こぐちぎ

N1 頭金 ⓪ 【名】 首付，首期付款
あたまきん
頭金を打つ。
付定金。

同义词 手金 保证金
てきん

★ 与頭金相关：
首付，即首期付款，是在分期付款销售或延期付款销售中，于契约成立同时，作为价金的一部分而付出某程度的金额。

N1 凍結 ⓪ 【动】 冻结
とうけつ
海外資産を**凍結**する。
冻结海外资产。

相关词 現金凍結 冻结存款　凍結資産 冻结资产
げんきんとうけつ　　　　とうけつしさん

★ 与凍結相关：
港が凍結した→港口结冰封住了　資産を凍結する→冻结资产　凍結を解除する→解除冻结冰
みなと とうけつ　　　　　　　しさん とうけつ　　　　　　　とうけつ かいじょ

6 貿易

日本学生都在用的分类词汇书

N1 受(う)け渡(わた)し ⓪ 【动】 交割

品物の受け渡しは全部すんだ。
货品的交接全部办完。

相关词 受(う)け渡(わた)し品不足(ひんふそく) 短交　　現金(げんきん)受(う)け渡(わた)し 现款付货

★ 与受け渡し相关：
受(う)け渡(わた)し不履行(ふりこう)→(货物)不交割　受(う)け渡(わた)し期日(きじつ)→交割日期

N1 荷渡(にわた)し ③ 【动】 交货

荷渡しは五日にきめた。
决定五日交货。

相关词 次回分(じかいぶん)荷渡(にわた)し 下批交货

★ 与荷渡し相关：
荷渡(にわた)し指図書(さしずしょ)→交货指示书　着荷渡(ちゃっかわた)し→货到即交(即付)

N1 梱包(こんぽう) ⓪ 【动】 梱包，包装

この機械を梱包しなさい。
把这架机器包装起来。

相关词 梱包機(こんぽうき) 打包机　　梱包会社(こんぽうかいしゃ) 打包公司

★ 与梱包相关：
荷物(にもつ)を梱包(こんぽう)する→捆行李　梱包料(こんぽうりょう)→打包费

N1 賠償(ばいしょう) ⓪ 【动】 赔偿，补偿

賠償問題について両国の間で取り決めをする。
关于赔偿问题由两国间商定。

同音词 売笑(ばいしょう) 卖笑，卖淫

★ 与賠償相关：
損害賠償(そんがいばいしょう)を請求(せいきゅう)する→要求赔偿损失　賠償(ばいしょう)を取(と)る→索取赔偿　賠償責任(ばいしょうせきにん)がある→有赔偿责任

N1 運賃(うんちん) ① 【名】 运费

国鉄の旅客運賃が改正された。
国铁的旅客车费调整了。

同义词 運送料(うんそうりょう) 运费

★ 与運賃相关：
運賃(うんちん)をとる→收运费　運賃(うんちん)を払(はら)い戻(もど)す→退还运费　運賃後払(うんちんあとばら)い→运费后付

Chapter 16 工作学习

N1 積み ⓪【名】装载

30トン積みの貨車。
载重三十吨的货车。

同音词 罪 罪行

★ 与積み相关：
船積みで送る→用船装运　車積みで運送する→陆运

N2 契約 ⓪【名】合同

会社との契約が切れるまでにまだ2年以上ある。
和公司订的合同还有两年多期满。

相关词 契約書 契约；合同（书）
　　　　 仮契約 临时（暂行）合同，草约

★ 与契约相关：
契約を結ぶ→订合同，签订合同　契約にサインする→签署合同，在合同上签字
契約を無効にする→使合同无效

贸易

7 营销

N3 問合わせる ⓪ ⑤ 【动】 咨询，询问
問い合わせても返事がない。
问了也没有答复。

同义词 照会する 照会，询问

★ **与問合わせる相关：**
詳細を問い合わせる→询问详情　電話で問い合わせる→打电话咨询

N2 広告 ⓪ 【名】 广告
新聞にたずね人の広告を出す。
在报上登寻人广告。

同音词 公告 公告，布告

★ **与広告相关：**
大々的に広告する→大登广告，大出海报　ちらしで広告する→用传单做广告
広告コピー・ライター→广告撰写家

N2 利益 ⓪ 【名】 利润
景気が悪くて利益がない。
市场萧条，无利可赚。

同义词 もうけ 利润

★ **与利益相关：**
国家の利益→国家的利益　双方の利益になる→对双方都有益

N2 参考 ⓪ 【名】 参考，借鉴
人の意見を参考にして原案を作る。
参考别人的意见订草案。

同音词 山行 游山　　鑽孔 钻孔打眼

★ **与参考相关：**
参考になる点がある→有可供借鉴之处　今後の参考にする→做今后的参考

N2 能率的 ⓪ 【形】 有效的，高效率的
もっと能率的な方法を考えよう。
想个更有效率的办法吧。

同义词 効率的 有效的，高效率的

★ **与能率的相关：**
精鋭かつ能率的な機構→精干而效率高的机构　能率的経営法→有效率的经营法

Chapter 16 工作学习

N2 推薦 ⓪ 【动】 推荐
あの人なら安心して推薦できる。
若是那个人，我可以放心推荐。

同音词 垂線 垂直线　　推選 推选，选择推荐

☆ 与推薦相关：
推薦状→介绍信　推薦入学制→保送入学制

N2 需要 ⓪ 【名】 需求
供給が需要に追いつけない。
供不应求。

同音词 受容 容纳，接受　　需用 使用，消费

☆ 与需要相关：
需要供給の関係→供求关系　需要が急増する→需求量剧增
読者の需要を満たす→满足读者的需要

N1 取引先 ⓪ 【名】 贸易伙伴
取引先をつくる。
兜生意。

同义词 クライアント（client） 贸易伙伴，客户

☆ 与取引先相关：
取引先が多い→有很多交易户　取引先をかき集める→兜揽生意

N1 市場 ⓪ 【名】 市场，交易市场，交易所
商品を市場に出す。
把商品向市场出售。

同音词 支場 分场

☆ 与市場相关：
現物市場→现货交易所　先物市場→期货交易所　国内市場→国内市场

N1 幅広い ④ 【形】 广泛的，范围大的
幅広い支持をうける。
得到广泛的支持。

同义词 広い 广泛的，广阔的

☆ 与幅広い相关：
幅広い国民の支持→国民的广泛支持　幅広い趣味→广泛的兴趣

日本学生都在用的分类词汇书

N1 品質 ⓪ 【名】 质量，品质
百年の大計だからこそ品質が第一だ。
百年大计，质量第一。

同义词 質 品质

★ 与品质相关：
品質が劣る→质量低劣　品質を調べる→检查质量　品質保証→保证质量

N1 取引 ② 【动】 交易
彼はこの銀行と取引関係を結んでいる。
他和这个银行有交易往来关系。

相关词 現金取引 现款交易　　株式取引 股票交易

★ 与取引相关：
外国商社と取引する→和外国厂商交易　闇取引→暗中交易，私下交易，黑市交易
政治的取引をする→进行政治交易

N1 メーカー ⓪ 【名】 厂家
どのメーカーの製品を買えばいいのか、よく考えたほうがいい。
要好好计算计算，买哪个厂家的产品更好。

近义词 製造業者 厂商　　製造元 制造者

★ 与メーカー相关：
一流メーカー→一流厂商　メーカー品→名厂制品，名牌货

N1 買い手 ⓪ 【名】 买主，买方
その品物はまだ買い手がつかない。
那种货品还没有买主。

同音词 飼い手 饲养者，养主

★ 与買い手相关：
買い手市場→买方市场　買手筋→买方

N1 履行 ⓪ 【动】 履行，实践
契約を履行する。
履行合同。

同音词 利口 聪明　　利巧 聪明伶俐

★ 与履行相关：
債務の履行を怠る→不偿还债务　履行不能→不能履行　履行遅滞→拖延履行

7 营销

Chapter 16 工作学习

N1 意向 ⓪ 【名】意愿，意向

意向にそうように努める。
尽力符合（某人的）意图。

同音词 以降 以后　　偉功 伟大的功勋　　憩う 休息
移行 过度，转交

★ 与意向相关：
人の意向を探る→刺探别人的意图　規定を廃止する意向である→打算撤销规定

N1 仕入 ⓪ 【动】采购

仕入を少なくする。
减少进货。

相关词 仕入先コード　进货处编码

★ 与仕入先相关：
商品の仕入→商品的采购　仕入に行く→去办货

N3 雇う ② 【动】 雇用

お手伝いさんを雇う。
雇女佣人。

同音词 夜盗 夜贼　　野党 在野党

★ 与雇う相关：
ガイドを雇う→雇向导　船を雇う→租船

N2 方針 ⓪ 【名】 方针

この方針で押し通すつもりだ。
打算本着这个方针贯彻到底。

同音词 放心 发呆，精神恍惚

★ 与方針相关：
方針を立てる→制定方针　方針を変更する→改变方针

N2 設備 ⓪ 【名】 设备

設備がよく整った学校。
设备完善的学校。

相关词 近代的な設備 现代化的设备　　ぜいたくな設備 豪华的设备

★ 与設備相关：
設備が立ちおくれている→设备落后　暖房設備がある→有暖气设备

N2 機関 ⓪ 【名】 机构，组织

地方行政機関に行く。
去地方行政机构。

同音词 奇観 奇观，奇景

★ 与機関相关：
代行機関→代行单位　国家の最高機関→国家最高机关　政府機関→政府机关

N2 資本 ⓪ 【名】 资本

資本を寝かせる。
把资本闲置起来。

同义词 資金 资金，资本

★ 与資本相关：
資本の蓄積→资本的积累　資本の輸出→资本的输出　資本を投下する→投资

Chapter 16 工作学习

N2 信用(しんよう) ⓪ 【名】 信用
そんなことをすると世間の信用はがた落ちになるよ。
做那类事的话在社会上的信誉会一落千丈。

同音词 針葉(しんよう) 针叶

★ 与信用相关：
信用(しんよう)のある店(みせ)→享有信誉的商店　信用を守(まも)る→守信用　社長(しゃちょう)に信用(しんよう)される→受到经理的信任

N1 輸出入(ゆしゅつにゅう) ③ 【名】 设备进出口
この国の輸出入はつり合いがとれていない。
这个国家的进出口不协调。

相关词 輸出(ゆしゅつ) 输出　　輸入(ゆにゅう) 输入

★ 与输出入相关：
輸出入(ゆしゅつにゅう)を制限(せいげん)する→限制进出口　輸出入貿易(ゆしゅつにゅうぼうえき)→进出口贸易　輸出入銀行(ゆしゅつにゅうぎんこう)→进出口银行

N1 ライセンス ⓪ 【名】 许可，许可证
A社とライセンス契約を結ぶ。
和A社签订进出口许可合同。

同义词 免許(めんきょ) 许可，许可证　　許可(きょか) 许可

★ 与ライセンス相关：
ライセンス貿易(ぼうえき)→许可证贸易　ライセンス供与契約(きょうよけいやく)→特许合约

N1 リスト ⓪ 【名】 清单，名单，目录
在庫品のリスト。
库存一览表。

同义词 名簿(めいぼ) 名单　　目録(もくろく) 目录

★ 与リスト相关：
参加者(さんかしゃ)のリスト→参加者名单　ブラック・リスト→黑名单

N1 詳細(しょうさい) ⓪ 【名】 细节
彼の説明は詳細をきわめたものであった。
他的解释是非常详细的。

同音词 商才(しょうさい) 商业才干

★ 与详细相关：
詳細(しょうさい)な説明(せつめい)→详细的说明　詳細(しょうさい)に述(の)べる→详细叙述

N1 商標(しょうひょう) ⓪ 【名】 商标

この商標は登録してある。
这个商标已经注册。

同音词 証憑(しょうひょう) 凭证　証票(しょうひょう) 单据，收据

☆ 与商標相关：
商標(しょうひょう)を登録(とうろく)する→把商标登记备案　商標(しょうひょう)を付(つ)ける→贴上商标　商標(しょうひょう)を盗用(とうよう)する→盗用商标

N1 差(さ)し控(ひか)える ⑤ ⓪ 【动】 控制，自制，避免

今真実を告げるのは差し控えよう。
先暂时不告诉他实情。

同义词 控(ひか)えめにする 节制，控制

☆ 与差し控える相关：
塩分(えんぶん)を差(さ)し控(ひか)える→节制吃盐　外出(がいしゅつ)を差(さ)し控(ひか)える→减少外出